Das Buch

»Es war am dritten oder vierten Mai 1945 ... Berlin war gefallen, Breslau gesprengt, Köln zertrümmert, Hamburg verbrannt ... In der Früh würde ich aufbrechen müssen, und nun saß ich ... schon halb in Uniform, über einem Buch Gedichte ...« Erfahrungen mit der Dichtung des deutschen Expressionisten Georg Trakl beschreibt Franz Fühmann in diesem reflektierenden Erlebnisbericht, der von der deutschen Kapitulation über das russische Kriegsgefangenenlager und den Antifa-Unterricht bis in die DDR reicht und zugleich Franz Fühmanns und Georg Trakls Porträt ist

Der Autor

Franz Fühmann wurde am 15. Januar 1922 in Rochlitz im Riesengebirge als Sohn eines Apothekers geboren, befreite sich in der russischen Gefangenschaft von der faschistischen Ideologie und gehörte seit den frühen fünfziger Jahren zu den führenden Schriftstellern der DDR. Er starb am 8. Juli 1984 in Berlin.

Franz Fühmann:
Der Sturz des Engels
Erfahrungen mit Dichtung

Deutscher
Taschenbuch
Verlag

dtv

Von Franz Fühmann
ist im Deutschen Taschenbuch Verlag erschienen:
Fräulein Veronika Paulmann aus der Pirnaer Vorstadt
oder Etwas über das Schauerliche bei
E.T.A. Hoffmann (10217)

Ungekürzte Ausgabe
Januar 1985
Deutscher Taschenbuch Verlag GmbH & Co. KG,
München
Lizenzausgabe mit freundlicher Genehmigung des VEB Hinstorff Verlags, Rostock, und des Verlags Hoffmann und Campe, Hamburg
ISBN 3-455-02277-4

Die Ausgabe bei Hinstorff trägt den Titel: ›Vor Feuerschlünden. Erfahrungen mit Georg Trakls Gedicht‹
Umschlaggestaltung: Celestino Piatti
Gesamtherstellung: C. H. Beck'sche Buchdruckerei, Nördlingen
Printed in Germany · ISBN 3-423-10368-X

Vorbemerkung

Am Anfang dieser dreihundert Seiten stand ein Auftrag des Verlags Philip Reclam jun. zu Leipzig; er trug mir, nachdem ich schon vor Jahren für ihn eine Auswahl der Dichtungen Georg Trakls besorgt, nunmehr deren Gesamtherausgabe an, und zu so einem Unterfangen gehört ja bei uns unabdingbar ein Nachwort. Ich willigte ein und dachte an zwanzig, der Verlag an vierzig Seiten; es wuchs sich aus. Dem Einwand des überraschten Verlegers, daß ein Nachwort von dreihundert Seiten in keinem recht glücklichen Verhältnis zu den achtzig Seiten des Dichtungstextes stehe, konnte ich mich nicht verschließen, und so einigten wir uns auf Auszüge.

Daß der gekürzten Fassung des indes ja gedruckten Nachworts baldmöglichst die unverkürzte folge, stand für mich dabei außer Zweifel. Da ist sie nun, doch nun fehlt ihr wieder ihr ursprünglicher Bezug und Ort, und ich habe nicht mehr die Kraft gefunden, den Charakter des Nachworts zu tilgen: Diese dreihundert Seiten umzuschreiben hätte bedeutet, sie neu zu schreiben, und dazu war ich zu erschöpft.

So möge denn der freundliche Leser vor allem die nunmehr befremdliche Apostrophierung als »Leser« in Kauf nehmen: »Der Leser wird...« – »Der Leser hat sicher...« – »Dem Leser wird nicht entgangen sein...« – es ist damit der Leser Trakls gemeint. So mache er aus meiner Not seine Tugend und lese tatsächlich zuvor das Werk Trakls, zumindest jene der Gedichte, auf die mein Bericht immer wieder zurückgreift.

Denn Verse sind nicht, wie die Leute meinen, Gefühle (die hat man früh genug), – es sind Erfahrungen. Um eines Verses willen muß man viele Städte sehen, Menschen und Dinge, man muß die Tiere kennen, man muß fühlen, wie die Vögel fliegen, und die Gebärde wissen, mit welcher die kleinen Blumen sich auftun am Morgen. Man muß zurückdenken können an Wege in unbekannten Gegenden, an unerwartete Begegnungen und an Abschiede, die man lange kommen sah, – an Kindheitstage, die noch unaufgeklärt sind, an die Eltern, die man kränken mußte, wenn sie einem eine Freude brachten, und man begriff sie nicht... Und es genügt auch noch nicht, daß man Erinnerungen hat. Man muß sie vergessen können, wenn es viele sind, und man muß die große Geduld haben, zu warten, daß sie wiederkommen. Denn die Erinnerungen selbst *sind* es noch nicht.

Rainer Maria Rilke:
Die Aufzeichnungen des Malte Laurids Brigge.

Als ich Trakls Erscheinung zum ersten Mal wahrnahm, im photographischen Abbild, Erinnerungspose, den walzigen Körper leicht vorgeneigt, eine Strickmütze schief über dem rechten Ohr, und verbindliches Lächeln neben seinen Begleitern, erschrak ich auf eine unglaubliche Weise: nicht zuerst, daß es *diese* Gestalt war, sondern überhaupt eine, überhaupt eine Leibhaftigkeit. – Dann auch, daß es diese war. – Du sollst dir kein Bild machen; ich hatte keines, nur seine Gedichte, und die blieben im Wechsel fast zweier Jahrzehnte Offenbarungen einer Feuergottheit: niederfahrende Flamme in Finsternissen; lodernder Dornbusch; Föhn und Fackel; düsterer Glanz aus Höllentiefen; mitunter die Milde von Abendröten, und noch unter den Krusten des Verdrängens die weiterschwelende Glut einer Lava, die unvermutet in Bruchstellen droht.

Ich brauchte kein Bild, und ich wehrte es, da es mir aufgedrängt wurde, wie übrigens auch biographische Einzelheiten, so lange ab, bis ich schmerzhaft zu begreifen begann, daß ein Dichter auch ein Mensch ist, und nicht nur ein Mund.
Diese Erkenntnis, die mir übrigens noch nicht lange zuteil ist, fordert eine Summe von Erfahrung, und eben von ihr möchte ich erzählen.

I

Durch Qualm und Dunkel jäh einbrechendes Feuer, das war mein erstes Erfahren Trakls: *Unter Dornenbogen / O mein Bruder klimmen wir blinde Zeiger gen Mitternacht.* – Und in solcher Erhellung ein Plakat, das damals an allen Brandmauern klebte: auf graufinsterem, schlierigem Grund ein Stahlhelmprofil, einer verborgenen Sonne entgegenblickend, und unter der Geste jenes Griffs, die besagt, man binde den Sturmriemen fester, der beschwörende Anruf an die Betrachter: Die Stunde vor Tagesanbruch ist immer die dunkelste! – Nun sah ich jählings: gen Mitternacht.
Es war am dritten oder vierten Mai 1945, also kurz vor der Kapitulation der Wehrmacht, und eine Verkettung von Zufällen hatte bewirkt, daß ich, dreiundzwanzigjähriger Soldat, aus dem Lazarett entlassen und noch an einem Stock humpelnd, mich ein paar Tage ungeschoren in meinem Vaterhaus aufhielt, zu einem Genesungsurlaub, mit amtlichem Schein, samt einem Marschbefehl nach Dresden, das irgendwo in Asche lag. Vermutlich auch in Feindesland: Amerikaner und Russen hatten sich an der Elbe vereinigt; Berlin war gefallen, Breslau gesprengt, Köln zertrümmert, Hamburg verbrannt, aber: Die Stunde vor Tagesanbruch ist immer die dunkelste! und wir, im geistigen Niemandsland eines Wahnes, der nichts mehr hoffte und alles glaubte, flüsterten von den Wunderwaffen, die ganze Armeen vernichten würden, und schlugen die Vernichtungsschlachten am Wirtshaustisch, in Lachen Bier und Fingerspuren von Schnaps und Markierungslinien

aus Wurstpellen, denn bei uns, in den Tälern des böhmischen Riesengebirges, gab es noch Bier, und Schnaps, und belegte Brote, und die nächtliche Stille wurde nur vom Gegröl der heimwärts schwankenden Sieger über Yankee und Iwan unterbrochen. – Mitunter, bei vagen Geräuschen, verhielten wir lauschend, ob schon die Explosionen der neuen Granaten das Morgenrot dem Osten entrissen, doch die Nacht blieb stumm. – In der Früh würde ich aufbrechen müssen, und nun saß ich, wie stets nach dem Abendbrot, mit meinem Vater in dessen Arbeitszimmer, jeder in eine Lektüre vertieft, er in Handschriften phantastischer Rezepturen, von denen er den rettenden Aufschwung seiner kleinen Pharmazie erträumte (ein Giftköder für streunendes Raubzeug zum Beispiel, der beim Zerbeißen in den Zähnen festkleben würde und also nicht ausgespien werden konnte; oder ein wunderbares Verjüngungsmittel in Zäpfchenform; oder grüne Kräuter, die, als Tee genossen, nachts liebliche Träume brächten) –: er also in einer olivbraunen, mit Husarenschnüren verzierten Samtjoppe vor seinen magischen Entwürfen, und ich, schon halb in Uniform, über einem Buch Gedichte, das ich auf der Reise vom Lazarett in einem Antiquariat erworben hatte, einem großformatigen Band großer Lettern, mit blaßblauen Titeln über den Blöcken der Verse und einer von Lorbeer zerbrochenen Leier auf grauem Einband, und durch die Nacht hinter dem Fenster und dem Auge brach dies Wetterleuchten:

Über den weißen Weiher
Sind die wilden Vögel fortgezogen.
Am Abend weht von unseren Sternen ein eisiger Wind.

Über unsere Gräber
Beugt sich die zerbrochene Stirne der Nacht.
Unter Eichen schaukeln wir auf einem silbernen Kahn.

Immer klingen die weißen Mauern der Stadt.
Unter Dornenbogen
O mein Bruder klimmen wir blinde Zeiger gen Mitternacht.

Es bedurfte nicht der Überschrift *Untergang*, um zu erfahren, was dieses Gedicht da aussprach. – Es war unser Untergang. – Ich hatte Gedichte nie anders gelesen, als daß die Bilder, die sie sagten, mir leibhaftig vor die Augen traten (ich hatte gar keine Vorstellung, daß man Verse anders lesen könne), und also sah ich den Weiher, und ich sah meinen Waldsee, den meines Herzens, der ebenso ein Stück Erdoberfläche mit angebbaren geographischen Koordinaten wie der heimlichste Winkel meiner Seele war, doch der Wald war nun nichts als verschwommene Schwärze, und der See, der in meinen Erinnerungsträumen stets den mondhaften Glanz von Silber besessen, war nun weiß in jenem entsetzlichen Sinn, daß er nichts spiegelte, so wie Kalk nichts spiegelt, kein Ufer, keinen Baum, nicht einmal einen Himmel, nur Tünche, darunter sich kein Kräuseln mehr regt. – Und dennoch mein Weiher, seine einzige Form. – Als ich diesem See begegnet war – als Achtjähriger, auf einer Ferienreise, der elterlichen Obhut beim Spaziergang entlaufen und plötzlich im fremden Wald verirrt –, war der See von der Farbe des Erschauerns gewesen, das er erzeugte, von dem Geheimnis eines Zauberortes, den man mit keinem teilen wird. Ein solches Erlebnis wird jedem gewährt; es kommt nur darauf an, es nicht zu verschmähen. Dieser Ort kann eine Höhle sein, eine Holunderlaube, oder ein Felsspalt, oder auch nur eine Zimmerecke in einer besonderen Beleuchtung, ein Stück Bürgersteig über einem Gully, ein Kellerfenster, ein Berg, ein Feldrain, ein Streifen Asphalt – bei mir war es tatsächlich ein See gewesen, und in seiner unergründlichen Tiefe blieb die rasende Lust des Entlaufenseins als Inbegriff aller möglichen Zukunft geborgen, so wie die Möglichkeit aller Macht in Aladins Lampe geborgen liegt. – Und nun erfuhr ich, daß diese Fülle dahin war, in ihr Gegenstück des Entleerten verwandelt: der See vom Grund auf mit Kalk gefüllt; in der Luft noch das Rauschen der fortfliegenden Vögel; Wald und Himmel in raschem Verdämmern, und von unseren Sternen brach eisiger Wind. – Unsere Sterne, das waren die, die unseren Siegen geleuchtet hatten, kein besonderes Sternbild wie der Orion oder die Krone, sondern ihre Gesamtheit zur besonderen Stunde, eben der des Sieges, die wir so wiederkehren wähnten wie ein Morgen, der immer wieder anbricht, und nun war auch diese Stunde für immer dahin; unsere Sterne nur mehr Löcher im Weltraum; Kälte brach nieder, und wiewohl es Mai war, erkannte ich das Weiß des Weihers als jenes Weiß, wie es im Gesicht des Kameraden erschien, der neben mir durch den Schneesturm stapfte, jenes Weiß als Bote erfrorenen Lebens, bei dessen Anblick es einem durch den Sinn schießt, ob man nicht selbst schon dieses Zeichen trägt. – Der Tod; und plötzlich trat die Kälte ins Zimmer; ein Anhauch, und ich wußte den Weiher vorm Fenster, und für den Moment eines Augenblicks begriff ich, ohne es noch zu fassen, daß der Krieg verloren war.

Der Leser wird längst die Schwierigkeit des Berichtenden fühlen, nämlich die Untunlichkeit, einen Augenblick, in dem sich eine Ära des Außen wie Innen als Sekunde der Ewigkeit versammelt, im Nacheinander eines entwickelnden Berichts abzuhandeln, und er wird noch dazu das Gefühl nicht los, sich der Objektivität des Referierten kaum vergewissern zu können: Wer sagt ihm, daß hier nicht einfach phantasiert und eine heutige Erkenntnis dreißig Jahre zurückversetzt wird? Diese Bedenken sind ebenso unabweisbar wie das Mißbehagen an der Art linearen Referierens, und so scheint die Gelegenheit günstig, Erläuterungen einzuschieben, die den Bericht nicht nur erträglicher machen, sondern auch auf den Skrupel des Zuhörers eingehen – ob sie ihn entkräften, wagen wir nicht zu versichern.

Wir wollen mit etwas Drittem beginnen.

Keinem, der sich mit Trakl beschäftigt, kann dessen Vorliebe für Farben entgehen, und mancher Interpret verweist dabei auf den Umstand, daß die Farben bei Trakl Empfindungen gegensätzlicher Art ausdrücken wie erzeugen: Weiß ist die Farbe des Schnees, aber auch die des Verschimmelns, Gelb die des Goldhaften, aber auch des Kotigen, Grün ist das Mailaub, aber auch die Verwesung, und »grün« sagt also Hoffnung wie Angst. – Wir werden Gelegenheit nehmen, diese Beobachtungen an Trakls Gedicht zu verallgemeinern und das Wesen des dichterischen Wortes als Einheit von Gegensätzen zu fassen, auch bei derart unscheinbaren Gebilden wie »und« und »auch«.

Die deutsche Sprache ist so hellsichtig gewesen, dem Substantiv »Wort« zwei Plurale zukommen zu lassen: »Worte« und »Wörter«, und wir beabsichtigen die Konsequenz, hier nicht den Fall eines zweifachen Plurals anzunehmen, sondern schon den zweier verschiedener, wenn auch gleichlautender Singulare, weshalb wir fortan den Begriffsausdruck »Wort« als Einzahl zu der Mehrzahl »Worte« dem Bereich der Dichtung zuweisen wollen, streng im Unterschied zu einem Singular »Wort« mit dem Plural »Wörter«, der für uns das Wort als Instrument des wissenschaftlichen Zugriffs bezeichnet. Wir folgen damit dem Beispiel Schillers, der seine Ankündigung »Drei Worte nenn' ich euch, inhaltschwer« nicht auf Worte im Sinn geprägter Gedanken, sondern auf die einfachen Lexeme »frei«, »Tugend« und »Gott« bezogen hat. Diese Konsequenz aber bedeutet nichts anderes, als zwei in den Grundelementen gleichlautende und dennoch wesensverschiedene Sprachen anzunehmen, eine Sprache der Wissenschaft und eine der Dichtung, zwei Sprachen, die in den identisch erscheinenden Bausteinen derart verschieden sind, daß etwa die Adjektive »rot« und »gelb« in der Wissenschaftssprache als eindeutige »Wörter«, nämlich als Namen für die Netzhauteindrücke bestimmter elektromagnetischer Wellen, in der Sprache der Dichtung hingegen als ambivalente, trotz jeweils klarer Begriffsbestimmung nie ausschöpfbare Worte anzusehen sind: »Rot« – das ist der Name für den Netzhauteindruck einer Frequenz von 4.10^{14} Hertz; und »rot« sagt eine Einheit von Leben und Tod.

Der Widerspruch als Wort und im Wort zeugt den Widerspruch im Leser: Warum sollte das Weißsein des Weihers auf das Weiß des Kalks und des Frosts festgelegt werden, da man es doch genausogut als das Weiß einer Milde interpretieren könnte, als das Weiß von Astern oder Anemonen, erschauernd unter eisigem Wind? Gewiß kann man den Weiher durchaus auch so sehen, und das beste Zeugnis für die Möglichkeit verschiedener Sichten liefert Trakl selbst. Dieses Gedicht ist die fünfte Fassung eines Mühens, dessen vier vorhergehende erhalten sind und folgende Wandlung des Weiherkomplexes zeigen:

1. Fassung: *Umschlungen tauchen wir in blaue Wasser –*

2. Fassung: *Weht uns die Kühle blauer Wasser an –*

3. Fassung: *Weht uns das Antlitz steinerner Wasser an –*

4. Fassung: *Unter den dunklen Bogen unserer Schwermut*
Spielen am Abend die Schatten verstorbener Engel.
Über den weißen Weiher
Sind die wilden Vögel fortgezogen –

welche dritte und vierte Zeile dann die endgültige Formgebung als Beginn übernimmt. Aber wie wir das Weiß des Weihers auch auffassen mögen – ist das Ergebnis der verschiedenen Betrachtungsmöglichkeiten nicht stets dasselbe: eine letzte Hoffnungslosigkeit? Und ist die nicht deshalb so unabweislich, weil das Weiß der einen wie der anderen Sicht jeweils *beide* Deutungen einschließt: den Weiher als ein erfrorenes Holdes, oder das Holde als unrettbar vom Frost bedroht? – Der Vers Trakls vereint beide Möglichkeiten (und das Wort »weiß« vereint sie schon) dergestalt, daß er der Sprung zwischen beiden ist, der Umschlag des Einen ins Andere innerhalb der Einheit eines poetischen Bildes, das hochgenaue Wort für eine Bewegung, die einen Kosmos in sich birgt.

Was man Trakl mitunter vorgeworfen hat, oder was man als »Not des Sagens« zu entschuldigen bereit war, nämlich das Verwenden gegensätzlicher Adjektivaussagen in den verschiedenen Fassungen seiner Gedichte –: Diese vermeintliche Schwäche ist seine Stärke, der traumsichere Gebrauch des dichterischen Wortes als Elementarbaustein aller Gedichte, des Wortes im Sinn eines Plurals »Worte«, dessen Wesen die widersprüchliche Einheit menschlicher Erfahrung ist. Daher ist jede Interpretation von Dichtung so lange auf einem rechten Weg, als sie mindestens eines der Elemente jener Widerspruchseinheit zu fassen vermag, was zugleich verlangt, sich des Anspruchs zu entheben, allein die richtige zu sein. Sie kann dann Trakl nicht gerecht werden, ganz zu schweigen von jenen Auslegungsversuchen, die ein Gedicht von vornherein nicht als Dichtung, sondern nur als Transportmittel einer wissenschaftlichen, also in Wörtern ausdrückbaren Erkenntnis verstehen.

Und wem es verdächtig zu sein scheint, daß unsere Interpretation so genau auf einen späteren Augenblick paßt, daß der Eindruck entstehen kann, als sei dies Gedicht nicht 1913 von Georg Trakl, sondern zweiunddreißig oder gar vierundsechzig Jahre später von seinem Interpreten geschrieben, der möge zusehen, wie er dem Einwand begegnet, es sehe aus, als habe sich die Geschichte selbst nach Trakls Dichtung gerichtet. Ganz zweifellos hat sie das insofern, als Trakl ja das Kommende aussprach: den Untergang einer Welt, die sich unerschütterbar fühlt und im Glauben dieser Unerschütterbarkeit handelt, wiewohl schon ihre Grundmauern beben. – Poesie ist die andere Art der Wirklichkeit, die vorwegnehmende, und es ist das Verhängnis des poetischen Bildes, daß es sich einmal realisiert. Damit kehre ich in das Arbeitszimmer meines Vaters wenige Nächte vor dem Ende des Krieges zurück.

Er saß in seiner samtenen Husarenjoppe, nippte Wein, kritzelte Berechnungen auf eine leere Zigarettenschachtel, und über unsere Gräber beugte sich die zerbrochene Stirn der Nacht. – *Über den weißen Weiher / Sind die wilden Vögel fortgezogen. / Am Abend weht von unseren Sternen ein eisiger Wind. / Über unsere Gräber / Beugt sich die zerbrochene Stirne der Nacht. / Unter Eichen schaukeln wir auf einem silbernen Kahn.* – Gedichte sind eine andere Art Träume. – Unsere Gräber, das waren die Löcher, die statt unserer Sterne im Weltraum starrten: die Nacht, und ihre zerbrochene Stirn. – Ich konnte sie sehen, sie stand ja vorm Fenster, und plötzlich erinnerte ich mich der Szene eines Schauerfilms: Der wahnsinnige Besitzer eines Wachsfigurenkabinetts, der bei einem Brand seines Unternehmens nicht nur sein heiles Menschengesicht, sondern auch den Verstand verloren hat, so daß er, über seinen verschmorten Zügen einer Larve aus Wachs und, scheinbar gelähmt, sich nur im Rollstuhl zeigend, eine neue Kollektion von Panoptikumsfiguren sich dadurch zu schaffen versucht, daß er Menschen in seine Gewalt lockt, um sie mit siedendem Wachs zu überziehen, bei welchem Überwältigungsversuch einmal unter den Schlägen eines sich wehrenden Opfers seine Gesichtsmaske in Stücke springt, und aus der zerbrochenen Stirne des jäh sich Erhebenden trat die Fratze des Todes. – Bei dieser Szene fielen immer Frauen in Ohnmacht; das Kino lebte von diesem Entsetzen, und wir saßen in den Bänken, Halbwüchsige in Stiefeln, und lachten, und rissen Witze, und fühlten doch den Schauer, daß der Wahnsinnige nach uns greife – und nun zerbrach wieder eine Tünche, und diesmal unter den Schlägen der Stille, und ich hob wie zur Abwehr das Buch hoch, da hörte ich plötzlich meinen Vater fragen, ob die Gedichte, die ich da von einem Georg Trakl läse, vielleicht von einem Georg Trakl aus Salzburg stammten, und als ich dies mit der Mitteilung bejahte, der Band enthalte Gedichte auf Schloß Mirabell und den Mönchsberg und sonst manche Zeile, die man auf eine Bischofsstadt beziehen könne, zog ein Lächeln der Genugtuung über das immer noch ungläubige Gesicht meines Vaters; er sah über seine Rezepturen hinweg auf das Buch wie auf eine Geistererscheinung und sprach, seine Husarenschnüre streichelnd, mit kopfschüttelnder Verklärung: Dann sei also aus dem armen Schorschl doch noch etwas geworden.

Natürlich fragte ich, ob er Trakl kenne, und mein Vater nahm mir das Buch aus der Hand, und blätterte, und erklärte dabei, er sei Trakls Kamerad gewesen, gleichaltriger Heeresapotheker wie er, in der amtlichen Bezeichnung Medikamentenakzessist, was etwa dem Leutnantsrang entspreche, genaugenommen noch etwas höher als Leutnant, wenn auch leider, nun ja, niemals so anerkannt, und er ließ das Buch sinken und erzählte, daß er in einer Sanitätskolonne, die im Frühherbst 1914 im Bereich der Festung Przemyśl eingesetzt wurde, mit dem Schorschl oft dergestalt beisammen gewesen, daß sie in der Messe nebeneinander speisten und auch manchmal ein Quartier miteinander teilten, weshalb er, wenn es mich interessiere, eine Unmenge vom Schorschl erzählen könne; von seiner Spinnerei, seinem Sparren, denn verrückt sei dieser Bursche ohne Zweifel gewesen, wofür ihm natürlich ein gehöriges Maß an Fopperei zuteil geworden, und der Sechzigjährige nahm seinen Zwicker ab, und rieb sich, von jähem Licht der Erinnerung geblendet, die Augen, und blinzelte, und seufzte versonnen: Ujegerl, was habe man damals den Schorschl geuzt, manchmal sei's ja schon ein bissel gar arg gewesen, vor allem, wie man ihn mit seinen Gedichterln aufgezogen habe, mit seinen Wasserleichen und seinen spaßigen Vögeln, da sei er ja manchmal am Tisch aufgesprungen und hab nicht reden können, nur mit den Fäusten schwenken, und dann sei er auch hinausgerannt, daß man gedacht habe, er tue sich was an, doch er sei halt dermaßen spinnert gewesen, der Trakl Schorschl, daß man ihn einfach hab hochnehmen müssen, und dabei ein Kerl wie ein Bär, und ein kreuzguter Mensch, natürlich kein guter Apotheker, aber Wein hab er saufen können wie sonst nur noch der Stabsarzt, das seien ja ungeheuere Besäufnisse damals gewesen, in Galizien, zwischen Schlachten und Schlachten, ja, und dann habe sich der Schorschl plötzlich verloren, wahrscheinlich habe man ihn entlassen, er sei ja wirklich nicht zu gebrauchen gewesen; und mit einmal, als fürchte er nach dreißig Jahren die Schuld einer verzögerten Kenntnisnahme, klemmte sich mein Vater den Zwicker wieder auf die Nase, und räusperte sich, und schenkte sich Wein nach, und begann zu lesen.

Draußen stand die Nacht, mit zerlöcherter Stirn, und sah mit mir meinem Vater zu, der sich nun in die Gedichte versenkte und mit Erinnerungen stritt; er starrte lange auf eine Zeile, ohne die Augen zu bewegen, und sagte manchmal: »Mein Gott«, und blickte hilflos lächelnd auf, und schluckte, und las zögernd weiter, und kaute, wie er es in Verlegenheitsmomenten tat, an den Enden seines Bürstenschnurrbarts, und dann blätterte er so zerstreut durch den Band, daß ich fürchtete und zugleich auch wieder hoffte, er werde die Lesung mit irgendeiner Floskel beenden, doch mit einem Mal nickte er heftig und rief mit der augenweitenden Lust des Wiedererkennens: Ja, akkurat, das sei es gewesen, das spinnerte Stückl, weswegen man den Schorschl bei einem Mullatschak so schrecklich gepflanzt hab, da habe man nämlich einmal Papiererl von ihm aufgestöbert und dann in der Messe reihum gegeben und vorgelesen, er entsinne sich wieder, Wort für Wort, und wie der Schorschl damals aufgebrüllt hab, und sich verfärbt hab, und ganz weiß geworden sei, und gezittert hab, daß man denken mußte, er haue jetzt drein mit seinen Bärenkräften, aber dann sei er nur dagesessen, kalkweiß, und unheimlich, als ob er gar nichts mehr höre –; und ehe ich ihn noch fragen konnte, welches Gedicht er meine, lachte der Mann in der gelben Husarenjoppe gutmütig und dennoch schallend und zitierte eine Wendung, um sie weiterlachend zu kommentieren: solch einen Schmarrn könne wirklich kein gesunder Menschenverstand verstehen –; doch mitten im Lachen, als ob er spüre, daß jenes wütende Traurigsein in mir wuchs, das schon zweimal zu Tätlichkeiten zwischen uns geführt hatte, brach er ab und klappte das Buch zu und schlug vor, auf das Wohl des armen Schorschl anzustoßen, er sei ein kreuzbraver Kerl gewesen und wenngleich auch kein guter Apotheker, so doch gewiß der seltsamste Medikamentenakzessist in der an seltsamen Käuzen bestimmt nicht armen kaiserlich-königlichen österreichischen Armee.

Wir tranken, und die Nacht sah uns zu. – Ich weiß heute nicht mehr, und wußte es sicher auch damals nicht, welches Gedicht mein Vater gemeint hatte, als er mir nach diesem Glaserheben das Buch wortlos über den Tisch zurückgab; vielleicht eines mit der Gestalt der Schwester als Mönchin, denn so will mir die von ihm zitierte Wendung im Gedächtnis jetzt laut werden, aber ich kann mich nicht festlegen. Ich entsinne mich nur an diesen Toast, und daß mein Vater mich nicht fragte, was ich von den Gedichten hielte, ob sie mir gefielen, ob ich sie verstünde; er widmete sich wortlos wieder seinen Rezepten: dem Gift im Fuchsmaul und dem Kraut der Träume, und vergrub sich in Folianten organischer Chemie, und ich scheute oder fürchtete mich, ihn weiter nach seinem Kameraden, dem k.u.k. Medikamentenakzessisten Georg Trakl, zu fragen, von dem ich damals noch nicht wußte, daß er sich eben in der Zeit, da mein Vater ihn entlassen wähnte, dem Greuel seines Tages in den Tod entzogen hatte, und dies wahrscheinlich durch eigene Hand. – Ich kannte damals nichts vom Leben der Dichter; ich wollte kein Bild. – So fragte ich denn nicht weiter, und nahm das Buch, und trank Wein, und glaube zu wissen, daß ich noch einmal das Gedicht las, das mich in jener Weise erschüttert hatte, von der man ahnt, daß die Risse erst später aufbrechen, den *Untergang*, seine dritte Strophe, die letzte, die nie wieder vergessene: *Immer klingen die weißen Mauern der Stadt. / Unter Dornenbogen / O mein Bruder klimmen wir blinde Zeiger gen Mitternacht.*

II

Unter Dornenbogen
O mein Bruder klimmen wir blinde Zeiger gen Mitternacht.

Die beiden Schlußzeilen jenes Gedichts, das uns überwältigte, wie sind sie zu verstehen, und sind sie überhaupt zu verstehen – wäre »verstehen« hier das rechte Wort? Bezeichnet es das, was uns widerfahren, da wir jene Zeilen gelesen haben? Bilder sind uns vor die Augen getreten, Bilder des Gedichts und Bilder des Gedächtnisses, und Bilder des Gedichts als Gedächtnisbilder, und im Gedächtnisbild Bilder des Gedichts, und dazu eine Kraft, die uns zwang, die Augen zu schließen, als ob das Haupt der Wahrheit sich hebe, und ein Schauer über den Rücken, in dem sich Verzükkung und Grauen vereinte: Hieße solch Ineinander-Verschränken von Außen und Innen und Leib und Seele »ein Gedicht verstehen«? Ist das Empfangen einer Dichtung auch ihr Verstehen, oder wäre »verstehen« eine zweite Stufe, nach einer rezeptiven oder reflektorischen Leistung, oder der Prozeß, der nach dieser Leistung begönne, und was hätte da reflektiert werden müssen: der Akt des Empfangens oder das Empfangene, also das Gedicht als etwas, das schon nicht mehr das Ursprüngliche der Wortgestalt wäre, oder diese Wortgestalt in neuem Erfassen, gereinigt von der Befleckung durch Gefühle und Stimmung jener mehr als seltsamen Nacht? Aber erforderte dies Reflektieren dann nicht neue Empfängnis, und ist solche Stunde nicht stets wunderbar seltsam in ihrer konkreten Besonderheit? Wir gestehen, dies alles weder zu wissen noch das Wagnis zu planen, es entwirren zu wollen; wir möchten nur den Lesern Trakls, die uns ihre Schwierigkeiten mit seinen magischen Gebilden gestanden, dadurch ein wenig zu helfen versuchen, daß wir zeigen, was uns mit diesen Versen geschah, und das heißt auch zu zeigen, was uns geschehn ist, da auch wir ein Bedürfnis nach dem, was man gemeinhin »verstehen« zu nennen pflegt, spürten: Es lief letztlich auf den Wunsch hinaus, die Poesie in Rationalität aufzulösen, das Vieldeutige eindeutig zu fassen, also ein Gebilde aus Worten in eines aus Wörtern zu überführen. – Wir haben es verzweifelt versucht und waren dabei, das Gedicht zu zerstören; auch *diese* Erfahrung: Sie wurde dem nicht gerecht, was »verstehen« sein kann, aber vielleicht war sie unerläßlich.

Doch zunächst wird es am besten sein, ein Geständnis zu korrigieren. Wir erwähnten, daß ein Gedicht aufnehmen für uns bedeutete, die Bilder, die seine Worte sagen, als leibhaftige Bilder zu sehen. Das bedarf einer Konkretisierung: Wie hätte man sich vorzustellen, daß »die wilden Vögel fortgezogen« sind? Sieht man sie fortziehn, schaut man den Weiher nicht verlassen; sieht man ihn verlassen, schaut man die Vögel nicht. – Ein Gedicht ist keine Gemäldeskizze, es ist so etwas wie ein Samenkorn eines Filmes: ein in sich geschlossen Vollendetes, und zugleich offen als Freibrief für einen Traum. Nun träumen wir aber nicht nur Bilder, wir träumen auch Gefühle und Körpersensationen, und wir träumen auch Begriffe, oder vielmehr das, was dem an ein Wort mit der Mehrzahl »Wörter« gebundenen Begriff »Begriff« beim Wort mit der Mehrzahl »Worte« entspräche, denn wir müssen gestehn, dies Äquivalent nicht zu haben. Wir könnten uns auf »Bedeutung«, vielleicht auch auf »Sinn« einigen, wenn wir damit die konkrete Vieldeutigkeit, die Beladung eines Wortes mit aller Erfahrung zu verstehen gewillt sind und nicht nur auf eine Einzelbedeutung als einzig richtige Auslegung zielen. Aber eben: die konkrete Vieldeutigkeit, die trotz ihrer Fülle so unverwechselbar genau wie das Wort ist, das ihre Fracht auf schmalstem Raum trägt und gefügt in die Ganzheit des Gedichtes zu dieser Ganzheit beiträgt wie von ihr geprägt wird. – »Dornenbogen« etwa, um irgendein Beispiel zu wählen, ist ja nicht »Blüte«, noch »Stern«, noch »Löwe«, noch »Wasser«, es ist »Dornenbogen«, doch es ist beladen mit aller Erfahrung, welche die Menschheit und jeder Einzelne jemals mit Dornenbogen gemacht und in aller Zukunft noch machen werden: gewölbtes Brombeergestrüpp; die Blutstropfen im Grün von jedermanns Kindheit; der Jude im Dorn aus der Brüder Grimm grausamen Märchen; Spitzbogen eines Doms; Winter über einem Schloßtor; das rostige Braun Tizians auf dem Gemälde von Christi Krönung; der Stacheldraht einer Hindernisbahn; Dornröschens Schlaf; ein Stück einer Grenze; Giebelzier einer Fischerkate; Neuntöters Hecke; der Anruf Mosis aus dem brennenden Busch; die erste furchtbare Demütigung; ein Hexenbett; ein Volkslied; eine jähe Vision von Blaubarts Kammer – all dies und noch unausdenkbar viel mehr kann als Bild dieses Wortes erscheinen, und in jeder konkreten Verkörperung zugleich die Latenz all ihrer Möglichkeiten, was soll da ein Streit um die rechte Deutung? Er ist, dieser Streit, auch um »Dornenbogen« geführt worden: Maßwerk oder Ranke, Architektur oder Botanik, wie hätten wir das Bild dieses Worts zu erblicken oder – um mit Interpretenwahn zu sprechen – wie habe der Dichter selbst es gemeint? Uns erscheint solch ein Streit müßig: Der Traum sieht – oder besser: weiß, oder noch besser: hat vorrätig alle Gestalten in einer, ebendies *ist* ja die Traumgestalt zum Unterschied von der realen, und der Träumer schaut eine durch die andre: im Maßwerk die Faser, in der Ranke den Stein, in beiden ein Gedankengebilde, und analog verfährt das Gedicht. Die einem Zweiten letztlich sowieso unerschließbare Absicht seines Schöpfers stets übersteigend, kann es ähnlich jener besonderen Weise, in der ein Traum Bild, Gefühl und Begriff mischt, alle Erfahrung des Lesers mit Dornenbogen beschwören, die körperhafte wie die ideelle, und dazu die Symbolik des Unbewußten, und die einer persönlichen Mythologie.

Das Gedicht ist die Verschränkung von phantastisch Genauem und Unausschöpfbarem zu einzigartig neuer Gestalt, und wenn wir uns auf den Begriff des Verstehens als auf ein Weiten wie Schärfen unsres Bewußtseins einigen könnten, die Unendlichkeit eines Gedichts zu ahnen und zugleich ihre Bestimmtheit, die sie erst zur Person im Reich der Wortgestalten macht, wenigstens an einer jener Stellen zu fassen, wo im Teil besonders exemplarisch das Wesen ihres Ganzen erscheint (aber eigentlich wäre dies allerorten), so wollen wir alles drangeben, ein Gedicht zu verstehn. – Die kristallhafte Genauigkeit des Gedichts soll uns davor bewahren, uns in schlechter Unendlichkeit zu verlieren, und im Ahnen seiner Unendlichkeit werden wir analytische Präzision nicht fürchten, ja, wir müssen auf sie dringen, wenn wir dem Gedicht gerecht werden wollen, seiner Wortgestalt, jeder seiner Strophen, und jedem seiner Verse, und jedem derer Worte: »unter«; »Dornenbogen«; »o«; »mein«; »Bruder«; »klimmen«; »wir«; »blind«; »Zeiger«; »gen«; »Mitternacht«. –

Nehmen wir noch das geringste: *Unter Dornenbogen* – was bedeutet da »unter«, wie hätten wir das Bild dieser zwei Worte zu sehen? – Die Frage scheint töricht, das Bild völlig klar: Dornenbogen, und darunter die Zeiger, doch das »unter« erweist sich als doppelsinnig: Die Zeiger können sich unter den Dornen wie ein Auge unter der Braue befinden, das heißt: Im flächenhaften Abbild wäre das Darüber- vom Daruntergelegnen so vollständig getrennt, daß jedes in der ganzen Gestalt seiner Frontalansicht und das Oben als eine Art Krönung des Unten erschiene; die Zeiger könnten sich unter den Dornen jedoch auch wie das Auge unterm geschlossenen Lid befinden, im Flächenbild also das Darunter von seinem Darüber überlagert; auch eine Kombination dieser beiden Verhältnisse wäre denkbar, aber das ist erst das Äußerliche, bloß Topographie, ein Vers ist mehr. – »Unter« als Wort mit der Mehrzahl »Wörter« brächte in diesem Zusammenhang nur eine geometrische Beziehung zustande; »unter« als Wort mit der Mehrzahl »Worte« beschwört zugleich eine kosmische Ordnung und setzt in ihr hierarchische Werte: ein Unten, ein Oben, und ein Verweisen in Ränge, in den neun Zeilen des Gedichts geschieht dies je zweimal: *Über den weißen Weiher – Über unsere Gräber – Unter Eichen – Unter Dornenbogen* – und dazu die Schrägen der Bewegung: *von unseren Sternen* – dies von oben nach unten; *gen Mitternacht* – dies die Gegenbewegung; vom Oben nach unten der eisige Wind; vom Unten nach oben das Klimmen blinder Zeiger, und der Ort der Begegnung: *Mitternacht.* – Hätte »unter« nur topologische Kraft, könnte man dem Dichter Präzisionsmangel vorwerfen, indes sein Vers doch einen Widerspruch faßt. – Unter Dornenbogen –: eine Folter? ein Schutz? ein Ornament? oder all

dies, oder etwa Alles? »Alles« nicht; nur: »Unter Dornenbogen«; aber liegt zwischen Schutz und Folter nicht unsre Welt ganz?
Merkwürdig – und wir erinnern uns genau –, merkwürdig, daß wir diese Dornenbogen nicht sahen, da uns damals das Bild dieser Verse erschien; wir fühlten sie wohl derart gegenwärtig, daß wir sie nicht leibhaftig zu erblicken brauchten: Wir *waren* unter ihnen, wie sahn wir sie da? – Was wir sahn, war ein ungeheueres Gemäuer fugenlos aufeinandergeschichteter naßschwarzer, glatt gehauener Blöcke, das Kreisrund der Uhr nur Wissen der Ziffern im leeren, unbezeichneten Zirkel, und dort, wo die »Zwölf« der Mitternacht stünde, ein gähnend offenes schwarzes Loch, zu dem hinan wir verzweifelt uns mühten, blinde Zeiger; mich entsetzte dies »blind«. – Zeiger machen eine Stunde sichtbar, die sie selbst nicht sehen können; welche Stunde offenbarten wir? Diese Zeilen schlugen mich mit Skorpionen: Das »Bruder« galt mir; in dem »wir« klomm mein »ich« mit; aber wir klommen doch nicht in den Untergang, wir versuchten doch ihn abzuwehren mit all der qualvollen Angestrengtheit, die in dem Wort »klimmen« enthalten ist, warum bestürzte mich diese Strophe? – »Sie halten nur ihr Gesicht in die Zeit / Und können, wie unter Wasser, nicht schauen« hatte ich einst bei Rilke gelesen, und diese Zeilen hatten mich aufgewühlt; nun las ich es dunkler, und nun bebte die Erde. In welche Verwirrung war ich gestürzt? Wohl hatte ich, eben über diesem Gedicht, für die Ewigkeit eines Moments begriffen, daß der Krieg für uns verloren war, aber gleich jeder früheren Ahnung war dies Begreifen noch unterhalb des Bewußtseins in den Wahn eines Dennoch-Siegs umgeschlagen, Automatik verzweifelten Selbstbetrugs, die mir nun jäh im

Vers vors Gesicht trat: *blinde Zeiger gen Mitternacht.* Es war mir, als ob Trakls Gedicht als ein Ich wider mich zu streiten anhübe, und ich sähe, gelähmt von Betroffenheit und dies Gelähmtsein doch schon als Befreitheit genießend, dem Kampf mit traumhafter Gelassenheit zu: *Unter Eichen schaukeln wir auf einem silbernen Kahn.* – Unter den Eichen schaukelten die Gehenkten, auch in unserem stillen Tal.
Dies war Anfang Mai 1945; es hat, dann, nicht mehr lange gedauert: ebendies unser Verblendetsein als das Wesen jener Blindheit zu erkennen und tief erschauernd einzusehen, daß wir tatsächlich, blinde Zeiger, mit verzweifelter Kraft gen Mitternacht geklommen, doch was mich, viel später, fast noch mehr verstörte: Der Dichter selbst, er *sah* doch den Zeiger, und *sah* doch die Mitternacht, und *sah* sich selbst, und sähe sich dennoch, sich selbst sehend, blind? – War es die Blindheit eines Auges im Auge oder die Blindheit der alten Seher, die Blindheit eines Teiresias? – Es hat, dann, sehr lange gedauert, um zu erkennen, daß Trakl hier ein Blindsein beschworen, das über die ganze Zeit nicht zu schauen vermag; das Blindsein all der Begnadeten, die Augen haben, sich selbst zu erkennen, und ihr tapferster Blick sieht: blinde Zeiger. – Wir brechen hier ab.

Die Straße lag lautlos, als ich aus dem Haus trat; fahle Finsternis, keine Sterne; aus der Tür, unter der meine Eltern winkten, quoll, allen Verdunkelungsvorschriften spottend, wolkig das Flurlicht in die milde Luft. – Ich höre noch heute meinen Vater reden, in der Umarmung zum Abschied und auch danach, da ich die in Gebirgshäusern üblichen Stufen zur Straße hinunterstieg, er werde mir das nächste Mal noch viel, viel mehr vom Schorschl erzählen, es falle ihm jetzt so vieles ein, ganz seltsame und ganz spaßige Sachen, er hole es nach dem Siege nach. – Ich habe meinen Vater nicht mehr wiedergesehen, er starb wenige Tage später, den Berichten nach an Blutvergiftung, ich glaube eher an einem Griff zur Phiole, jedenfalls war dies unser letztes Gespräch. Er hat keine Aufzeichnungen hinterlassen; seine Erinnerungen an den spinnerten Stubenkameraden wären ihm wohl auch keiner solchen Mühe wert erschienen, und obwohl er mir in jener Nacht noch manches vom Schorschl erzählt hat, kann ich mich nur für das bereits Berichtete verbürgen, und noch für eine Episode, von der ich glaube, daß sie mein Vater mir kundtat, wiewohl ich sie dann später auch in einer anderen Quelle, in den Gedenkworten Albert Ehrensteins, überliefert gefunden: Trakl soll es geliebt haben, in der Dämmerung, im Fenster lehnend, einen noch glimmenden Zigarettenstummel auf die Gasse zu werfen und dem Erlöschen zuzusehn. – In manchen seiner Gedichte ist diese Bewegung, das stille Vergehn eines kleinen Friedens in der Gleichgültigkeit all dessen, das wie die Nacht den Abend besiegt: *Verflossen ist das Gold der Tage,/Des Abends braun und blaue Farben:/Des Hirten sanfte Flöten starben/Des Abends blau und braune Farben/Verflossen ist das Gold der Tage* – und ein Bewußtsein, das dieses Erlöschen bewahrt.

Ich bog in die volle Dunkelheit, tief unter der Straße rauschten Wasser. – Dachte ich an Trakl? Ich hastete zum Bahnhof, bei uns fuhren noch Züge; der Weg war weit, eine gute Stunde, und ich hinkte noch am Stock. Am ehesten, daß ich irgendeine der idiotischen Strophen summte, mit denen man sich in die Trance automatischen Marschierens einstampft, eine Landsknechtsstrophe, eine Landsknechtsweise, ich habe keine Erinnerung außer der von einem gehetzten Hasten durch eine laue und finstere Nacht. Doch ich weiß, daß Ahnung und Wahnwitz und lauernde Angst sich schon zur Gestalt eines Engels verdichteten, einer Gestalt, die damals oft beschworen wurde, auch regelmäßig von meinem Vater: Der Engel der Deutschen, Michael, werde mit seinem Schwert den Himmel spalten und seinem Volk zur Rettung niederfahren, im Flammenpanzer, zur letzten Stundc, da die Nacht am finstersten ist. – Ich hatte Michael nie als Schutzengel empfunden, er war der Engel der Apokalypse, das war er schon vor jenem Mai, der Engel der sechsten Posaune und des fallenden Feuers, der in allen Sprachen der Erde verkündet: Gefallen, gefallen ist Babylon, die geworden zur Heimstatt der Dämonen, zum Schlupfwinkel aller unreinen Geister, zum Nest aller abscheulichen Vögel, gefallen, gefallen ist Babylon, die Große, die mit dem Zornwein alle Völker trunken gemacht! – Dieser Engel war mir furchtbar vertraut gewesen, seitdem Feuer vom Himmel gefallen, und er war ein Gesandter mit Schwingen aus Schnee und Schläfen von Scharlach; der Engel meines Herzens war mild und rein, doch nun hatte er kotige Flügel und Würmer tropften von seinen Lidern, dergestalt nahm ich Trakl mit mir. – Ich trug auch das graue, großformatige Buch mit der zerbrochenen Leier auf dem Einband noch im Tornister, fünf Tage oder sechs, dann warf ich es samt Tornister, Mantel, Decke und Fleischbüchsen weg, um schneller zu den Amerikanern zu kommen, die, wie es hieß, an der Elbe hielten.

Alles, was nun durch die böhmischen Wälder hetzte, strebte zu den Amerikanern; der Krieg war vorbei, kein Engel erschienen, unter den Eichen und Fichten marodierte SS und henkten Standgerichte eines nach Süden flüchtenden Feldmarschalls nach Norden flüchtende Soldaten, und Zehntausende Gefangene trotteten gen Osten, mit schon schlürfendem Schritt, die Köpfe gesenkt, einem unfaßbaren Schicksal entgegen, das, da es nicht wie erwartet der sofortige Tod war, für den Rest der jungen und alten Leben nur sibirische Bleigruben heißen konnte. – Es war das Ende des Nationalsozialismus, und wir zweifelten nicht am Untergang dessen, das wir mit dem Namen »Deutschland« benannten, es war ja das, was uns widerfuhr. – Der Krieg war verloren; kein Engel erschienen; der Weg zur Elbe von einem Sieger versperrt, dessen Brunnen wir zugeschüttet, dessen Apfelbäume wir umgehauen, dessen Erzgruben wir ersäuft und dessen Städte wir niedergebrannt hatten, kein Zweifel, daß er nun Rache nahm. – In dieser Stunde sah jeder ein düsteres Zeichen – das meine: ein vereister Viehwaggon voll singender ukrainischer Frauen, der ins Grau einer Februardämmerung rollte; und wir rissen die Hoheitszeichen von den Uniformblusen, die Offiziere warfen die Schulterstücke ab, die Feldgendarmen ihre blinkenden Brustschilder, und da und dort merzte SS mit glühenden Eisen ihr Siegel aus dem eigenen Fleisch. – Was blieb, war Leere; sie dehnte sich aus. – Als ich westwärts durch die Wälder zur Elbe gehetzt, wollte ich in irgendeine Fremdenlegion; ich war dreiundzwanzig, hatte ein Notabitur und konnte doch nichts als ein Maschinengewehr bedienen und gehorchen und Befehle ausführen, ein Kolonialdienst würde mich brauchen können, das war meine letzte Hoffnung, da Deutschland keine Hoffnung mehr war. Doch an allen Wegen zur Elbe und rings um die Wälder standen Soldaten in langen, erdbraunen Mänteln, mit langen Bajonetten auf den Gewehren, ihre Wachtfeuer rauchten, sie tranken und lachten, und Glocken schallten, manchmal ratterte ein Maschinengewehr, und an den Eichen schaukelten Gehenkte. – Ein Selbstmordversuch im Dickicht am Feldrain, dann war auch mein letzter Ausbruch gescheitert, und ich trottete mit den Zehntausend ostwärts, siebzehn Tage, stechende Sonne, die Kirschbäume blühten, wir aßen ihr Harz und aßen das Gras vom Rastplatz und schwammen in den Bächen und Teichen und aßen Wasser und aßen Erde und hörten die Glocken der mährischen Türme und starrten in die fremden, schon unbegreiflich vertrauten Gesichter der jungen Kirgisen, die uns eskortierten, und es war Mai. – In diesen Tagen dachte ich nichts; es war ein Gefühl vollkommenen Leichtseins, Schweben in einem leeren Raum. – Nicht mehr da, noch nicht dort. – Nach dem Schwimmen lagen wir nackt in der Sonne, träges Dasein eines Tieres, jenseits des Hungers wie der Verzweiflung, vielleicht ein paar Tage Glück des Nichts. – Ich besaß nur noch das, was ich auf dem Leib trug, und das war wenig: noch Koppel und Stiefel, schon keinen Mantel, keine Uhr, kein Feuerzeug, keine Füllfeder, kein Messer; auch kein Buch, das lag irgendwo am Wegrand; ein Tornister voll Fleischbüchsen und Trakls Gedichten, ich dachte nicht einmal, ob einer es finde und ob er drin lese, ich dachte nichts.

Und dennoch trug ich diese Gedichte als ein fahles Glühen mit mir, vor dessen Schein ich nun die Welt sah. So sieht man im Sonnenuntergang, im trüben November, eine Landschaft, wenn sich Nebel und Abendrot zu einer schwelenden Dämmerung mischen, in der Bäume und Häuser schwarz ausgefüllt stehen, die Nähe nur noch schwarz, die Ferne nicht mehr unterscheidbar, Vergehen in ein Reich der Schatten und dennoch das Walten unwirklicher Helle vor dem Bewußtsein naher Nacht. – *Dämmerung und Verfall;* es war Mai, die Kirschbäume blühten, und wir trotteten grau vor Hunger und Grauen gen Osten, zu einem Auffanglager bei Brünn, wo wir verhört wurden und kahlgeschoren und statt des abgenommenen Soldbuchs die Wojenno-Plenny-Buchstaben erhielten, gelbe Ölfarbe auf den Rücken der Uniformjacke und aufs Hosenbein und auf das Käppi, das war nun unser neues Daheim, und dann auch zum ersten Mal Verpflegung, und ich hockte im Lehm vor den überfüllten Baracken und weichte Trockenbrot in die Hirsesuppe und hörte die lautlos dröhnenden Verse:

Es ist ein Licht, das der Wind ausgelöscht hat.
Es ist ein Stoppelfeld, in das ein schwarzer Regen fällt.
Es ist ein Weinberg, verbrannt und schwarz mit Löchern voll Spinnen.
Es ist der Weg in den Untergang.

Es waren die Verse Trakls, die ich mit eigenen Zeilen vermengte, unablässig geleierte Litanei eines vergehenden, nur noch im Selbstmitleid Halt suchenden Bewußtseins. – So nahm ich Trakl mit in die Gefangenschaft, mein Grübeln und Verzweifeln trug seine Farben: Schatten, die sich vor einem erblindeten Spiegel umarmten, und auf silbernen Sohlen glitten frühere Leben vorbei. – Es war Trakls *Psalm*, den ich damals auswendig kannte; ich habe seinen Wortlaut lange im Gedächtnis bewahrt, und wenn man mich im Sommer 1945, auf dem Transport vom Durchgangslager Brünn zum Arbeitslager Nephtigorsk im Kaukasus, gefragt hätte, welches das bestimmende Ereignis meiner letzten Jahre gewesen, hätte ich ohne Zögern geantwortet: die Bekanntschaft mit Georg Trakls Gedicht.

Es scheint mir nunmehr hoch an der Zeit, auf die Frage des Lesers zurückzukommen, welche Sicherheit er denn eigentlich habe, von unserer Interpretation nicht manipuliert zu werden: Ist es, so wird er, und nun wirklich verärgert, fragen, ist es nicht lächerlich, Trakls 1913 geschriebenen *Untergang* so darstellen zu wollen, als habe er mit der Mitternacht, zu der hin die blinden Zeiger geklommen, den Tag der Kapitulation der Wehrmacht gemeint? – Natürlich wäre das lächerlich, aber wir erheben auch nicht den Anspruch zu wissen, was Trakl ernsthaft gemeint haben könnte, wir geben nur unsre Erfahrung wieder, dies allerdings versuchen wir möglichst genau.
Trakls Gedicht ist keine Schlüssellyrik, kein Bericht von etwas, das zum Zeitpunkt der Niederschrift sich bereits vollzogen hätte, wie etwa der Untergang der Titanic, noch ist es eine Weissagung im Sinn der Vorwegnahme solch eines Berichts, wiewohl es etwas prophezeit. – Es prophezeit, was schon da ist, man sieht es nur nicht; in seinem Gedicht tritt es ins Bewußtsein, aber dies »es« ist kein lokalisier- oder datierbarer Fakt. – Sein Gedicht ist keine Allegorie, es sagt ein Modell eines Untergehens, einen Prozeß, nicht ein Ergebnis, »klimmen« steht im Präsens, nicht im Imperfekt oder Futurum, und jeder, der sich betroffen fühlt, ist frei, sich in diesem Bild wiederzufinden, und das heißt zu erkennen, was ihm geschieht. – Dieser Prozeß vollzieht sich im Außen wie Innen, und solange die Übereinstimmung beider anhält, macht das Gedicht durch

seine Konkretheit betroffen, doch die liegt nicht in der abbildhaften Kongruenz mit etwas Nur-Objektivem, sondern in der Präzision der poetischen Bilder, deren Logik im einzelnen wie im Zusammenhang ebenjenen Prozeß repräsentiert, und die Bedeutung stellt sich ein. – Eine Hilfskonstruktion. – Der große alte Mann der modernen Mythologie, Karl Kerényi, hat einmal vom Mythos bemerkt, er habe, wiewohl nicht zum Erklären geschaffen, die Eigenschaft, erklärend zu sein, und ähnlichermaßen das Gedicht: Es hat die Eigenschaft, Konkretes bedeuten zu können, ohne daß es dazu geschrieben wurde, denn es hebt sich auf, wenn es also bedeutet, so wie der Mythos sich aufhebt, wenn er erklärt.

Zu welcher Mitternacht klimmen die blinden Zeiger? – Nicht zu der einer exakten Uhrzeitangabe oder gar der eines erkundbaren Datums. – »Mitternacht« als der Name für jenen im Rhythmus von vierundzwanzig Stunden wiederkehrenden Zeitpunkt, da die Sonne (für einen bestimmten Ort) ihren tiefsten Stand unterm Horizont erreicht, und damit gleichbedeutend auch als Name für den letzten Abschnitt eines Tages, und dann auch eines konkreten Tages X, ist ein Wort mit der Mehrzahl »Wörter«, und auch noch als Name für jenen Zeitpunkt, da 24.00 Uhr des Tages X zugleich 00.00 Uhr des Tages X-plus-eins ist, bleibt »Mitternacht« ein solches Wort, wiewohl die nun ambivalent werdende Definition diesen Charakter schon erschüttert; als Wort mit der Mehrzahl »Worte« bewahrt »Mitternacht« die Bestimmung einer auch örtlich sich manifestierenden Letzt-Zeit wie die der Identität zweier verschiedener Zeitabläufe (dies unvergeßbar gesagt in der »Mitternacht« Eduard Mörikes: »sie singen der Mutter, der Nacht, ins Ohr / vom Tage, / vom heute gewesenen Tage«), doch wenn beim Wort mit der Mehrzahl »Wörter« die Bedeutung von »Mitternacht« damit erschöpft ist, beginnt sie beim gleichlautenden Wort mit der Mehrzahl »Worte« sich von hier aus erst zu entfalten, und zwar in ihrer ganzen Fülle als Zeit- wie auch als Ortsbegriff. – Der Charakter des Augenblicks wird von einem Moment der Kalenderzeit zu einem Moment der Ewigkeit, der kann Generationen überdauern, und wenn »Mitternacht« als ein Wort mit der Mehrzahl »Wörter« nichts als jenen Grenzpunkt benennt, da Ende und Anfang zweier Tage zusammenfallen, um sofort wieder als vergangen und gegenwärtig geschieden zu sein, ist die Mitternacht des Worts mit der Mehrzahl »Worte« das – bei chronometrischer Übereinstimmung – Heraustreten einer besonderen Stunde aus dem gleichförmigen Stundenfluß, der Wellenberg einer Gegen-Zeit zu der als einzig geltend tradierten, da als Verkehrung aller dort gültigen Werte eine Gegen-Welt sich auftut: der schwefellichtige Gegen-Mittag, da Satan im Kreis der Hexen erscheint, um vorerst bis zum Glockenschlag eins oder auch bis zum Hahnenschrei sein Reich zu errichten, das schon in der Welt ist und doch nicht in ihr ist: in und zu dieser Einen das Andere. – Was wird in dem Augenblick geschehen, da die Zeiger einander decken und ein Räderwerk in Gang kommt, die Stunde zu schlagen, die Mitternacht sein wird, und das ist ja dann noch lange nicht Klock eins? – Blinde Zeiger, sie sehen nicht, wiewohl sie es zeigen.

Eben aus dieser Möglichkeitswolke traf uns der Blitz der Offenbarung: Die Mitternacht war uns das schwarze Tor, zu dem wir klommen, um ins Nichts zu stürmen, in die Finsternis der Finsternis, die alles Hoffen und Glauben löscht, zugleich aber stürzte uns dies Gedicht ins Dunkel rätselhafter Verzückung, deren Wesen uns erst sehr viel später ins Bewußtsein zu treten begann, und da diese Verzückung anhält, soll sie die Frage provozieren, ob die Mitternacht nicht auch als die Hohe Stunde des Heimlichsten zu denken wäre, welche die Nacht als Unheimliches ja auch ist, die Zeit, da »erwachen alle Lieder der Liebenden« und »lauter reden alle springenden Brunnen«: »O Mensch! Gib acht!/Was spricht die tiefe Mitternacht?/›Ich schlief, ich schlief –,/Aus tiefem Traum bin ich erwacht –/Die Welt ist tief,/Und tiefer als der Tag gedacht./Tief ist ihr Weh –,/Lust – tiefer noch als Herzeleid:/Weh spricht: Vergeh!/Doch alle Lust will Ewigkeit –,/– will tiefe, tiefe Ewigkeit!‹« – so wie auch die Lust der Hexen sie will.

Zu welcher Mitternacht klimmen die blinden Zeiger? – Zu jener, die das *ganze* Gedicht sagt, das *Untergang* heißt und darin wir auf einem silbernen Kahn unter Eichen schaukeln. – Man wird diesen neun Zeilen nur wenig gerecht, wenn man sie als eine Ballade liest, als ein Nacheinander von Begebenheiten, deren früheste das Wegfliegen der wilden Vögel und deren letzte, nach dem Schaukeln auf silbernem Kahn, dann das Klimmen gen Mitternacht in den Untergang wäre. – Der Untergang ist die Gleichzeitigkeit all dies scheinbar Unzuvereinenden: Daß wir auf silbernem Kahn unter Eichen schaukeln, da sich die Nacht mit zerbrochener Stirn über unsre Gräber beugt, und daß die weißen Mauern der Stadt immer klingen, da ein eisiger Wind von unseren Sternen weht. Die wilden Vögel sind fortgezogen, und ab nun stehen die Verben dieses Gedichts im Präsens, Gegenwart allen Geschehens seiner neun Zeilen und dessen Gegenwart mit der Zeit aller Leser, die sie noch betroffen machen. – Gegenwart ist

Gleichzeitigkeit, doch die Gleichzeitigkeit eines Gedichts ist mehr als träges Nebeneinander, die poetische Logik verknüpft die Bedeutungen, und im »wir« vereint sich das Unvereinbare: daß wir unter Eichen auf silbernem Kahn schaukeln ist, daß wir unter Dornenbogen gen Mitternacht klimmen, zur Zukunft, die wir uns selbst bereiten, schaudernd, und dennoch nach unserem Willen: »Klimmen« sagt angestrengtestes Mühen, und »schaukeln auf silbernem Kahn« sagt Lust.
Trakls neun Zeilen sind 1913 geschrieben, da sich das öffentliche Bewußtsein im Wahn untilgbarer Sicherheit wiegte und einer seiner Repräsentanten nicht müde wurde zu verkünden: »Ich führe euch herrlichen Zeiten entgegen!« – Das war ein kaiserliches Wort, Wilhelm II. hatte es ausgerufen, aber einige seiner Zeitgenossen deuteten die Ära anders: »Es ist meine Religion, zu glauben, daß Manometer auf 99 steht«, so Karl Kraus 1908 in seiner »Apokalypse«; »Dem Bürger fliegt vom spitzen Kopf der Hut, / In allen Lüften hallt es wie Geschrei, / Dachdecker stürzen ab und gehn entzwei, / Und an den Küsten – liest man – steigt die Flut«, so 1911 Hans Davidsohn alias Jakob van Hoddis, und so zwei Jahre später sein und Georg Trakls Generationsgefährte Alfred Lichtenstein: »Einmal kommt – ich habe Zeichen – / Sterbesturm aus fernem Norden. / Überall riecht es nach Leichen. / Es beginnt das große Morden.« – Der Norden, das ist das Mitternachtsreich, aber Trakls Gedicht heißt *Untergang*, nicht »Weltende« wie das Gedicht des Jakob van Hoddis; es sagt nicht die Vernichtung durch Sintflut, Stahl oder Feuer, es sagt, was dir und mir geschieht, da wir einem Ende entgegentreiben, das auch ein solches Ende sein kann. – Mitternacht ist Endzeit, und einmal auch Letzt-Zeit, aber was dann Sturm sein wird, ist vorerst ein Wehen von unseren

Sternen; die wilden Vögel sind fortgezogen, doch immer noch klingen die weißen Mauern der Stadt und reden lauter die springenden Brunnen, und in der Minute vor Mitternacht lauscht der blinde Faust im Wahn seines Mittags dem Geklirr der Spaten und träumt den großen Traum vom freien Volk auf freiem Grund, da Mephisto und die grabschaufelnden Lemuren sich anschicken, dies zueinander zu raunen: »Die Uhr steht still – / Steht still! Sie schweigt wie Mitternacht. / Der Zeiger fällt – / Er fällt, es ist vollbracht. / Es ist vorbei. / Vorbei! ein dummes Wort. / Warum vorbei? / Vorbei und reines Nichts, vollkommenes Einerlei!«
Doch das ist nun wieder ein Traum des Mephisto.

Überm Rostschlamm des Hafens von Noworossijsk, da wir, aus dem Bauch des Frachtschiffs taumelnd, fassungslos auf den Schutt der Stadt im grünroten Hang des Kaukasus starrten und jäh das Gerücht kam, das sei *unsere* Stadt und wir blieben hier gefangen, bis sie wiederaufgebaut wäre, dreißig, fünfzig, hundert Jahre –: über uns, auf einer spiralig gebombten Schiene des Rampengleises, Irgendeiner der Völker des Siegerreiches, ein älterer, halbnackter Geselle, der uns aus einer Schar Seinesgleichen, die bloßhändig ein Eisengestrüpp zerzerrten, mit herzensfröhlichem Lachen zurief, wir würden nun Mann mit Männern schlafen, und er rief, so schliefen viele in Rußland, in den Lagern hinter Stacheldraht, Männer mit Männern, ohne Frauen, ihr Leben lang, und er lachte und wiegte den schweißnassen Oberkörper und knallte, dabei seinen Spruch wiederholend, die ausgehöhlte rechte Faust auf den nach oben gestreckten linken Daumen; es klatschte, seine Kameraden lachten, und unter dem Kristall des Himmels die

Trümmer der marmorweißen Stadt. – Ihre Mauern klangen nicht mehr, dachte ich an Trakl? Alles war möglich in dieser Stunde, und nie für möglich Geglaubtes war da. – Daß wir lebten, war das Unglaublichste; es sprach allen Prophezeiungen Hohn. – Nichts geschah wie erwartet; was war uns geschehen?

Ich habe wieder und wieder versucht, jene einzigartige Ära des WP, des WOJENNOPLENNY, niederzuschreiben, und bin jedesmal schon am Anfang gescheitert, diesem Augenblick völligen Offenseins, da sich Vergangenheit und Zukunft statt bloßer Daseinsweisen physikalischer Zeit als geschichtliche Mächte zu offenbaren beginnen und ihre stetig fließende Grenze zur Bruchstelle solcher Abgrundhaftigkeit aufklafft, daß auch in das Ich ein Riß gesetzt wird und ein Prozeß anhebt, ihn zu bewältigen: Wandlung. Die Gegenwart wird dann phantastisch jäh zum Offensein nach überallhin, also auch in die Vergangenheit. Es ist der Augenblick des Sprungs, den man nicht anders schildern kann als durch das genaueste Vorher und Nachher, und dazwischen die Summe der Möglichkeiten, ohne die man kein Nachher begreift. – Diese Wandlung hat vielerlei Wesensformen; der Sprung (er kann auch ins Vergangene erfolgen) dauert Minuten bis Jahrzehnte, vielleicht bleibt er Manchem völlig erspart, ich beneide ihn nicht.

Was zuerst in meinen Abgrund stürzte, war das begrifflich-kategoriale Denken (soweit ich darüber überhaupt verfügte); was aus ihm brach, war eine wahnsinnige Neugier, Gier nach dem Neuen, dem Unerhörten, das, da das Alte geendet war und das Leben dennoch weiterging, nun an dieser Küste beginnen mußte. – Brandgestank; Hunger; Stacheldraht; dennoch. –

Männer schlafen mit Männern, auch dieses Bekenntnis war ein Neues und gänzlich Unerhörtes: Homosexualität unter Männern, im Soldatenalltag stets heimlich lockend, galt im Vergangenen als Inbegriff von Schmach und Verbrechen: War dies Riesenland doch, auf andere Art, das Reich aller umgewerteten Werte? – Auf einem übermannsgroßen Plakat das Lächeln Stalins; in welches Andere kamen wir? – Ich wußte nichts und brannte nach Allem, nach Gesichtern, nach Worten, nach Geschehen, nach Büchern, auch nach dieser Landschaft, die anders war als alles Gekannte: Ahnung von Gletschern; verfaulendes Meer.

Möglich, daß ich an Trakl dachte; gewiß, daß ich seinen Engel sah, ich glaube fest, mich zu erinnern, daß im Schutt, den wir nun durch Stunden durchschlurften, der Torso eines Engels gelegen, zwischen Trümmern von Säulen und Balkonen, doch wer weiß, was die Erinnerung will. – Wir wissen nichts von dem Prozeß des psychischen Stoffwechsels; zwar können wir, heißt es, den physischen durch Atommarkierung derart verfolgen, daß wir von einer bestimmen Substanz wissen, welche Zellen sie nährt, aber wer weiß, wie Dichtung wirkt, wenn ihre Metaphern durch die Adern des Unbewußten schaukeln? Welches Tun oder Denken speisen sie, was bereiten sie vor, was speichern sie auf, und in welchen Tresoren und unter welchen Chiffren? – Wir wissen nichts und behaupten so viel. – Wahrscheinlich, daß kein Engel in den Trümmern gelegen und nur mein Erinnern ihn jetzt dahin bringt, aber deshalb muß es nicht trügerisch sein: Der Engel war dann im Innen, nicht im Außen, und Dichtung hat mit beidem zu tun. – Der Engel im Schutt hatte zerschmetterte Flügel; sein Jünglingsgesicht war von Schmerz verworfen; auf seiner Schulter ein Exkre-

ment. – Er schien zu schweigen; lächelnde Lippen. – Der Trampelpfad stieg aus den Ruinen; Steingeröll, von kantigen Gräsern durchschossen; ich weiß, daß der Hunger stierhaft brüllte und daß wir am Abend Schnecken kochten, ein schaumiges, kotiges, stinkendes Mahl, und der Himmel lag gelb auf dem schillernden Meer. – Öllache; ein Funken, und sie müßte brennen; ich wünschte es, die Nacht war kalt. – Unsre Feuer verglommen; dachte ich an Trakl? Gewiß nicht in dem Sinn, daß sein Name mir einfiel; gewiß in dem Sinn, daß in jeder Regung, auch in meinem Rattenhunger, der mich wie die andern nicht einschlafen ließ, etwas von seinen Versen umging: Dichtung wirkt ja auf den ganzen Menschen, und daß sie unvergeßlich sei, kann nur heißen, daß sie unentrinnbar stetig einwirkt, ob man ihr Dasein gewahrt oder nicht. – Man erkennt Welt dann unbewußt in Bildern der Dichtung, durch die einem Welt bewußt geworden, ja man lebt Gedichte und weiß es nicht, da man doch nichts als sein Leben wahrnimmt: ungeformte Augenblicke, deren Fügung zu Figuren (und Mythen) lange Zeit – und oft gänzlich – unüberschaubar bleibt. – Wurde einer von Dichtung überwältigt, wirkt sie in all dessen Künftigem fort, und jede Nacht, die er erfährt, ist – falls in ihr Nacht ist – auch die Nacht dieser Dichtung, nicht *nur* ihre Nacht, doch *auch* ihre Nacht. – Gelebte Interpretation. – *Hirten begruben die Sonne im kahlen Wald* –: Hier begruben wir sie als hundert Feuer in Gruben aus Stein, begrabene Sonnen, und wiewohl ich etwas von diesem Begraben empfunden, sollte ich noch lange rätseln müssen, wie dieser Vers zu verstehen sei.
Später dann, das war schon nach der Kunde von Auschwitz, da wir vor der Wahrheit über unser Gestern in Selbstbejammern geflüchtet waren und die Ge-

genwart als sinnlos empfanden, jählings niedergebrochenes Schicksal unverschuldeter Zermürbung durch Hungern, Schlammschaufeln, Frieren, Herumlungern, Heimweh, Öde, Ungewißheit, und wieder Hungern, und immer Hungern, bis zu solch physischer Erschöpfung, daß keiner außer dem fetten Koch ein Schlafen Mann mit Männern hätte zu begehren vermögen und die Zukunft als weißer Weiher, kalkgefülle Grube, dalag –: Später dachte ich mir, um mich an etwas zu klammern, Übungen über Farben aus, »blau« etwa: Ich versuchte mir alles zu sagen, was blau war: Lakmuspapier nach dem Eintunken in Laugen, Amethyste, Lapislazuli, Türkise, die englischen Kolonien im alten Atlas, die Grotte von Capri, Glockenblumen, Enzian, die Außenseite der Madonnenmäntel auf Kirchenbildern, die Kragenspiegel der Fliegertruppe, Kornblumen, Rittersporn, das Blut des Adels, das Blut der Venen, Pavianbacken, Babywäsche männlich, der Rhein, die Donau, blaue Flecken nach Prügeleien, der Stahl, Blaudrucke, Zungen von Perserhündchen, Alkoholflammen, die Berge, die Adria, Blaukraut, Blaubeeren, Blaukehlchen, die Augen Freyas, das Haar Apollons, Gewitterblumen, Preußischblau, Meerblau, Marineblau, Waschblau, Eisblau, Eisvogelblau, die Flügel des Irrlichts; auch Abstraktes: der Glauben, die Treue, der Süden, die Ferne, das Vergessen, die Sehnsucht, das Dämmern der Seele: Inventur des Gymnasiasten – waren es die Farben Trakls? – Sie waren es nicht, und waren es doch: Sein Gedicht war mit meinem Leben verschmolzen, wie soll ich jetzt eins vom andern sondern, es gibt kein Sieb, das solches vermag.

Doch in dem Maß, wie sein Vers in mein Dasein einging, ging auch mein Denken in seinen Vers ein und machte ihn elend: Ich berief mich mit meinem Elend

auf ihn. Damals hatte ich für zwei Brotportionen einen Tintenstiftstummel eingetauscht, und ich besaß auch eine der feingeschliffenen Schindeln, auf denen, des völligen Papiermangels wegen, die Lagerkartei und der Schriftverkehr zwischen Kommandantura und Plenny-Selbstverwaltung geführt wurde, und so hockte ich denn allabendlich auf meiner Pritsche, auf dem Strohsack voll Farnkraut, und kritzelte Gedichte, die, wollte ich dann neue schreiben, ich nächsten Abend auskratzen mußte (ich besaß auch eine Scherbe), und ich schrieb von Verfall und Untergang, vom Ende Europas und vom Sturz der Engel, von einem Weinberg mit Löchern voll Spinnen und von Gottes eisigem Odem und vom verlorenen Paradies; ich schrieb mit winzigsten Buchstaben ins Nichts, und ich schrieb »Bruder Trakl« – war er mein Bruder? – Er war doch in mein Ich eingegangen, wie sollte er da nicht mein Bruder sein? Es war zwar nicht nur Trakl allein, dessen Verse mir ins Gedächtnis traten, dort hausten auch Weinheber, Rilke, George, meine Götter vor ihm, und Gottheiten damals noch immer, doch zu keinem hätte ich »Bruder« gesagt. – Berief ich mich zu Unrecht auf Trakl? Ich will gestehen, daß ich ratlos bin, auch heute noch; eine Hilflosigkeit des Gefühls; die Logik habe ich jedenfalls wider mich. – Aber ist das Werk nicht immer das Wirkende, und kann man sich Wirkung nach Belieben aussuchen?
Ich sehe mich auf der Pritsche hocken, eine langgestreckte Holzbaracke, gestampfter Lehm als Estrich, in der Mitte ein Ofen, winzige Fenster, Doppelstockpritschen: Ich wohne unten neben der Tür, die sich von mir wegdreht, wenn man sie aufmacht, was oft geschieht, das zugigste Lager; ich hocke in mich zusammengekauert, zwischen Schenkeln und Bauch die

Blechdose Suppe, das Brot ist schon verschlungen, glitschiges Schwarzbrot, die Nacht vor der Tür ein Dutzend schlurfender Füße, und ich kratze die Gedichte des letzten Abends von meiner Schindel und überfliege noch einmal die Reime: »... blaue Ferne / ... Klage Klang / ... kalte Sterne / ... Untergang«, und ich sehe heute in dieser Ferne eine Säule schwarzen Rauchs, und es riecht nach verbranntem Menschenfleisch. Ich habe sie lange nicht sehen sollen; ich war auf der Flucht vor mir selbst, so war sie ganz innen, und ich suchte nach aller Schuld außer mir. – Ich hungerte und fror ja, wie trug ich da Schuld? – Es war so jämmerlich wie jammervoll. – Ich will später einmal diese *ganze* Zeit schreiben, mit all ihrem Ungeheuren an Groteske und Größe, Tragik und Satyrspiel, Befreiung und Verstrickung; hier kann ich nur von Trakl berichten, doch wenn ich ihn meinen Bruder nenne, gehört auch dieser Rauch zu ihm. Diese Stelle der Barbarei, dauernder als alle Erzmonumente, hat er ragen sehen, nicht über Europa, nur überm Ried, und es *war* Europa: *Ein Wild verblutet sanft am Rain / Und Raben plätschern in blutigen Gossen. / Das Rohr bebt gelb und aufgeschossen. / Frost, Rauch, ein Schritt im leeren Hain.* – Nein, es ist nur ein Winterstück, aber es ist auch der Winter der Seele. – Ein Schritt im leeren Hain; wer naht? – Der steinerne Gast, er naht ungerufen, und keine Beschwörung weist ihn ab. – Ich wollte nichts von Auschwitz wahrhaben, ich wollte von einer Schuld nichts hören; ich vergrub mich in Selbstmitleid und Jammer und sagte mir Trakls Verse her, doch sagt man sich denn so ganz ohne Folgen: *Es ist ein Weinberg, verbrannt und schwarz mit Löchern voll Spinnen. / Es ist ein Raum, den sie mit Milch getüncht haben?* – Im Bewußtsein wurde kein Fragen laut, wer

denn den Weinberg verbrannt, die Kammer getüncht, die Milch geschändet, aber das heißt doch nicht, daß nichts so fragte. – Was für Spinnen hausten in meinem Herzen? – Ich wollte mich nicht an mein Vergangnes, ich wollte mich an die Gedichte Trakls erinnern, doch wer weiß, was die Erinnerung will? Was sucht sie sich aus, was drängt sie zurück, was prüft sie, was bereitet sie vor?
Die Verse, die mir ins Gedächtnis kamen, gaben gewiß meinem Jammer Nahrung, doch sie stachelten auch ein Andres, das gegen mich für mich zu streiten begann. – Ins Bewußtsein drang nichts, doch was beweist das? – Eines Tages, das war in jenem Winter, als ein ehemaliger Buchenwaldhäftling erzählte, wie der Lagerkommandant sich einen Privatzoo mit Raubzeug gehalten, fühlte ich die Erde beben, und ein durch zwei Jahre vergessenes Bild stieg herauf, eine Episode der Flucht aus Griechenland, ich sah mich hinter den Käfiggittern, und dieses Bild verlor sich nicht mehr; später dann wurde es eine Geschichte. Was ist es in jenen zwei Jahren gewesen: ein Nichts, weil es nicht im Bewußtsein erschien? Es hat nichts getan als in mir gewartet, aber Warten ist auch ein Wirken, so wartet die Lava in einem Vulkan: Sie bereitet ihren Ausbruch vor. Und Trakls Dichtung ruhte ja nicht im Vergessen, ich bewegte sie durch mein Gedächtnis und zwang sie zu steigen und zu sinken – hätte sie nach keiner anderen Bestimmung als nach meinem Willen getan? – Ich messe diesen Willen an dieser Dichtung und mag es nicht glauben, nicht nur des konkreten Mißverhältnisses wegen: Wie trüge ein Gedicht seinen Widerspruch aus, wenn nicht durch Stiftung von Widerstreit im Leser, und wenn dessen Wille die eine Partei nimmt, schlägt das Unbewußte sich zur andern. Um die Einheit des

Widerspruchs zu gewinnen, bleiben dann nur Ex-contrario-Schlüsse aus den erinnerten Bewußtseinsfiguren; ohne sie ist der ganze Prozeß nicht zu fassen, und Plötzliches bliebe unerklärbar. – Kontinuierliches auch. – Die Engel, die ich auf meine Schindel zwang, waren allesamt auch im Sturz strahlende Gestalten, strotzend, schimmernd, flammenumflattert; wohin war ihr beschmutzter Bruder verbannt? – Sechs Jahre später trat er wieder hervor; von seiner Existenz in dieser Zeit weiß ich nichts außer dem einen: daß er nicht untätig geblieben sein kann.

Wir können nicht entschieden genug der Meinung beitreten, man verenge sein Verständnis für Trakls Schaffen, sähe man ihn nur, auch nur vorwiegend, als christlichen Dichter; man würde ihm unter diesem Aspekt ebensowenig wie etwa Hölderlin gerecht. – Gewiß ist der Engel, oder sind *Brot und Wein*, die in beider Werk immer wieder in reiner Helle erglänzen, eminent christliche Symbole, aber sie sind zunächst Brot und Wein als Speise eines ländlichen Alltags, zu dem auch – wenngleich meist in verniedlichter Form – in katholischen Landen der Engel gehört: überm Bett der Kinder, auf Brücken und Plätzen, als Holzschnitzerei, in Redensarten, ganz zu schweigen von den stets offengehaltenen Kirchen. – Über diese Alltagswesen hinaus sind sie weit sich spannende Symbole, das Christliche ist ein Besonderes, man hüte sich da vor zu eiligen Schlüssen, sie schließen wichtige Tore zu.
Gewiß: Trakl ist Protestant gewesen und hat sich, wenn er eine Herausforderung spürte, streitbar zu seinem Glauben bekannt, er hat sich öfter als Christ bezeichnet, und berühmt ist jene Anekdote, laut der er

bei einer Dorfkirchweih entsetzt auf den Hauptgewinn des »Glückstopfs«, einen blutigen Kalbskopf, mit den Worten: »Unser Herr Jesus!« gewiesen habe, doch was diese biographischen Züge beweisen, ist die Gegenwärtigkeit christlicher Mythologeme in einem geweiteten Bewußtsein; sie erscheinen auch in Trakls Werk, und so billig es wäre, sie zu verleugnen, so engabgezirkelt wäre es auch, diese Bezugsschicht, wie eine Gemeinde von Interpreten es tut, zur Trägerin der einzig rechten Bedeutung zu übersteigern. Und was hieße auch: christliches Bekenntnis? Der Gewährsmann jener Anekdote, der Innsbrucker Karl Röck, fügt dem in seinem »Tagebuch Sommer 1913« notierten Bericht hinzu: »Ob welcher fürchterlichen, ihrer sachlichen Gefühlsfestigkeit natürlich unfaßbaren, daher ihnen nur lästerlich erscheinenden Rede sie« (die Bauern) »ihn dann wohl hinauswerfen wollten.« – Gleicherart Provokatives bezeugt der Schweizer Hans Limbach, der in seinem Tagebuch diese Äußerung Trakls während einer Abendunterhaltung überliefert: »›Es ist unerhört... wie Christus mit jedem einfachen Wort die tiefsten Fragen der Menschheit löst! Kann man die Frage der Gemeinschaft zwischen Mann und Weib restloser lösen als durch das Gebot: *Sie sollen Ein Fleisch sein*?‹« In Trakls Gedicht *sind* sie ein Fleisch; ist er darum ein christlicher Dichter? Die Frage klingt so blasphemisch wie der Ausruf auf jener Kirchweih, aber sie ist ernst gestellt.

Wir sollten uns daran erinnern, daß unsere Kultur im Christen- wie im Heidentum der Antike wurzelt und daß ein Wort mit der Mehrzahl »Worte« von beider Bedeutung beladen ist, wenngleich meist die historisch spätere vorherrscht: »Brot«; »Wein«; »Leib«; »Seele«; »Geist«; »Himmel«; »Hölle«; »Erde«; »Mann«;

»Weib«; »Fleisch«; »Engel«; »Teufel«; »Mensch«; »Tier«; »Gott«. – In Alexander Bloks Dichtung »Die Zwölf« schreitet Christus durch den Schneesturm der Roten Fahne der zwölf voran, der zwölf Rotarmisten, der zwölf Jünger, der zwölf russischen Räuber Nekrassows, doch dadurch wird Blok, ein Generationsgefährte Trakls, weder christlicher noch bolschewistischer noch terroristischer Dichter, er bleibt nur unserer Herkunft eingedenk: »Vorn die Fahne, blutig, wehend, / Und, unsichtbar – denn es schneit – / Einer noch, der ist gefeit, / Sturmfern, sanft, so schreitet er, / Schneeglanz, perlend, um sich her, / Rosenweiß sein Kränzlein ist – / Vorne gehet Jesus Christ.« – Jene zwölf versammeln sich auch in einem Gedicht Trakls, das sechs Jahre vor Bloks Poem entstand:

Menschheit vor Feuerschlünden aufgestellt,
Ein Trommelwirbel, dunkler Krieger Stirnen,
Schritte durch Blutnebel; schwarzes Eisen schellt,
Verzweiflung, Nacht in traurigen Gehirnen:
Hier Evas Schatten, Jagd und rotes Geld.
Gewölk, das Licht durchbricht, das Abendmahl.
Es wohnt in Brot und Wein ein sanftes Schweigen.
Und jene sind versammelt zwölf an Zahl.
Nachts schrein im Schlaf sie unter Ölbaumzweigen;
Sankt Thomas taucht die Hand ins Wundenmal.

Jene zwölf sind die Jünger, wer wollte daran zweifeln, aber jene zwölf können auch wir sein, und auch Sankt Thomas ist unter uns.
Übrigens ist dieses Gedicht nicht, wie so oft geglaubt, im Krieg entstanden, es ist 1912 geschrieben, und weitaus ergiebiger als ein Streiten darüber, wieweit es Trakls christliches Bewußtsein belege, wäre eine Besin-

nung darauf, wieweit sein Gedicht mit der Schrift differiert, der zufolge das Prüfen der Wundmale nicht am Ölberg, in der Nacht der Gefangennahme Christi, sondern, wie Johannes berichtet, acht Tage nach der Auferstehung geschah, in einem Haus mit verschlossenen Türen, verschlossen aus Furcht vor Spähern und Häschern, und statt der zwölf waren es ihrer elf; einer, Judas Ischarioth mit Namen, hatte sich erhängt, nach einem Lohn von dreißig Silberlingen für den Verrat an seinem Herrn. – *Rotes Geld,* auch unter den *zwölf.* – Die lyrische Gleichzeitigkeit dreier Passionsstationen sagt nicht nur die Gegenwart aller Geschichte zur Zeit jedes Lesers, sie schmilzt auch die beiden fünfzeiligen Hälften dieses zehnzeiligen Gedichts zu jener Einheit von Gegensätzen zusammen, die keine Montage schroff geschiedener Gegenüber, sondern die Einheit des Widerspruchs ist: *ein* Gedicht von der *einen* Menschheit, und ein jeder als ihr Teil sie ganz, wenn auch in verschiedenen Maßverhältnissen. – Der eine der zwölf verriet seinen Meister; der andre verleugnete ihn, ehe der Hahn dreimal krähte, und noch der treueste Jünger schlief.

Eine christliche Botschaft, gewiß, doch *nur* dies? – Wir halten es für müßig, darüber zu rechten, denn diese Zuordnung erschöpfte den Vers nicht, erschlösse ihn nicht einmal: *Es wohnt in Brot und Wein ein sanftes Schweigen* – hat der Leser dieses »wohnt« gesehen? – Der Zugang zu Trakls Gedicht erfolgt weit besser als durch eine Etikettierung, die nur Geläufiges registrierte und in Aha-Erlebnissen schwelgte, durch ein Schauen seiner Bilder: Hier wäre seine Botschaft die eines Schweigens, das wohnt. – Kann der Leser es sehen? – Der deutsche Sprachgebrauch kennt das Bild des herrschenden Schweigens, der herrschenden Stille –

uns erscheint, da wir derlei hören, immer ein Thronsaal, es kann auch ein Versammlungsraum sein, und auf dem erhöhten Platz eine hagere, mitunter auch aufgedunsene Gestalt im Schwarz spanischer Hoftracht, die soeben mit dem Fuß aufgestampft und geschrien hat, das Maul zu halten, und eine niedergebückte Menge wagt nicht mehr zu atmen: Das Schweigen herrscht. – So herrschen Zucht und Ordnung. – »Todesstille fürchterlich« nannte Goethe den letzten Grad eines solchen Schweigens; das Leben kennt auch andre Arten, und wir finden es höchst aufschlußreich, daß just das Bild der Macht sich im Deutschen einstellt, wenn vom Schweigen die Rede ist. – Bei Trakl wohnt das Schweigen, an vielen Stätten seiner Verse: *in schwarzen Wipfeln – in leeren Fenstern – im Wald – in blauen Räumen*, und es wohnt so in seinen Gedichten auch die Kindheit: *ruhig ... / In blauer Höhle;* oder der rätselhafte Findling Kaspar Hauser: *Ernsthaft... im Schatten des Baums;* ja, das Attribut des Wohnens gesteht Trakl auch herrschenden Mächten zu: *Kristallne Stimme, in der Gottes eisiger Odem wohnt* – dies über Karl Kraus, und in *Grodek* verschmelzen die Sphären von Herrschen und Schweigen als Bild des Wohnens zu einem ungeheuren Mythos des zweiten Jahrzehnts dieses Jahrhunderts: *Doch stille sammelt im Weidengrund / Rotes Gewölk, darin ein zürnender Gott wohnt, / Das vergoßne Blut sich* – hier begegnen die zwölf des Georg Trakl den zwölf des Alexander Blok. – »Wohnen« ist ein ausnehmend mythisches Wort, es sagt ein Verweilen an einer Stätte, da man sein eigenstes Wesen zu entfalten vermag (daß man gezwungen sein kann, an einer ungeliebten Stelle sein Dasein verbringen zu müssen, ist schon ein Zweites), und es ist ein ausnehmend brüderliches Wort, durchweht vom Atem einer Gemeinschaft, die das Recht auf ein Selbstsein nur als Rücksicht auf das der Andern verwirklichen kann. Im »Wohnen« wohnt Friede, auch beim Krieger: Daß Held Roland auf seinem Pferde wohne, wie es im Heldenlied von ihm heißt, sagt kein Verhältnis von Herr und Knecht, und im Wort des Mystikers Seuse: »das ein Wolf solte wonen bi eime Schäfflin«, bebt die Sehnsucht nach dem verlorenen Paradies; »sie müssen seltsam Händel han / dasz niemand bey ihn wohnen kann«, stellt Fischart fest. – Wo das Schweigen wohnt, will es nicht herrschen, es will die andern nicht schweigen machen, es begehrt nur eine Stätte, zu sein. – Wer sein Wesen nicht teilen will, mag es meiden, wer es teilen will, mag sich zu ihm gesellen, und dann wird auch gesprochen, wenn Worte not tun, auch Musik kann dasein, Flüstern, Klänge, sogar Lärm, wenn es sein muß, nur eines nicht: Zwang.

Eine christliche Botschaft? – Für Eiferer kaum, doch mögen die Christen das unter sich ausmachen, Trakls Vers bleibt, was er ist: vielbedeutende Dichtung, die jedem gehört, der sich um sie müht.

Auch die schwierigsten Bilder, wenn man sie sehn kann, beginnen sich dadurch zu eröffnen, wenngleich sie sich nicht im Anblick erschöpfen: nie ausschreitbarer Innenraum. – Bei Trakl sind es einfache Bilder einfachen Lebens, darum sind sie heute so schwierig zu fassen; ihre Realität ist uns unwirklich geworden, und wir suchen im Symbolischen, was einst offen vor Augen lag: *Hirten begruben die Sonne im kahlen Wald,* da stehen die Hirten, Hüter der Herden, im Wald vor dem Winter, sie stehen um eine Feuergrube, steinausgekleidet, verlöschende Glut. *Ein Fischer zog / In härenem Netz den Mond aus frierendem Weiher* – beim nächtlichen Fischfang, da sich der Mond im Schuppensilber der Fischleiber spiegelt oder auch über dem leeren Netz, das unter dem Weiherspiegel erscheint. *In blauem Kristall / Wohnt der bleiche Mensch* – in der Bläue des Himmels, dessen kristallene Struktur man im Gebirge, schon im Hügelland, gewahrt. – Darüber hinaus ist der »blaue Kristall« noch unendlich vieles, auch der unentrinnbare strahlende Kerker des Ichs wie der Kerker, zu dem jenes »Ins Kristall! Ins Kristall!« der Hexe Hoffmanns verdammt; aber zunächst einmal ist der Himmel der Himmel, vorausgesetzt, daß man ihn sehen kann. Im blauen Kristall wohnt der bleiche Mensch, *die Wang' an seine Sterne gelehnt; / Oder er neigt das Haupt in purpurnem Schlaf.* – An *seine* Sterne; entsinnen wir uns? – Hilft es dem Leser, wenn wir ihm mitteilen, daß die erste Zeile dieses Gedichts, *Ruh und Schweigen,* einst folgende Gestalt besaß: *Die rote Sonne ruht im toten Wald;* daß das Bild des härenen Netzes ursprünglich so begonnen: *Ein schwarzer Vogel sinkt vom härenen Himmel,* und daß die Sphäre des Wohnens solcherart anhob: *Ein schmales Tier erscheint. In uralter Bläue / Wohnt schreitend die Gestalt, ehemals in dunklen Wassern, / Weiße Wange an purpurne Fische gelehnt* – aus welchen Fischen dann in einem zweiten Durchgang *Schlangen* und in einer dritten Fassung *flackernde Sterne* geworden sind? – Es mag helfen, das Naturbild zu sehen, und es möge helfen, mehr vom Geheimnis zu ahnen, das in jeder Zeile von Dichtung wirkt: Geheimnis der Schöpfung wie Geheimnis der Bedeutung, das, immer einen Schritt dem Verstehen voraus, um so größer wird, je mehr Sinn sich enthüllt. – Daß die Hirten hier erscheinen, macht das Naturbild leichter verstehbar, doch nun ist auch Bethlehem im Vers: christliche Dichtung? – Ach, daß doch allen vorschnellen Interpreten der Engel des heiligen Augustinus erschiene, sich mühend, mit einer Muschel das Meer auszuschöpfen, so wie der Kirchenvater ein Mythologem.

Es wird dem Leser not tun, des Geheimnisses als des Wesens aller Dichtung eingedenk zu bleiben, denn wir müssen jetzt von unsern besessenen, langanhaltenden Versuchen berichten, eben dieses Geheimnis zu liquidieren. – *Hirten begruben die Sonne im kahlen Wald:* Die Sonne ist das, was keiner begräbt.

III

J.N.Z., Gastdozent für dialektischen und historischen Materialismus, dessen Vorlesungen an den antifaschistischen Schulen für Kriegsgefangene in der Sowjetunion, deren eine ich 1948 absolvierte, von den Lehrern als Gipfelpunkt angekündigt und von uns Hörern mit gespannter Sorge, diese Höhe auch bewältigen zu können, erwartet wurden, bevorzugte zu unserer Verblüffung die freie Rede: Er stand, eine Hand in der Hosentasche, leger neben dem Vortragspult, auf dem nicht einmal eine Zitatnotiz lag, oder spazierte vor dem Pult hin und her und entwickelte in einem bedächtigen Deutsch baltischer Prägung seine Gedanken – diesmal über Literatur und Kunst als Widerspiegelung gesellschaftlichen Lebens – mit jener sicheren Lockerheit, mit der ein Cowboy sein Lasso entrollt, und er hatte auch diese Handbewegung: ein lässiges Schlenkern, dann ein Wurf in die Weite, und eine erstarrende Geste zu einem Ziel. – Dann wieder die Hand in der Hosentasche.

Wir waren sofort von ihm hingerissen: Plauderton, Späße, Anekdoten und Spannung; frappierende und dennoch verständliche, weil unserer Alltagserfahrung entnommene Vergleiche; kühnes Aussprechen unsrer geheimsten Fragen, und dabei trieb er, eine sehr niedrig angesetzte Vorkenntnisgrenze nie überschreitend, seine Beweisführung so unbeirrbar einlinig voran, daß sie uns Verirrten und Verwirrten das gab, was wir brauchten: den Halt einer Richtung, aus der Vergangenheit heraus. – Ich verdanke ihm viel, das ist ganz ehrlich gesagt. – Er verstand uns zu nehmen wie kein andrer der Lehrer: Er sprach zu uns wie zu seinesgleichen, riß Witze und kannte zugleich unsre Sorgen, sprach aus, was wir nicht zu denken wagten, und mitunter ließ er uns herzhaft lachen und jäh betroffen darin schweigen: Philosophie als eine Alltagsgeschichte entwickelnd, zog er den Faden seiner weitläufigen Story, da wir uns noch über sie amüsierten, zu einer ethischen Konsequenz zusammen, der keiner entrann: Wir waren in *diesem* Lachen noch immer Faschisten, und er wies es uns nach. – Es gab Selbstmorde nach seinen Lektionen, und das tiefe Glück ob des gefundenen Pfades. – Ich empfand sie als Sinngebung meines künftigen Lebens, das ich nach der vernichtenden Kunde von Auschwitz als Absage an alles Sozietäre entworfen hatte: Sollte es mir, so dachte ich, da wir morgens zur Arbeit schlurften oder dann abends um den Lehmherd uns drängten, sollte es mir noch einmal gegeben sein, über mich frei bestimmen zu können, würde ich im Bauch der Erde hausen, in irgendeinem Ruinenloch dieser Thebais Deutschland, bettelnd und mich von Abfällen nährend, um der Welt nichts zu schulden und nichts mehr zu verschulden: kein Urteil fällen, keinen Rat geben, nicht Partei ergreifen, mich keiner Sache verdingen, niemanden an mich binden, auch kein Kind zeugen: verflucht sei alles, was etwas bewirkt! – Auch niemand mehr glauben als den eigenen Sinnen. – Diese Verweigerung jeglichen Handelns war mir im Höllenlicht der Öfen von Auschwitz als unüberbietbar radikaler Bruch mit allem Vergangenen erschienen; nun, da ich marxistische Philosophie hörte, begriff ich, daß dieser Diogenes-Traum mein Weltherrschaftsdenken von gestern nur umgestülpt hatte, Wenden eines besudelten Rockes, und daß der entschiedene Bruch mit dem Alten der Aufbruch zu einem Neuen sein mußte, der Umbruch der Gesellschaft zu einer Ordnung, die ein Auschwitz für immer verwehrte: Sozialismus auch in Deutschland, und auch für mich, den Sohn eines Ortsgruppenleiters und Kleinbourgeois. Brüche und Brüche, das war wohl der Preis, doch dieser Erkenntnis bleibe ich verpflichtet, auch wenn die Vision jener Stunde nicht mehr in reiner Helle erglänzt.

Auf die Schule war ich durch einen Zufall gekommen, den ich bis heute nicht recht durchschaue; der Anlaß mag läppisch gewesen sein, eine Namensverwechslung, ein Verschlampen, wahrscheinlich der Auftrag, irgend jemand zu schicken, und die aufs Geratewohl gegriffene Schindel trug meinen Namen; der Anlaß mag läppisch gewesen sein; die Wirkung ist heute noch nicht geendet: ein Sprung in eine andere Lebensbahn in einer anderen Gesellschaft. – Allein so geschah es ja Millionen: Ein Strich über ein Kartenblatt, und eine Grenze war gezogen, daran sich nicht nur Menschenschicksale, sondern zwei Völker in einem schieden. – Ein weites Feld, und ich widerstehe der Versuchung, mich darin zu verlieren; es mag die Feststellung genügen, daß ich meine Zeit auf der Schule auch heute noch als das kostbare Glück eines Neubeginnens erinnere, da ein in seiner Vielsträngigkeit lange nicht wahrgenommener Wandlungsprozeß (angelegt in jenem Moment, da die Gefangennahme nicht der erwartete Tod war) seinen machtvollen Eintritt ins Bewußtsein – allerdings mit dem Wahn, schon am Ziel zu sein – in jenen Schüben moralischer Katharsis erfahren, da wir zu Füßen des Philosophen ein neues Gemeinschaftsgefühl gewannen: aus Schicksalsgefährtschaft verfluchter Vergangenheit und Jammergefährtschaft über trostloses Heute zu Aktionsgefährtschaft des Menschheitsmorgens. – Wir, die von den Völkern Verfluchten; und damals begriff ich jäh die Märchen: der aus dem Wolfssein erlöste Held. – Aber die Märchen sind ja auch Schwarz und Weiß.

Die solcherart in unser Leben griffen, waren nicht Z.s eigene Ideen; er vermittelte, wenn auch auf seine Weise, Gedankengut von Marx, Engels, Lenin und Stalin (oder – um genau zu sein: Ideen von Marx, Engels und Lenin in einer durch Stalin geformten Gestalt). Er bot sie wie als Summe unserer Erfahrung, und die Lehren der Klassiker als solch Für-uns begreifend, bildeten wir uns mit den ersten Erkenntnisgewinnen ein simpelstes Allverstehen ein. Die »gesellschaftliche Bedingtheit«; »der Klassencharaker«; »die ökonomische Wurzel«; »der von der Basis bestimmte Überbau«; »der Klassenstandpunkt«; »das Klassenbewußtsein« –: diese Quintessenzen weitausgreifender Denk- und Erfahrungsprozesse wurden für uns zu Algorithmen, mit denen wir im Handumdrehen die kompliziertesten Probleme lösten, denn deren keines konnte vielschichtig genug sein, um nicht rasch aufs Lineare gebracht zu werden, in ein duales Koordinatensystem, worin die soziale Zuordnung eindeutig alle Werte bestimmte, insbesondere den moralischen. Die Welt zerfiel in Weiß und Schwarz; es war – um eine noch heute recht beliebte Wendung zu bemühen – »alles ganz einfach«, und so war denn in seinen Lektionen auch Alles ganz einfach, und sie waren Lektionen Philosophie: über Qualität und Quantität; über Widersprüche; über Gott und Materie; über das Sein und das Bewußtsein; über die vier Grundzüge der Dialektik; über die Gesetzhaftigkeit der Natur und das Gesetz der Geschichte; über die Macht der Massen und die Rolle der Klassen, und stets Lektionen über uns selbst. Sie waren Reduzierun-

gen einer sehr großen Philosophie auf – nun also: bestenfalls das, wovor Hegel als dem »Erbaulichen« so entschieden warnt; wir lauschten und lauschten. – Er redete uns mit »Genossen« an, wie auf der Schule neuerdings üblich; mir mußte dieser Name ungewohnt fremd sein, allein ich nahm ihn als eine Art Taufe und betrachte, wenngleich seiner längst nicht mehr teilhaftig, ihn heute noch als Ehrennamen. Er machte uns gleich, nicht nur Lehrer und Schüler; dennoch wäre es mir undenkbar erschienen, Z. in einer ideologischen Bedrängnis – es gab damals für mich keine andre, oder besser: eine jede ging darin auf – um persönlichen Rat zu bitten, so undenkbar übrigens, wie daß wir seine Lektionen diskutierten: Sie waren, trotz uneingestandener Fragen und Skrupel, die er dann in stets frappierender Hellsicht uns als »Reste des Alten« auf den Kopf zusagte, schlechthin Offenbarungen, Auskündigungen ewiger Wahrheit, und sie bannten uns jäh in die Gewißheit, daß ein Andres für uns undenkbar schien. – Unser endlich gefundener Weg war ja das Andre zu unserm verfluchten Vergangenen, also mußte – und das schien uns schlüssig – alles Andere zu diesem Andern immer nur jenes Alte sein, von dem auch geistig uns zu befreien unser drängendster Wille war.
Dieses völlig duale Weltbild (das, überflüssig zu betonen, die Lehren, auf die es sich berief, in unverdienter Weise verzerrte) war *hierin* ein Kontre-Stück zu der Weltsicht, die ehedem unser Denken beherrschte, doch es gab sich als der völlige Bruch mit dem Alten, und der einzig mögliche Bruch noch dazu. Ein Widerspruch; er blieb in sich stockend, doch da das Denken sich in ihm rieb, ohne ihn erkennen zu können, begann er unterm Bewußtsein zu schwären, und in ihm schwärte auch Trakls Gedicht.

Immer klingen die weißen Mauern der Stadt...
Die Bruchstellen traten schroff hervor; Kontinua blieben lang unbemerkt, sie schienen das Undenkbare schlechthin, doch Kontinuität liegt ja schon in der Person: Der sich da wandelt, bleibt auch er selbst; eben: *nur* auch; aber: *doch* auch. – Jener gestockte Widerspruch führte aus These und Antithese nicht zur Synthese, sondern hetzte uns im Kreis herum: War der Sprung einmal getan, und das hieß: war die Einsicht in die Verwerflichkeit dessen gegeben, was da verkürzt »das Alte« hieß, war keine Entwicklung mehr möglich denn der, dies »Alte«, soweit es unvermittelt sich zeigte, konsequent in der eigenen Sphäre zu tilgen, und die letzte Konsequenz galt dem eigenen Leib. Ich sehe meinen Pritschennachbar zur Früh am Latrinenbalken hängen, ein Schild um den Hals: ICH WAR EIN KRIEGSVERBRECHER –: Wir erfuhren in der eigenen Brust, was sich, wie Z. es uns bewiesen, als Wesen aller Menschheitsgeschichte seit abertausend Jahren vollzog: den Kampf auf Leben und Tod zwischen Altem und Neuem, Reaktion und Fortschritt, Sklaverei und Befreiung: *Menschheit vor Feuerschlünden aufgestellt*, und die lohten nach Auschwitz nur noch innen. – Das Denken quälte: Gab es denn kein Drittes? – Diese stets unterdrückte Frage, die mich just in meinen selbstsichersten Momenten mit koboldhafter Tücke erschreckte, sie konnte ja auch nur dem »Alten« entstammen, zäh haftende, üble, schlammige Reste, die Z. in uns immer wieder nachwies, mitunter scharf, bisweilen auch schneidend, meist jedoch mit dem verstehenden Lächeln eigenen Vorvollzogenhabens, denn er scheute sich nicht vor dem Bekenntnis, daß auch er ähnliche Drangsal durchlitten: In der Lektion über die Notwendigkeit des Atheismus erzählte er: Er wisse aus

eigenen Gewissensqualen, was es heiße, sich aus dem Sumpf althergebrachten Denkens zu lösen, doch sein Beispiel mache erkennbar, daß es und wie es möglich sei: durch unbeirrbaren Glauben an die heiligen Ziele, unablässige ideologische Stählung, unermüdliche Wachsamkeit, unerschrockene Selbstkritik, und vor allem durch die unbedingte Hingabe des kleinen Ichs an die weltumspannende Kampfgemeinschaft mit dem Großen Stalin an der Spitze, der auch wir würden einmal angehören dürfen, so wie er ihr heute angehöre, er, der einst ihr Gegner war.

Wir schauten auf ihn: eine Alltagsgestalt, gedrungen, ein wenig beleibt, schlechtsitzender Anzug, wuchtige Nase, kräftige Schultern, blaustrahlende Augen, kekkes Haar; den Pastor hätten wir nie vermutet, den Cowboy hätten wir gern geglaubt – doch er war Professor der Philosophie, und nun, da er, und unaufgefordert, und so, als läse er unsre Gedanken, zur Frage eines möglichen Dritten sprach, war er es auch in der äußeren Erscheinung: Nun stand er, zum ersten und einzigen Mal, hinter dem Katheder, beide Hände beschwörend erhoben und mit dem Ernst der Verkündigung eines Glaubenswahren dem Saal zurufend: »Tertium non datur! Es gibt kein Drittes und kann es nicht geben!« – Dies waren, nebenbei, die einzigen Worte fremder Sprache, die er glaubte uns zumuten zu sollen; er leitete sie uns aus dem Satz vom ausgeschlossenen Dritten her, auch von den Figuren der Logik die einzige, die er uns zeigte. – Seine Übersetzung war noch mit der Ausweitung richtig; der Bezug indes war es nicht mehr: Dieser Satz war das Eine, ideologisch-politische Alternativen das Andere, doch Z. setzte bei uns nichts voraus außer falschem Bewußtsein, und der Erfolg bestätigte ihn. – Tertium non datur.

Ich kann auch hier nicht ins einzelne gehen, ich beschränke mich auf das Resultat, in dem wir noch das Komplizierteste als »ganz einfach« begriffen: durch die Jahrtausende der Menschheitsgeschichte die Kampffront zwischen Reaktion und Fortschritt, ein klares »dafür« oder »dagegen« fordernd, auf jedem Gebiet gesellschaftlichen Wirkens, auch in der Kunst und der Literatur, denn nun sprach er über marxistische Ästhetik, und er werde, so führte er lächelnd aus, bei manchem der – und da lächelte er nicht mehr, das sagte er voll nachdenklicher Nachsicht, und die Hand glitt aus der Hosentasche –: Er werde bei manchem der hier vor ihm sitzenden Akademiker, der philosophisch Vorgebildeten sozusagen, bestimmt die Frage provozieren, warum denn in seiner Lektion nicht »das Schöne« oder »das Erhabene« oder ähnliches behandelt werde; und nun, seit er »oder ähnliches« gesagt hatte, lächelte er wieder, nicht spöttisch, nicht einmal mitleidig, nur übermütig, ein jungenhaft siegverheißendes Lächeln, und es gab jedem die Gewißheit, nun auch die Ästhetik zu verstehen, so wie er die Dialektik und den Materialismus verstanden hatte. – Schlenkernde Hand; er ging auf und ab. – Es war alles ganz einfach.
»Also denn das Schöne«, sagte er lächelnd: Gewiß, es werde, dieses Schöne, in der reaktionären Ästhetik sehr wichtig genommen, das Schöne bei Plato, das Schöne bei Kant, das Schöne bei den Empiriokritizisten, darüber gebe es ganze Bibliotheken, mit vieltausendseitigen Folianten, und mancher Akademiker hier im Saale habe sich gewiß einst darin verloren, aber – und noch dieweil wir lachten, und im Umschlag zu vernichtendem Ernst, hörte er abermals auf zu lächeln, und seine Hand wies über unsre Köpfe zurück in die nahe Vergangenheit –, aber habe ihn denn dieses Wis-

sen davor bewahrt, für die häßlichste Sache der Welt, den Faschismus, zu kämpfen? Nein, das habe es nicht! Und warum habe es das nicht? Etwa weil er dumm gewesen? Nein, nicht weil er dumm gewesen, sondern weil er sich auf jene Formeln verlassen, aber die waren ja nur geschaffen, daß die Reaktion sich auf sie verlassen könne: Es war keine dabei, die dem Fortschritt genützt! Sein Wissen habe ihn, den gelehrten Akademiker, nicht nur nicht befähigt, die häßlichste Sache der Welt zu erkennen, es habe ihm diese Erkenntnis direkt versperrt. Denn was heiße »schön«, was heiße »häßlich«? Ein brennendes russisches Dorf sei für einen Faschisten ein so schöner Anblick wie ein zerknuteter Muschikrücken für einen Bojaren, doch der Bauer und der Rotarmist sähen solche Bilder mit anderen Augen!
Der gleiche Anblick bald häßlich, bald schön; jählings begriff ich die Hexen Macbeth'; die Heide sauste, wandelnde Wälder, die Mörder waschen die blutigen Hände, und ich hörte, zitternd vor Erregung, den Lehrer berichten, daß die Öfen von Auschwitz in den Formen griechischer Tempel geprangt, und daß Rosenbüsche sie umwogten, ein schöner Anblick im Sinn bürgerlicher Ästhetik, und ich hörte aus unfaßbarer Ferne den Lehrer die Frage Gorkis stellen: »Wo steht ihr, Meister der Kultur?« – Ich war kein Meister, noch nicht einmal ein Lehrling – durfte ich diese Frage auf mich beziehen? – Der Lehrer beschwor Jahrtausende, und immer die eine Barrikade, und immer hatte sie zwei Seiten: Wo steht ihr, Meister der Kultur? Bei den Sklavenhaltern oder bei den Sklaven, bei den Gutsbesitzern oder bei den Leibeigenen, bei den Kapitalisten oder bei den Proletariern, bei den Beschickern der Öfen von Auschwitz oder bei denen, die ihre Glut gelöscht? – Die Heide sauste; schön war häßlich; häßlich wurde jählings

schön: Ich sah die Fabriken meiner Kindheit, öde Mauern, zerschlagene Scheiben, hinter denen Räder und Treibriemen heulten; ich sah, in den Ledersessel des Speisezimmers mich kuschelnd, die grauen Züge durchs Morgendämmern, Blechflaschen am Gürtel, hochgezogene Schultern, eingehüllt in Haß und Verachtung; ich fühlte wieder meinen Schauder vor dieser fremden grauen Welt und schauderte in ihm vor allem, was ich und mein Vaterhaus einst gewesen: diese Klubsessel in schwarzer SS-Uniform; diese kotgelbe Husarenjoppe mit Totenköpfen und Peitschenschnüren; dieses Händegeküsse, Schmatzen von Schweinen; dieses Komplimentegeheuchel, Hecheln von Wölfen; diese Tischgespräche, Pfeifen von Ratten; dieser Prunk des Geschirrs, von dem wir gegessen; dies Kristall der Gläser, aus denen wir getrunken, schauerliches Totengelage, und nun sah ich das Morgenrot auf jenen Mienen, die ich damals nie als Mienen gesehn. – Durfte ich einer der ihren werden, ich, Sohn des Ortsgruppenleiters und Fabrikanten, nahm mich die Klasse der Zukunft auf? Ich begehrte es aus ganzem Herzen, ich begehrte, mich in ihren Zug zu reihen, mit der Blechflasche am Gürtel, die ich nun schön fand, schön wie alles, was dieser Klasse entstammte, der anzugehören ich mich sehnte, und plötzlich ergriffen mich all die Vokabeln, die ich hier auf der Schule gehört und als befremdliche Fachsprache empfunden, mit einer magischen Gewalt: »Klasse«; »Klassenkampf«; »Revolution«; »Gewerkschaft«; »Proletariat«; und besonders verfallen war ich jenen, die schon äußerlich ihr Anderssein kundgaben: »Prodprozeß«; »Orgbüro«; »Diamat«; »Sovnarkom«.[1]
Schön war häßlich und häßlich schön; und ich hörte meinen Lehrer erläutern, auch diese Werte seien Klas-

senbegriffe, aus Klassenerfahrung gewachsen, von Klasseninteressen geprägt, vom Klassenstandpunkt bestimmt, und diesen Klassenstandpunkt gelte es stets zu erkunden, bei jedem Buch, bei jedem Film, bei jedem Lied, bei jedem Theaterstück, überhaupt bei jeder sinnfälligen Erscheinung, *das* sei das Wesen wahrhaft wissenschaftlicher Ästhetik, und hätten wir dies einmal begriffen, hielten wir einen Schlüssel in Händen, der uns den Zugang zu all den Bereichen von Kunst und Literatur erschließe, die bürgerliche Kathedergelehrtheit so gern als »geheimnisvoll« mystifiziere; sie habe, wie überall, nur das Interesse, die Wahrheit nicht erkennbar zu machen, jene Wahrheit, die ganz einfach sei, wenn man sie mit Klassenbewußtsein, vom Klassenstandpunkt aus betrachte.

Ich weiß genau, daß mich bei diesen Wörtern abermals das Gefühl überstürzte wie bei der Ankunft am Fuß des Kaukasus, oder eigentlich eine Art Gegengefühl: Lag damals, im zertrümmerten Hafen, der Kontinent des Anderen vor mir, das Unbekannte, in das mich das Schicksal wie der Vogel Rock den Sindbad hineintrug, so stand ich jetzt auf einem Gipfel, zu Füßen ein altvertrautes Reich, darin ich einst wie im Traum gewandelt, im verzückten Staunen durch Burgen und Städte, die offen in ihrem Geheimnis gelegen und die ich nun aus meiner Höhe in ihrem Klassencharakter zu sehen und darin dann völlig verstanden glaubte. Ein überheblicher Wahn; er erschien mir als Wissenschaft, und eines zweifach Frevelhaften werde ich mir erst heute bewußt, wiewohl ich genau weiß, daß der Keim dieses Bewußtseins zugleich mit der Hybris angelegt wurde und daß ich diesen Beginn auch wahrnahm: als durchdringend unerklärbaren Schauder. – Der eine Frevel – oder besser: die eine Richtung meines Frevelns ver-

höhnte das Geheimnis der Dichtung, die andere die soziale Erfahrung, und zu dem letzten hier wenigstens dies: Klassenbewußtsein, will das Wort seinen Sinn wahren, ist nicht ersetzbar durch zwei, drei Formeln Trivialideologie, und einen Klassenstandpunkt gewinnen lehrt kein Vortrag billiger Agitation.
Daß solche Überhebung gezüchtet wurde, erscheint mir heute als Selbstenthüllung jener vorgetragenen Doktrin. Ich kam nicht aus der Arbeiterklasse, ich hatte an ihren Kämpfen nie teil, kannte keine Fabrik von innen, war nie in einer Gewerkschaft gewesen: welcher Hochmut, nach zwei Wochen von »Klassenstandpunkt« zu sprechen, als wäre der eine Bahnstation, wohin man eine Fahrkarte löst! Da setzte wohl auch mein Schaudern an; ins Bewußtsein drang es als Moment des Verwunderns wie der jähen Gewißheit, auf ein Existenzproblem gestoßen zu sein, das durch den Besitz einer Formel noch lange nicht bewältigt war. – Aber es gab ja nicht einmal die Formel; ich erinnere mich nicht des geringsten Ansatzes, Begriffe wie »Klassenbewußtsein« oder »Klassenstandpunkt« zu definieren, es wurde einfach vorausgesetzt, daß ein jeder über sie verfüge, wenn er die gebotenen Lektionen, und am besten im Wortlaut ihrer Zitate, gelernt.
Damals, bei der Inition, blieb mir keine Zeit, weiter nachzudenken, denn Z. entwickelte nun an einem praktischen Beispiel, was »schön« und »häßlich« vom Klassenstandpunkt voneinander zu scheiden hieß. Wir sollten uns, bitte, einmal erinnern, daß wir noch vor kurzem begeistert gesungen: »Wir werden weiter marschieren, bis alles in Scherben fällt!« – Hätten wir das begeistert gesungen? – Ja, das hätten wir begeistert gesungen. – Hätten wir es schön gefunden? – Ja, wir hätten es schön gefunden. – Doch was werde da in Form

eines Liedes propagiert? Die Zerstörung der ganzen Welt, also eben auch die Zerstörung des Sozialismus! Und was singe die Jugend heute in jenem Teil Deutschlands, wo das Volk sich wahrer Freiheit erfreue? »Bau auf, bau auf, Freie Deutsche Jugend, bau auf!« Und was konkret solle aufgebaut werden? Die bessere Zukunft, für ein besseres Leben, die antifaschistisch-demokratische Gesellschaft, die einmal, wenn das Volk es dann wünsche, in die sozialistische hinübergehen werde! Brauche man da eine Formel, um herauszufinden, welches Lied schön, welches häßlich sei? Und da hatten wir das schöne schon angestimmt. – Er sang mit, lauthals, auf breitgegrätschten Beinen, die erhobenen Arme im Takt bewegend; und dann – und nun will ich summarisch berichten –, dann zeigte er uns an Jugendbüchern, darin jeder geschmökert, an Operetten, die jeder gehört, an Filmen, die jeder gesehen hatte, die verschiedenen Verfahrensweisen (doch ich glaube, dieser Ausdruck war damals noch nicht im Schwange und er gebrauchte dafür das Wort »Instrumente«), mit denen die Ideologen der Reaktion durch ihre Kulturbarbarei auf das Volk einwirkten: offene Propagierung solcher menschheitsfeindlichen Ziele wie Krieg, Antisowjetismus und Rassenwahn; Ablenkung der Massen von ihren wahren Interessen mittels seichter Zerstreuung und moralischer Zersetzung; und schließlich die allergefährlichste, weil am schwersten zu durchschauende Methode: eine sich oftmals radikal gebärdende Kritik an dieser und jener Einzelerscheinung des untergehenden Kapitalismus, die aber, statt den Ausweg zu zeigen, als Konsequenz der geschilderten Übel nur das Verzweifeln übriglasse, um solcherart die Massen zu lähmen, *alle* Übel an ihrer Wurzel zu packen: den Produktionsverhältnissen! Diese Kritik blende zwar mit-

unter durch eine ausgeklügelte Technik und verwirre durch Scheinattacken, doch wenn man vom Klassenstandpunkt an sie herangehe, werde man sehr bald gewahr, daß sie nichts als jene – mit Verlaub – »letzte Weisheit« des ewigen Spießers herbete: Die Welt ist schlecht, der Mensch ist schlecht, darüber laßt uns jammern und klagen, denn zu ändern ist daran nichts! – *Unter Eichen schaukeln wir auf einem silbernen Kahn.* – Z. schlug jäh mit der Faust auf das Pult: »Aber da *ist* etwas zu ändern, Genossen, das ist ja das Entscheidende, daß die Welt veränderbar ist!«
Mit diesem Faustschlag begriff ich Alles. – Er zertrümmerte ein Brett vor dem Schädel, dahinter einer der Reste des Alten verschanzt lag; es fiel mir wie Schuppen von den Augen, und das Wort des Lehrers sprach aus, was ich dachte: Schluß mit solcher Heuchelei! Nieder mit solch niederträchtigen Büchern, die in Klage und Trauer und Herzeleid schwelgen und in schöngesetzten Worten über diesen und jenen Mißstand jammern und ihn gerade dadurch verewigen helfen! Nieder mit allem Geheimnisvollen, nieder mit Mystik und Dunkelheit! Mag die Bourgeoisie sich daran ergötzen, mögen die Reaktionäre die Finsternis preisen, mögen die Toten ihre Toten begraben, wir halten uns an das fortschreitende Leben! – Hatte Z. das gesagt oder eine Stimme in mir? Wenn ich es heute bedenke, war es der Lehrer gewesen; ich hätte das Wort »revolutionär« gebraucht. – Mir war zumute wie an einem Morgen; die Welt lag im Licht, und ich schritt ihm entgegen, endlich ins richtige Glied eingereiht.
Meine Mitschüler mußten gleiches empfinden, und es war, als ob unser Lehrer fühle, wie sein Wort seine Zuhörer bewegte: kein Faustschlag mehr, kein Spott, kein Schlendern; er zog, die Rechte über unseren Köp-

fen, in zwingender Ruhe sein Resümee: Wenn es richtig sei – und es sei richtig –, daß das Neue gegenüber dem Alten sich immer unvollkommen zeige und trotzdem die Zukunft für sich habe, und wenn es richtig sei – und es sei richtig –, daß sich auch der Überbau der Kultur im Einklang mit seiner sozialen Basis bewege, mit ihr wachse, mit ihr blühe und mit ihr verfalle, als Altes vom Neuen ins Grab gezwungen, dann sei auch die Folgerung unabweisbar, daß noch das formal schwächste Werk der jungen sozialistischen Kultur die der bürgerlichen turmhoch überrage: Es zeige den Ausweg aus *allen* Nöten, auch der des Verzweifelns und der Ohnmacht im Kampf zur Schaffung der neuen Gesellschaft, darin sich in wahrhaft freier Entfaltung dann auch Kunst und Literatur zu nie geahnten Gipfeln erheben werden, erstrahlend in Schönheit dem schaffenden Volk!
Es läutete; Z. beherrschte die Kunst, seine Vorlesungen so zu beenden, daß die letzte ihrer Silben mit dem ersten Pausenzeichen sich deckte (wiewohl er manchmal davon keinen Gebrauch machte und seine Zeit weit überschritt); es läutete; tosendes Klatschen und Trampeln, und Z., im Abgehen, nickte uns zu: bescheiden, lächelnd, beinah verlegen vor dem Sturm des Beifalls, der bezeugte, daß wir die Ästhetik verstanden hatten.

Psalm

Karl Kraus zugeeignet

Es ist ein Licht, das der Wind ausgelöscht hat.
Es ist ein Heidekrug, den am Nachmittag ein Betrunkener verläßt.
Es ist ein Weinberg, verbrannt und schwarz mit Löchern voll Spinnen.
Es ist ein Raum, den sie mit Milch getüncht haben.
Der Wahnsinnige ist gestorben. Es ist eine Insel der Südsee.
Den Sonnengott zu empfangen. Man rührt die Trommeln.
Die Männer führen kriegerische Tänze auf.
Die Frauen wiegen die Hüften in Schlinggewächsen und Feuerblumen.
Wenn das Meer singt. O unser verlorenes Paradies.

Die Nymphen haben die goldenen Wälder verlassen.
Man begräbt den Fremden. Dann hebt ein Flimmerregen an.
Der Sohn des Pan erscheint in Gestalt eines Erdarbeiters.
Der den Mittag am glühenden Asphalt verschläft.
Es sind kleine Mädchen in einem Hof in Kleidchen voll herzzerreißender Armut!
Es sind Zimmer, erfüllt von Akkorden und Sonaten.
Es sind Schatten, die sich vor einem erblindeten Spiegel umarmen.
An den Fenstern des Spitals wärmen sich Genesende.
Ein weißer Dampfer am Kanal trägt blutige Seuchen herauf.

Die fremde Schwester erscheint wieder in jemands bösen Träumen.
Ruhend im Haselgebüsch spielt sie mit seinen Sternen.
Der Student, vielleicht ein Doppelgänger, schaut ihr lange vom Fenster nach.
Hinter ihm steht sein toter Bruder, oder er geht die alte Wendeltreppe herab.
Im Dunkel brauner Kastanien verblaßt die Gestalt des jungen Novizen.
Der Garten ist im Abend. Im Kreuzgang flattern die Fledermäuse umher.
Die Kinder des Hausmeisters hören zu spielen auf und suchen das Gold des Himmels.
Endakkorde eines Quartetts. Die kleine Blinde läuft zitternd durch die Allee,
Und später tastet ihr Schatten an kalten Mauern hin, umgeben von Märchen und heiligen Legenden.

Es ist ein leeres Boot, das am Abend den schwarzen Kanal heruntertreibt.
In der Düsternis des alten Asyls verfallen menschliche Ruinen.
Die toten Waisen liegen an der Gartenmauer.
Aus grauen Zimmern treten Engel mit kotgefleckten Flügeln.
Würmer tropfen von ihren vergilbten Lidern.
Der Platz vor der Kirche ist finster und schweigsam, wie in den Tagen der Kindheit.
Auf silbernen Sohlen gleiten frühere Leben vorbei
Und die Schatten der Verdammten steigen zu den seufzenden Wassern nieder.
In seinem Grab spielt der weiße Magier mit seinen Schlangen.

Schweigsam über der Schädelstätte öffnen sich Gottes
goldene Augen.

Es ist vielleicht dem Leser willkommen, unsere Erfahrung mit Trakls *Psalm* durch einige sachliche Hinweise zu ergänzen. – Die Psalmen sind Kultgesänge der jüdischen Gemeinde; man zählt ihrer hundertfünfzig, und sie bilden ein eigenes Buch im Alten Testament: »Buch der Psalmen« oder »Psalter«. – Herder nannte sie einen »Ozean von hundertfünfzig Liedern«, und ihr unübertreffbarer Eindeutscher Martin Luther rühmt dessen Unausschöpfbarkeit: »Wo findet man feiner Wort von frewden als die LobPsalmen oder DanckPsalmen haben? Da sihestu allen heiligen ynns hertz wie yn schöne lustige gärten, ya wie ynn den himel, wie feine hertzliche lustige blumen darynnen auffgen von allerley schönen fröhlichen gedancken gegen Gott und seyne wolthat. Widerumb wo findestu tiefer, kleglicher iemerlicher« (jammervoller) »wort von traurigkeit, denn die KlagePsalmen haben? Da siehstu abermal allen heiligen yns hertz wie ynn den tod, ya wie in die helle« (Hölle) »wie finster und tunckel ists da von allerley betrübten anblick des zornigen Gottes! Also auch wo sie von furcht oder hoffnung reden brauchen sie solches wort, das dir kein maler also kündt die furcht wie hoffnung ab malen... du wirst auch dich selbst drinnen und das rechte Gnosieauton« (Erkenne-dich-selbst) »finden dazu Gott selbst und alle Creaturen.«

Die Psalmen sind Gebete in Liedform, Wortausbrüche des Einzelnen oder des Volkes aus jenem Bedrängnisüberschwang, sei es herzzersprengend freudevoller, sei es herzerpressend leidvoller Gefühle, da mit dem Herzen zugleich der Mund überfließt und man reden muß, um bestehen zu können, und so redet man in der Gemeinde zu Gott. – Weitaus die meisten der Psalmen sind Klagepsalmen, Aufschreie aus den Nöten des Alltags, die regelmäßig wie die Gezeiten durch die Jahrhunderte dieses Volkes laufen: Krieg, Gefangenschaft, Versklavung, Unrecht, Unterdrückung, Verfolgung, Verhöhnung, Krankheit, Seuchen, Naturkatastrophen, Verzweiflung und die Last des Bewußtseins, an all diesen Heimsuchungen durch seine Sünden selbst schuld zu sein. Herder leitet in seinem leider so ganz vergessenen Buch »Vom Geist der ebräischen Poesie« das Formcharakteristikum dieser Gedichte, den sogenannten Parallelismus, aus ihrem Wesen des Sprechen-Müssens ab: »Sobald sich das Herz ergießt, strömt Welle auf Welle, das ist der Parallelismus. Er hat nie ausgeredet, hat immer etwas Neues zu sagen. Sobald die erste Welle sanft verfließt, oder sich prächtig bricht am Felsen, kommt die zweite Welle wieder. Der Pulsschlag der Natur, dies Atemholen der Empfindung ist in allen Reden des Affekts...«

»Parallelismus« meint zwei eine Langzeile bildende Halbzeilen, die zueinander in inniger Beziehung stehen: der Bekräftigung durch Wiederholung, der Abwandlung durch einen anderen Aspekt, der Ergänzung zu einer höheren Einheit, oder auch der Entgegenstellung, der Konterkarierung.

Vielleicht wird es am besten sein, einen Psalm ganz kennenzulernen; hier der achtzigste, in der Eindeutschung Martin Luthers:

Ein Psalm Asaphs, vorzusingen nach der Weise »Lilien des Zeugnisses«

Du Hirte Israels, höre, der du Joseph hütest wie Schafe!

Erscheine, der du thronst über den Cherubim, vor Epharim, Benjamin und Manasse!

Erwecke deine Kraft
und komm uns zu Hilfe!
Gott, tröste uns wieder
und laß leuchten dein Antlitz, so genesen wir.
Herr, Gott Zebaoth, wie lange willst du zürnen,
während dein Volk zu dir betet?
Du speisest sie mit Tränenbrot
und tränkest sie mit einem großen Krug voll Tränen.
Du lässest unsre Nachbarn sich um uns streiten,
und unsre Feinde verspotten uns.
Gott Zebaoth, tröste uns wieder;
laß leuchten dein Antlitz, so genesen wir.
Du hast einen Weinstock aus Ägypten geholt,
hast vertrieben die Völker und ihn eingepflanzt.
Du hast vor ihm Raum gemacht und hast ihn lassen einwurzeln,
daß er das Land erfüllt hat.
Berge sind mit seinem Schatten bedeckt
und mit seinen Reben die Zedern Gottes.
Du hast seine Ranken ausgebreitet bis an das Meer
und seine Zweige bis an den Strom.
Warum hast du denn seine Mauer zerbrochen,
daß jeder seine Früchte abreißt, der vorübergeht?
Es haben ihn zerwühlt die wilden Säue
und die Tiere des Feldes ihn abgeweidet.
Gott Zebaoth, wende dich doch: Schaue vom Himmel und sieh darein,
nimm dich dieses Weinstocks an!
Schütze doch, was deine Rechte gepflanzt hat,
den Sohn, den du dir großgezogen hast:
Sie haben ihn mit Feuer verbrannt wie Kehricht;
vor dem Drohen deines Angesichts sollen sie umkommen.

Deine Hand schütze den Mann deiner Rechten,
den Sohn, den du dir großgezogen hast.
So wollen wir nicht von dir weichen.
Laß uns leben, so wollen wir deinen Namen anrufen.
Herr, Gott Zebaoth, tröste uns wieder;
laß leuchten dein Antlitz, so genesen wir.

Trakl ist Österreicher; der Weinberg ist für ihn kein Versatzstück exotischer Landschaft, sondern Alltag. – Es wäre müßig, darüber zu grübeln, ob und wieweit Trakl aus dem Studium des Psalter zur Struktur seines *Psalm* gekommen; seinem Wesen entspräche solche Methode gar nicht, doch dem Leser könnte die Mitteilung helfen, daß die erste Fassung des *Psalm* mit den Worten schließt: *Wie eitel ist alles!* – Dieser Vers ist nun unzweifelhaft ein Zitat, und zwar aus einem anderen Stück des Alten Testamentes, dem »Buch Prediger« (oder auch »Kohelet« oder »Ecclesiastes«), einer bis zum Manischen bittren Betrachtung über die Vergänglichkeit, immer wieder mündend in die Erkenntnis: »Alles ist eitel und Haschen nach Wind.« – »Alles« ist alles Irdische außer dem Tod, und »eitel« sagt beides: »sich blähend« und »nichtig«. – Allerdings auch: »lauter« – »eitel Gold«.
Wie eitel ist alles! – Das Zitat in dieser ersten Fassung des *Psalm* wirkt aufgesetzt; es soll offenbar einen Schlußstein bilden, der die Verse dieser Kuppel bindet, doch er steht als Einsprengsel da und zerstreut statt zu sammeln: Trakl war nicht der Typ des Poeta doctus, des gelehrten Dichters, zu dessen Werk die Bezogenheit auf die großen Vorgänger wie auch die Demonstration dieser Bezogenheit gehört. – Natürlich ist alle Dichtung Bezogenheit aufeinander, sie arbeitet mit den

sinnbeladenen – und das heißt auch beziehungsvollen – Worten; schon die Überschrift *Psalm* sagt ja Bezug, und eine ähnliche, *De profundis,* denselben: »De profundis ad te clamavi domine« – »Aus der Tiefe rufe ich, Herr, zu dir«, so beginnt ebenfalls ein Psalm, der oftvertonte hundertdreißigste, doch mit der Ausgangssituation des Schreiens aus der Tiefe der Not ist die Gemeinsamkeit fast erschöpft. – Der hundertdreißigste Psalm ist trotz seines Eingangs ein Psalm der Hoffnung: »Denn bei dem Herrn ist die Gnade und viel Erlösung ist bei ihm«; Trakls *De profundis* hingegen ist ein Gedicht äußerster Hoffnungslosigkeit, darin nicht einmal die auf den Selbstmord bleibt. – Diese Kontradiktion ist hier keine Entsprechung; Beziehungen kompositioneller oder intellektuell-artistischer Art sind nicht zu erkennen; Worte und Bilder aus der Aura der Bibel, die in *De profundis* gehäuft auftreten, sind ebenso Elemente aus Trakls Alltag (Dornbusch, ährensammelnde Waise, Brunnen, Gottes Schweigen, Engel), und die Übereinstimmung im Geist der Wahrhaftigkeit ist kein Bezug, sondern gemeinsamer Ort im Urelement aller großen Dichtung. Doch wenn die Psalmen aus einer Bedrängnis heraus schreien, die jedem der Redenden offenbar war, da er sie wie seine Brüder am Leib erlitt, so daß sie nicht besonders benannt werden mußte (»die Feinde« steht dann jeweils für jeden konkreten Feind), redet Trakl in eine Mitwelt, die sein Ausgangsgefühl nicht teilt, da sie sich für heil hält, für wohleingerichtet, für festgegründet, für unerschüttert, und dies noch gesteigert als Zukunftsprognose: »Ich führe euch herrlichen Zeiten entgegen!« und zwei blitzende Augen, und ein blitzendes Schwert. – Und das Beifallsgejubel der satten Zehntausend. – Diesem falschen Allgemeinbewußtsein setzen

Trakls Psalmen in unerbittlicher Kraßheit ihre Seinsfeststellungen entgegen:

»Es ist ein Stoppelfeld, in das ein schwarzer Regen fällt.
Es ist ein brauner Baum, der einsam dasteht.
Es ist ein Zischelwind, der leere Hütten umkreist.«

»Es ist ein Licht, das der Wind ausgelöscht hat.
Es ist ein Heidekrug, den am Nachmittag ein Betrunkener verläßt.
Es ist ein Weinberg, verbrannt und schwarz mit Löchern voll Spinnen.

Es ist ein Raum, den sie mit Milch getüncht haben.«
»Es sind kleine Mädchen in einem Hof in Kleidchen voll herzzerreißender Armut!«
»Es sind Schatten, die sich vor einem erblindeten Spiegel umarmen.«
»Es ist ein leeres Boot, das am Abend den schwarzen Kanal heruntertreibt.«
»Aus grauen Zimmern treten Engel mit kotgefleckten Flügeln –«

und die grauen Zimmer sind jene, von denen es geheißen: *Es sind Zimmer, erfüllt von Akkorden und Sonaten.*

Die Psalmensänger Israels hatten den verbrannten Weinberg vor Augen; in Trakls Tagen prangte Rebengold, und das Lied seiner Zeit, deren eigentliche Psalmen, trällerte Lehárs Lustige Witwe; damals der sensationellste Kulturerfolg. – Trakl, dem großen Zecher und Wirtshausgänger, sind pralle Freuden nie fern gewesen: *Dem Wanderer erscheint die kleine Schenke am Weg. / Herrlich schmecken junger Wein und Nüsse. /*

Herrlich: betrunken zu taumeln in dämmernden Wald –, aber der Betrunkene, der am Nachmittag seines *Psalm* den Heidekrug verläßt, ist anders betrunken: In ihm verkehrt sich die Freude des Weins ins Elendsein, ähnlich der Schändung von Milch zu Tünche.

Eine Übereinstimmung zwischen dem *Psalm* und den Psalmen glauben wir aber tatsächlich zu erblicken: im Formelement der Langzeile, die augenfällig aus Trakls bisher üblichem Strophenbild ragt, und in dem dazugehörigen Parallelismus, wenn sich dieser auch mehr in den Strophenblöcken als in den einzelnen Zeilen zeigt. Wahrscheinlich hat der Leser längst entdeckt, daß Trakls *Psalm* sich in vier gleichstarke Blöcke zu jeweils neun Zeilen gliedert, die dann eine Einzelzeile, und nun in dieser zweiten Fassung tatsächlich als ein Schlußstein, beschließt. Auch die erste Fassung hat diesen Bau: viermal neun Langzeilen als Strophen, und dann eine vereinzelte letzte, nur daß die dort keinen Schlußstein setzt.

Die erste Strophe des *Psalm* beginnt in der zweiten wie in der fast gleichlautenden ersten Fassung (nur in der neunten Zeile steht anfangs ein später getilgtes Rufzeichen: *O! unser verlorenes Paradies*) mit einer Zurücknahme der Schöpfung, oder besser: mit deren Verkehrung ins Gegenteil: Steht am Anfang jenes Buchs, von dem die Psalmen ein Teil sind, das Schöpfungswort: Es werde Licht!, so beginnt Trakls *Psalm* mit der Verkehrung: *Es ist ein Licht, das der Wind ausgelöscht hat.* – Statt Helle und Wärme Finsternis und Ruß; Haschen nach Wind: Hier löscht er das Licht. – Diesen vier Zeilen der Verkehrung stehen viereinhalb Zeilen dessen gegenüber, was im Gedicht selbst *verlorenes Paradies* heißt: *Es ist eine Insel der Südsee, / Den Sonnengott zu empfangen. Man rührt die Trommeln. / Die Männer führen kriegerische Tänze auf. / Die Frauen wiegen die Hüften in Schlinggewächsen und Feuerblumen, / Wenn das Meer singt.* Antithetischer Parallelismus der Bilder eines verlorenen Paradieses im Hier und eines unverlorenen im Dort, doch zwischen den Gegensatzblöcken die Halbzeile: *Der Wahnsinnige ist gestorben* – wer ist dieser Wahnsinnige? – Bevor wir unsere Antwort erhärten, nämlich die, es nicht wissen zu können, wollen wir die übrigen Strophen auf ihren Bau hin untersuchen, ob uns Entsprechungen weiterhelfen.

Die zweite Strophe, durchweg im Hier, setzt, vom Präsens in das Perfekt wechselnd, den Sehnsuchtsblick in die räumliche Ferne als Blick in die Vergangenheit fort: *Die Nymphen haben die goldenen Wälder verlassen;* damit weitet das Dort und Hier der ersten Strophe sich für uns in ein Einst und Jetzt, und nun glänzt eine Ahnung des Verlorenen in den Nachfahren zur Gegenwart, Bilderreihen fast ausschließlich äußerer Erscheinung, die bei einem Gang durch die Stadt Trakls auch heute noch ablesbar sind: diese Höfe, diese Zimmer, diese Spiegel, dieses Spital, diese Genesenden, dieser Kanal, sogar dessen Blut. Und wieder ein merkwürdiges Einsprengsel, jetzt aber schon in der zweiten Zeile: *Man begräbt den Fremden* – wer ist dieser Fremde? Der Wahnsinnige? – Möglich; wir wissen es nicht; weiß es der Dichter? – Auch das wissen wir nicht. – Der dritte Strophenblock konfrontiert einen Traum mit der Alltagsrealität; als Einsprengsel erscheint ein toter Bruder eines Studenten, abermals ein Unbekannter; in der vierten Strophe dann – darin, und nun Parallelismus der Bestärkung, alles verdorben, erstorben ist: *ein leeres Boot – menschliche Ruinen – die toten Waisen – Engel mit kotgefleckten Flügeln – frühere Leben – Schatten der Verdammten* – steht der rätselhafte Ein-

schub als Schluß: *In seinem Grab spielt der weiße Magier mit seinen Schlangen.* – Dieser schweigende Fries der Toten, die da durch das Gedicht ziehn: *der Wahnsinnige – der Fremde – der tote Bruder des Studenten – der weiße Magier mit seinen Schlangen* – wer sind sie? – Ein schweigender Fries von Toten, der durch das Gedicht zieht. Mehr wissen wir nicht. – Genügt es uns?
Es genügt uns nie.
Was können wir tun?
Eine Möglichkeit, unser Verlangen nach Verständnis zu stillen, scheint darin zu bestehen, in Trakls Gesamtwerk nachzuforschen, wo und in welchem Zusammenhang sonst sich ein Wort wie »Wahnsinniger« oder »Magier« oder eine Bilderkonstellation wie »spielt mit Schlangen« findet, um unter den neugewonnenen Aspekten eine Erhellung zu erfahren. So untauglich diese Methode wäre, würde sie stillschweigend davon ausgehen, daß jene Worte Wörter wären, also jeweils nur eine, und dann auch noch immer dieselbe Bedeutung trügen, sosehr verspricht sie uns andrerseits zu helfen, wenn wir die Worte eben als Worte und im Sinn eines Satzes von Baudelaire nehmen: »Um die Seele eines Dichters zu durchschauen, muß man in seinem Werk diejenigen Worte aufsuchen, die am häufigsten vorkommen. Das Wort verrät, wovon er besessen ist.«
Hier das Ergebnis, das der Leser kontrollieren möge: *Der Wahnsinnige* tritt, haben wir nichts überlesen, nirgendmehr bei Trakl auf, ebensowenig dies Substantiv mit dem unbestimmten Artikel; oft allerdings, an die zwanzigmal, das Wort »Wahnsinn«: *Auch zeigt sich sanftem Wahnsinn oft das Goldne, Wahre (»Winkel am Wald«); Stirne Gottes Farben träumt, / Spürt des Wahnsinns sanfte Flügel (»In den Nachmittag geflü-*

stert«); O, der Wahnsinn der großen Stadt (»An die Verstummten«); Fahnen von Scharlach, Lachen, Wahnsinn, Trompeten (»Trompeten«); Dunkel singt der Wahnsinn im Dorf (»Dramenfragment 1«); Aber da ich den Felsenpfad hinabstieg, ergriff mich der Wahnsinn (»Offenbarung und Untergang«); Wo vordem der heilige Bruder gegangen, / Versunken in das sanfte Saitenspiel seines Wahnsinns (»Helian«); Daß in Schauern ein dunkler Wahnsinn von der Stirne des Schläfers sank (»Sebastian im Traum«); Denn strahlender immer erwacht aus schwarzen Minuten des Wahnsinns / Der Duldende an versteinerter Schwelle (»Gesang des Abgeschiedenen«) – wir könnten sämtliche Stellen zitieren, doch keine, trotz zahlreicher Anklänge, sagte uns verläßlich, wer *der Wahnsinnige*, dessen Tod zwischen dem Jetzt und dem Einst als Zäsur steht, denn nun eigentlich sei.

Das Wort »Magier« wird zweimal erscheinen, und jedesmal mit einer näheren Bestimmung, die beim ersten Anblick uns hoffen macht: in dem Gedicht *Abendmuse* heißt die erste Zeile der dritten Strophe: *Des weißen Magiers Märchen lauscht die Seele gerne* (hier also auch das Adjektiv »weiß«); die dritte Zeile des Vierzeilers mit dem Titel *Karl Kraus* lautet: *Zürnender Magier,* und diesem also Angeredeten, Karl Kraus, ist ja Trakls Psalm gewidmet. – Haben wir damit etwas gewonnen? – Der Satz aus *Abendmuse* scheint klar verständlich, der Magier ist dort ein Märchenerzähler, allein es ist nicht auszumachen, ob das »weiß« als Bezeichnung für Kleidung oder Hauttönung oder als Verschleifung des Begriffs »Weiße Magie« – also der heilbringend gemeinnützigen Zauberkunst gegenüber der verderblichen Schwarzen – aufgefaßt werden soll, und Beziehungen zu einem Grab oder Schlangen sind nicht erkennbar. Außerdem könnte »weiß« hier durchaus eine Umschreibung und der »weiße Magier« ein Rauschgift – oder Rauschgift überhaupt – sein. – Und was den Vierzeiler mit dem Widmungsbezug angeht, so ist, abgesehn von den abweichenden Attributen *(Dem unter flammendem Mantel der blaue Panzer des Kriegers klirrt),* die Vorstellung einfach peinlich und Trakls unwürdig, der Magier im *Psalm* sei Karl Kraus in Person.

Bliebe schließlich das »Spiel mit den Schlangen«: Im nachgelassenen Fragment eines Gedichtkomplexes finden wir folgende Strophe: *Wo in finsteren Zimmern einst die Liebenden schliefen / Spielt der Blinde mit silbernen Schlangen, / Der herbstlichen Wehmut des Mondes* – da klingt viel an den *Psalm* an, und spätestens hier wird der Leser den Eindruck gewonnen haben, daß – wie es oft formuliert worden ist – alle Gedichte Trakls im Grund ein einziges, sich ständig variierendes Gedicht von ineinander überfließenden, auseinander sich entfaltenden und in der wechselnden Wiederkehr des stets anders Gleichen einander mit einem Höchstmaß an Sinn wie Geheimnis beladenden Versen, Bildern und Worten darstellen, und wir könnten diesen Eindruck durch Zitate aus Mallarmé oder Eliot oder József oder Halas auf die Dichtung der Moderne überhaupt ausweiten, doch wer *der Wahnsinnige* sein soll, weiß der Leser dadurch immer noch nicht, ja, das Geheimnis wird um so dunkler, je mehr unter neuen Aspekten Erhellung aufzuleuchten scheint.

Wir müssen uns wohl mit der Feststellung abfinden, die Hugo Friedrich in seinem berühmten, trotz dessen einseitiger Insistenz auf das Dunkle von uns dankbar und mit Gewinn studierten Werk »Die Struktur der modernen Lyrik« (Reinbek bei Hamburg 1956) getroffen hat: »Moderne Lyrik nötigt die Sprache zu der paradoxen Aufgabe, einen Sinn gleichsam auszusagen wie zu verbergen. Dunkelheit ist zum durchgängigen ästhetischen Prinzip geworden. Sie ist es, die das Gedicht übermäßig absondert von der üblichen Mitteilungsfunktion der Sprache, um es in einer Schwebe zu halten, in der es sich eher entziehen als annähern kann... Die Dunkelheit liegt in den Gehalten wie in den stilistischen Mitteln. Das Gedicht spricht von Vorgängen, Wesen oder Dingen, über deren Ursache, Ort, Zeit der Leser nicht informiert ist und nicht informiert wird.«

Sosehr der Leser diesen analytischen Sätzen auch zustimmen und dabei ihren Absolutheitsanspruch einschränken mag, sowenig ist sein Problem gelöst. Sein Drang zum Dennoch-Verstehen wird immer mächtiger – wer, zum Teufel, ist denn *der Wahnsinnige*, es muß doch darauf eine Antwort geben! –, und sein Blick hakt sich ratlos an der Wissenschaft fest. – Dem Leser mag da die Mitteilung helfen, daß Friedrich vor diesem von uns zitierten Befund Überlegungen zum Gebrauch des bestimmten Artikels im modernen Gedicht angestellt hat; er wählt sein Beispiel aus einem Gedicht Gottfried Benns; die Entsprechung für *der Wahnsinnige* ist dort »die Perle«, und unter dieser Modifikation sind Fragen und Antworten die gleichen: »Was für eine Perle meint Benn?«; und: »Wir wissen es nicht.«

Hören wir noch einmal Friedrich: »Im normalen Sprachgebrauch hat der bestimmte Artikel die Aufgabe, eine Sache zu bezeichnen, die allgemein bekannt ist oder im Text schon vorgestellt worden war. Er ist das Sprachmittel zur Bestätigung des Bekannten. Im modernen Dichten aber wird er so verwendet, daß er als determinierendes Mittel die Aufmerksamkeit zwar

weckt, sie jedoch gleich wieder desorientiert durch die von ihm eingeführte gänzlich neue Sache. Das Verfahren trat schon bei den Lyrikern des 19. Jahrhunderts auf, insbesondere bei Rimbaud, und auch derart, daß sonstige Determinanten wie Personalpronomina, Ortsadverbien usw. mit einbezogen wurden. Im 20. Jahrhundert greift es übermäßig um sich und wird ein stilistisches Hauptindiz für gegenwärtige Lyrik.«
Und einen Absatz früher heißt es zum Unterschied zwischen bestimmtem und unbestimmtem Artikel: »Das vom Nomen bezeichnete, die Perle, war durch nichts vorbereitet und wirkt, eben weil der bestimmte Artikel mit dieser Unbekanntheit zusammentrifft, unbestimmt und geheimnisvoll. *Eine weiße Perle*... – das hätte den Vers in ein anderes Klima versetzt.«
Eben das gleiche gilt für Trakl:

»Es ist ein Licht, das der Wind ausgelöscht hat.
Es ist ein Heidekrug, den am Nachmittag ein Betrunkener verläßt.
Es ist ein Weinberg, verbrannt und schwarz mit Löchern voll Spinnen.«

»Es ist ein Raum, den sie mit Milch getüncht haben.«

»Ein Wahnsinniger ist gestorben. Es ist eine Insel der Südsee...«

– das Gedicht ist dahin; sein Geheimnis Anekdote, und der Vers streift das Lächerliche.
In den vorhergegangenen Zeilen verfestigt das »es ist« das »ein«. – Wir wollen der Versuchung widerstehen, uns über den Gebrauch des bestimmten Artikels auch zur Bezeichnung des Singulären oder des Typisierten, dessen Begriff sich nicht mit dem des Bekannten dek-

ken muß, zu verbreiten. Den zitierten Gedanken Friedrichs weiter verfolgend, deuten wir den Verstehensdrang des Lesers als uneingestandene Eifersucht auf jenen Einen, der gewißlich doch wisse, wer »die Perle« und wer *der Wahnsinnige* sei, nämlich der Dichter jener dunklen Verse. Ob er es tatsächlich weiß oder nicht, ist zwar unerforschbar, doch für den Leser muß, dank des bestimmten Artikels, feststehen, daß der Dichter es wisse, und er wird, der Leser, eben dadurch gestachelt, die Lösung des Rätsels zu ertrotzen: Er gestünde den Interpreten nun gerne zu, den Autor in spanische Stiefel zu schrauben, um ihm die Auflösung zu entreißen. – Denn was sich in Wahrheit immer im Dunkel großer Dichtung verbirgt, Geheimnisse menschlichen Existierens, stellt sich dem Leser hier zunächst als ein Rätsel dar, und ein Rätsel, im Gegensatz zum Geheimnis, ist das, was sein Wesen vollständig verliert, wenn man seine – und stets eindeutig, also mit Wörtern formulierbare – Auflösung kennt, während ein Geheimnis dauert, wieviel an Erhellung ihm auch widerfährt. – »Rate zu, was das ist: / Saß ein Vogel federlos / auf einem Baum blattlos / kam eine Frau mundlos / fraß den Vogel federlos« – das ist der Schnee, der von der Sonne verzehrt wird, und ist diese Auflösung einmal gegeben, ist das Rätsel als Rätsel dahin; das Geheimnis des weißen Schnees jedoch bleibt ein Geheimnis des tödlich Reinen und Schönen, des wärmenden Kalten, des kristallen Zarten, das unter sich ein Tal begräbt, wenn es so donnernd niederbricht, wie es schweigend vom Himmel schwebt, und das dann jene Frau Mundlos aufsaugt –: Dieses Geheimnis, gesetzt, daß man es annimmt, wird bei aller Erklärung um so tiefer, je offener es vor Augen liegt: Es ist außen, weil innen; ein Rätsel nur außen. – Es gehört zum Fluch, der auf der Dichtung der Moderne (»Moderne« hier als Epochenname wie »Archaik« oder »Gotik« oder »Barock« genommen) lastet, daß sich das Geheimnis in ihren Versen zu oft zunächst als ein Rätsel darstellt und damit auch dem Scharlatan freie Bahn läßt: Die Hermetisierung seines Trivialen hat dann die Chance, als tief zu erscheinen, da sie sich dunkel-rätselhaft gibt und dabei oft nicht einmal ein Rätsel aufgibt: »Rate zu, was das ist?« – nur Haschen nach Wind. – Es bedarf langer oder intuitiver Erfahrung, hier die Dunkelheit eines Kristalls von der Dunkelheit einer Ausscheidung zu sondern, mit der ein Tintenfisch sich zwecks Tarnung einhüllt; diese Erfahrung hartnäckig zu gewinnen ist ein Durchgangszoll, den die Moderne fordert, und auch der Leser Trakls muß ihn entrichten, doch er tut dies ja nur, wenn er das Gefühl hat, daß sich solche Ausgabe lohnt.

Es ist ein Licht, das der Wind augelöscht hat – wer sich von dieser Zeile betroffen fühlt, muß auch das Wagnis auf sich nehmen, allein in das Dunkel hineinzugehen, das den Tod des *Wahnsinnigen* umgruftet. Übernahme von Urteilen andrer nützt gar nichts, ja schadet, wenn am Anfang nicht dieses Betroffensein steht, auch wenn man zunächst gar nicht sagen könnte, was einen da anrührt und warum einen das angeht; man fühlt: Die eigene Sache wird verhandelt, und dann will man freilich *alles* verstehen, verläßlich verstehen, bis zum Ende verstehen, das Geheimnis nach Rätselart aufgelöst haben, denn es bietet sich ja auch rätselhaft dar, aber gerade in der Verweigerung solcher Lösung besteht der Stachel dieser Gedichte. – Ohne ihn wäre Trakls *Psalm* nicht, und nicht, was er ist, und ebendamit ist er ein Antistück zu seinem Urbild, dem biblischen Psalm, darin notwendig alles verständlich sein muß. – Dieses

Helle, andre Konsistenz des Kristalls, ist heute durch einen Willensakt nicht zurückzugewinnen: O unser verlorenes Paradies! Die Psalmen der Bibel erquicken den Dürstenden, die von heute erwecken nie stillbare Gier, und zweifach gestachelt: durch das Geheimnis hinter dem Rätsel, und durch den letztlich untilgbaren Denkzwang, daß eine Auflösung existiere, wiewohl nur Interpretationen dasein können, darunter – vielleicht – auch die des Autors. Doch die Interpretationen gelten dem Geheimnis; ein Rätsel kann man nicht interpretieren, das kann man nur lösen, und ein Vorschlag dafür ist falsch oder richtig; tertium non datur, hier ist es am Platz.

So wäre denn wohl alles gewonnen, würde der Leser das vermeintliche Rätsel nur als Durchgang zum Geheimnis der Dichtung nehmen und, statt gebannt auf die Lösung zu warten, seine Eigeninterpretation wagen, die er so lange unterläßt, da er fürchtet, daß sie nicht richtig sein könnte, nicht identisch mit der einzigen Lösung, die ihm ein Kundiger erst herbeischaffen muß –: De profundis ad te clamavi domine! Wir meinen dieses Wort nicht ironisch, wir kennen nur zu gut die Verzweiflung, im Schwall läppischer Verständlichkeiten, die uns mit ihrer Marktschreierei plagen, die Stimme einer ersehnten Botschaft nur so weit zu fassen, um zu schließen, daß sie wohl für uns ist, doch wir nicht für sie. So warten wir auf einen Vermittler. Doch mit solchem Warten auf ein Öffnen des Tores versperrt man sich selbst das Offene: ein Gleichnis Kafkas. – Daß dich das Gedicht betroffen macht, heißt ja nichts andres, als daß es dir sich öffnet, allein dies Sich-Öffnende weist ins Dunkel, und das erscheint als verschlossenes Tor. – Tritt ein, anstatt auf den Schlüssel zu warten; versperrt ist da nichts, doch im Dunkel

zu gehn ist auch etwas, daran man scheitern kann. Der Leser wird sich damit abfinden müssen, daß die Dunkelheit mancher modernen Dichtung unabdingbar zu ihrem Wesen gehört und daß ohne sie die Gedichte Trakls niemals wären, was sie sind, und zwar (um materiell Untrennbares einmal begrifflich zu trennen) nicht nur in der Form, sondern auch im Inhalt –: Man könnte sie nicht anders sagen, in keinem ihrer Worte anders, sie sind nicht die Übersetzung von etwas, das sich auch einfach darstellen ließe, in ein abdingbares Schwierige. – Ihre Dunkelheit steht vor hellem Licht, so wie Nachtblau und Schwarz eines Kathedralenfensters erst vor der Sonne als Dunkel aufglüht. – Sie wäre sonst nicht als Dunkel erkennbar.
Der Leser wird davon auszugehn haben, daß ein Verstehen von Trakls Gedichten nicht durch ein kongruentes Abbild einer als verpflichtend endgültig und verpflichtend eindeutig postulierten, indizienhaft erschließbaren Vorstellung des Autors, sondern jeweils nur durch einen nachschöpferischen Akt eigener Deutung zu leisten ist. – Also könne man für *der Wahnsinnige* setzen, was immer man dafür setzen will? – Nicht: was man will: was das Gedicht dafür vorgibt. – Aber es gibt doch Dunkles vor! – Konkretes Dunkles, und tief im Licht, und eingebunden in ein Gefüge von Worten:

Es ist ein Licht, das der Wind augelöscht hat.
Es ist ein Heidekrug, den am Nachmittag ein Betrunkener verläßt.
Es ist ein Weinberg, verbrannt und schwarz mit Löchern voll Spinnen.
Es ist ein Raum, den sie mit Milch getüncht haben.
Der Wahnsinnige ist gestorben. Es ist eine Insel der Südsee,

Den Sonnengott zu empfangen. Man rührt die Trommeln.
Die Männer führen kriegerische Tänze auf.
Die Frauen wiegen die Hüften in Schlinggewächsen und Feuerblumen,
Wenn das Meer singt. O unser verlorenes Paradies.

Ja, wir werden unsere Deutung des *Wahnsinnigen* geben. Doch zuvor tritt der Engel heran.

Ich weiß nicht mehr, in welchem der damals, 1950, ja noch zahllosen Antiquariate im Ostteil Berlins ich zum ersten Mal nach der Entlassung aus der Kriegsgefangenschaft einen Trakl-Band erwarb, doch ich weiß, daß es jene legendäre Erstausgabe einer von Franz Werfel besorgten Auswahl seiner Dichtungen war, die 1913 im Kurt Wolff Verlag, Leipzig, dem Verlag des Expressionismus, unter dem schlichten Titel Gedichte als Doppelband 7/8 der Sammlung »Der jüngste Tag« erschien, und daß das Heft fünfzig Pfennig kostete, und daß es in einem Pappkarton zerfledderter Broschüren lag, und daß, da ich es in die Hand nahm, draußen auf den Trümmerhalden der kotbefleckte Engel stand. – Er sah mich an; ich schrak auf, und da war er verschwunden; Sonne auf den versottenen Ziegeln, die nach Aas und Ratten stanken, und ich ging wie im Traum nach Hause und las.
Es war ein gänzlich andrer Trakl, der da aus dem schwarz kartonierten Heft mit dem algengrünen Titelschild redete: eine schöne Stadt, sonniges Schweigen, alte Plätze in Blau und Gold versponnen, junge Mütter an blumigen Fenstern, ein Feuerschein, Purpur, verzauberte Mägde, und *Der Sohn des Pan erscheint in*

Gestalt eines Erdarbeiters, / Der den Mittag am glühenden Asphalt verschläft. – Ein Rot, das traumhaft dich erschüttert. – Ich las und las. – Auch das Gespräch mit meinem Vater, noch nicht einmal fünf Jahre her, stieg völlig traumhaft aus dem Gedächtnis, von mildem Mondglanz überflutet, und ich sah voll Rührung auf den Mann in der gelben Husarenjoppe und schmeckte den seitdem nicht mehr genossenen Wein. – Er kam mir nun so hilflos vor, wie er dasaß, in seinen Pharmaziebüchern blätternd; ich sah jetzt seine verbrauchten Züge, sonst hatte ich, wenn ich an ihn dachte, stets seine NS-Uniform gesehen.

Das Merkwürdigste aber war, ich erinnere mich genau, daß ich Trakl anders behandelte als jeden anderen der seit meiner Rückkehr aus der Kriegsgefangenschaft und dem Antritt eines Arbeitsverhältnisses in einem kulturpolitischen Apparat nun so massenhaft wie wahllos heruntergelesenen Schriftsteller und Dichter. Ich hatte gelernt, sie, die – was ich nunmehr nur noch ironisch aussprach – »Sänger und Sager«, ausschließlich als Exponenten und Ideologen zu nehmen, im Dienst einer sozialen Schicht oder politischen Kraft, letztlich einer der großen Klassen, deren Antagonismus eine Gesellschaft prägt; ich stufte sie automatisch so ein, ja las sie nur, um sie so einstufen zu können, und es gab dafür auch untrügliche Male, zum Beispiel eine Ehrfurchtshaltung gegenüber Thron und Altar, ein Kotau vor den Oberen, ein Schelten der Unteren, eine Blindheit gegenüber den Kämpfen der Massen, ein Unglauben an den gesellschaftlichen Fortschritt, eine Wendung nach innen, ein Zweifel an der Möglichkeit, die Welt zu erkennen, und vor allem das Nicht-Aufzeigen des Auswegs, jene ideologische Wasserscheide in der Kultur des zwanzigsten Jahrhunderts. – Ich

strich mir solche Stellen am Rand an: rot zustimmend, grün fragend, braun verwerfend; ich hielt es für erschöpfendes Verstehen und für historischen Materialismus. – Herausschälen des Wesenskerns. – Alles Weitere – Formfragen, Vertiefung in Metaphern, vor allem subjektives Empfinden – mußte demgegenüber unwichtig sein, ja, es konnte nur ablenken und verwirren, und sich darauf einzulassen hätte bedeutet, die entscheidende Frage zu umgehen, eben die der sozialen Bestimmung.
Bei Trakl nun unterließ ich derlei; ich hatte nur Freude an seinen Versen, diesen schönen, klingenden, freundlich-hellen, die in Tönen malten und in Farben sangen, in Glockenfarben und Gartentönen, und mich rührte die Wiederkehr gleicher Worte als Reime, die so beharrlich ein Stück Traumland umzirkten:

Wo du gehst, wird Herbst und Abend,
Blaues Wild, das unter Bäumen tönt,
Einsamer Weiher am Abend.

Leise der Flug der Vögel tönt,
Die Schwermut über deinen Augenbogen.
Dein schmales Lächeln tönt.

Gott hat deine Lider verbogen.
Sterne suchen nachts, Karfreitagskind,
Deinen Stirnenbogen.

Ich las und las. – Soll ich sagen, daß ich etwas Verbotenes spürte? Dieses Gedicht wimmelte ja von Indizien, die es als offensiv antirealistisch und seinen Dichter als kleinbürgerlich-religiös kennzeichneten! – Das süße, uneingestandene Trotzdem eines Gefallenfindens an etwas, das mir zu mißfallen hatte – wuchs es aus dieser Sprachmagie von Wehmut und Verlorenheit? Es wird wohl so gewesen sein, und auch die Düsternisse und Dissonanzen in diesen Versen werden in der Richtung gewirkt haben, sie waren ja unüberlesbar, doch ich nahm sie vermutlich als eine Folie, darauf sich das Helle als Helles male, der ganze Band war ja so komponiert. *So folg ich über Wolken ihren Fahrten. / Da macht ein Hauch mich von Verfall erzittern.* – Spürte ich ihn; erzitterte ich?

Ich weiß nur, daß ich wie im Traum las, dann aber das Buch plötzlich zuklappte und wegtat, und daß ich es danach auch vermied, über Trakl mit meinem Abteilungsleiter zu reden, ehemals Nazijunge wie ich und mit einem Werdegang ähnlich dem meinen, allerdings mit drei Jahren längerer Erfahrung sowohl dort wie auch da. Ich suchte darum oft seinen Rat, wenngleich ich mich manchmal mit ihm auch stritt, da er die soziale Zuordnungsmethode, der wir uns beide verpflichtet fühlten, gezielter als ich dahin verstand, daß das, was die feudalistischen oder kleinbürgerlichen Künstler und Schriftsteller so hervorbrächten, die unmittelbare Realisierung eines ideologischen Auftrags sei, der zwar, in bestimmten Ausnahmefällen, auch ein Selbstauftrag sein könne, überwiegend jedoch materiell stimuliert sei: Sie bekämen Geld oder Vergünstigungen, um einen politisch präzis umrissenen Inhalt in eine belletristische oder bildkünstlerische oder philosophische Form umzusetzen (oder sie täten es in der Hoffnung auf solche Entlohnung, wenngleich sie sich darin manchmal verschätzten und die Herrschenden sich oft knauserig zeigten), kurzum, sie seien nichts als Agenten, und unsere Haltung ihnen gegenüber könne nur die eines Entlarvens sein. – Keinesfalls ein differenzie-

rendes ästhetisches Werten: Schmierfinken und Klopffechter allesamt! – Ein robust rezentes Theorem. – Ich weiß nicht recht, warum ich ihm da widersprach: Zwar sei, darin stimmte ich ihm zu, jedes Stück Literatur oder Kunst ideologisch einzuschätzen und klassenmäßig zu bestimmen, das sei ohne Zweifel die wichtigste Wertung, doch könne es durchaus auch sein, daß Einem der soziale Inhalt seiner Kunst oder Dichtung oder Philosophie im Schaffensprozeß gar nicht bewußt werde und er in einem ehrlichen Glauben, nur poetisch oder nur philosophisch zu arbeiten, die und jene Ideologie produziere, doch da er sie auch als Kunst und Philosophie produziere, dürfe, ja müsse man sie doch auch solcherart werten und Besseres von Schlechterem unterscheiden und scheiden. Unter anderen ging es dabei um George und Nietzsche und die Bilder der Expressionisten; ich konnte mir nur schwer vorstellen, daß die beiden ersten von Krupp und Konsorten Honorare erhalten hätten, um dem Faschismus eine geistige Gasse zu brechen, und die Maler ein Salär, um die Massen von ihrem Kampf abzulenken, und außerdem fand ich sie nicht geschmiert. – Mein Vorgesetzter nannte mich einen Mystifizisten und Irrationalisten und zieh mich einer Rechtsabweichung sowie verkappten Freudianertums; ich nahm es ernst. – Bei Trakl also trieb ich derlei nicht; ich las in einer traumhaften Entrückung, aber plötzlich kam mir dies reine Lesen doch irgendwie unerlaubt vor, und ich brach es ab.
Wenig später erwarb ich, und weiß wieder nicht wo, ein Exemplar des 1915 bei Kurt Wolff erschienenen *Sebastian im Traum*, dessen Druckfahnen Trakl noch in Händen gehalten, dessen Buchausgabe er aber nicht mehr erlebte, doch das alles wußte ich damals noch nicht; ich wußte nichts vom Leben des Dichters. – Ich

wollte kein Bild. – Ich weiß auch nicht, wann mir der Gedanke kam – als Ahnung wahrscheinlich recht früh, als Formulierung sehr spät –, daß Lebendes und Totes in Trakls Gedicht meist ein Verhältnis von Böse und Gut repräsentierte, oder besser: ein Verhältnis von Heruntergekommenem zu Erhöhtem, zumal da in seinen Versen das Lebendige sich oft erstorben und das Tote sich lebenshaft zeigt:

Mit toten Heldengestalten
Erfüllst du Mond
Die schweigenden Wälder,
Sichelmond –
Mit der sanften Umarmung
Der Liebenden,
Den Schatten berühmter Zeiten
Die modernen Felsen rings;
So bläulich erstrahlt es
Gegen die Stadt hin,
Wo kalt und böse
Ein verwesend Geschlecht wohnt,
Der weißen Enkel
Dunkle Zukunft bereitet [...]

Dieses Gedicht konnte ich damals nicht kennen, es war in meinen beiden Buchausgaben nicht enthalten, allein schon in der *Romanze zur Nacht* hatte ich nach der Beschwörung eines Lebensreigens von Verfallenden, Irren, Kranken, Mördern, Verzweifelten, Betern und Hurenhausbesuchern dieses Menetekel vernommen: *Beim Talglicht drunt' im Kellerloch / Der Tote malt mit weißer Hand / Ein grinsend Schweigen an die Wand.* – *Der Tote* wiederum; nicht »ein Toter« – hier sind alle mit dem bestimmten Artikel gekennzeichneten Perso-

nen Typen, Repräsentanten ihresgleichen, eine Marionettenszene, die wie ein Mechanismus abläuft (nur *Einsamer* und *Liebende* gleiten außerhalb dahin), und sooft ich dieses Gedicht auch lese: Der Tote, der da drunten beim Flackerlicht das Zeichen der Zeit setzt, er ist ihr wahrhaft Lebendiger. Oder in der *Schönen Stadt,* wenn man nur genau hinsah, blieb auf der flirrenden Oberfläche hinhuschender Impressionen als einzig Dauerhaftes dies: *Aus den braun erhellten Kirchen / Schaun des Todes reine Bilder, / Großer Fürsten schöne Schilder. / Kronen schimmern in den Kirchen.* – Und dann dort, in der Landschaft des verbrannten Weinbergs und des milchgetünchten Raumes, war da der Lebendige nicht erst jener, der in seinem Grab mit seinen Schlangen spielte: *der weiße Magier*? Und wenn es hieß: *Der Wahnsinnige ist gestorben* – war dieser Tod nicht vielleicht ein Durchgang ins Leben, in das verlorene Paradies? – Fragen, die ich gewißlich nicht fragte; ich nahm damals solche Gedichte nur als Träume, ich hatte sie nicht in der Reflexion, und das Grab und den Magier nicht im Bewußtsein.
Die Gedichte, die ich damals reflektierte, gehörten ganz dem Alltag, und der wies alles Irrationale ab: Aufklärungseinsätze, Schulungsreferate, Diskussionen über Tagesprobleme, politische Teleologie, das war seine und meine Erfüllung, und die Gedichte, die ich favorisierte, waren Gedichte, die man dafür brauchte, die den Ausweg aus den Schwierigkeiten zeigten, positive Strophen, aufbauende Verse, die Kraft gaben und Zuversicht verliehen und – das schon-erreichte Gute rühmend und auf das zu erreichende Noch-Bessere weisend (dieser Komparativ war eine Poetik für sich) – als Umrahmung von Referaten oder, ihrerseits umrahmt von Musik, in Feierstunden vortragbar waren:

mobilisierend, argumentierend, enthusiasmierend, und so gesehen waren auch Träume willkommen, als Zukunftsvisionen wissenden Glaubens: Glück der Ferne leuchtend nah, wie Johannes R. Becher es gedichtet hatte. – Trakl war da ungeeignet, doch der Name Bechers sagt, daß unter den nützlichen Gedichten Gebilde hohen Ranges waren: Oden Pablo Nerudas, Satiren Erich Weinerts, der »Gesang vom Frieden« des Vítězslav Nezval, das Aufbaulied des Bertolt Brecht, und über allem die Poeme des Wladimir Majakowski, in deren einem sogar noch die Linienführung der Straßenbahn ein aktuelles Argument hergab: »Wie anders ging jetzt ihr gewohnter Lauf / die Straße des Sozialismus hinauf.« – Dazwischen billigste Reimereien, wozu ich auch das meiste von dem zähle, das ich, treu steter Gewohnheit seit Kinderjahren, am späten Feierabend schrieb, einen »Aufbausonntag« etwa, mit diesem eschatologischen Schluß: »Land und Flüsse, Stadt und Menschen / formen wir mit jungen Händen / die Epoche der Ruinen / und des Krieges zu beenden.« – Ich fand das schön und gut, und außer einer Mahnung, derlei nicht in meiner Dienstzeit zu erstellen, hatte auch mein Abteilungsleiter dagegen wenig einzuwenden, diese Verse waren eindeutig und klar parteilich, »unverwechselbar«, wie man wohl heute noch sagt, womit allerdings nicht ein unverkennbares Merkmal subjektiver Poetenbesonderheit, sondern die Eindeutigkeit der Aussage im Sinne des politisch Normierten gemeint war, also ebender Umstand, daß solche unverwechselbaren Gedichte aus Wörtern statt aus Worten bestanden. Allerdings gab es in meiner Lyrik noch manches, was die Kritik mißbilligen mußte: Außer mythischen Bezügen monierte sie vor allem falsch gesetzte, nicht mit der Naturgegebenheit übereinstimmende oder gar einem – ja doch nur farblos denkbaren – Abstraktum zugeschriebene Farben: »schwarze Flüche« etwa oder »blauschmetternde Flüge« und ähnliche Unverständlichkeiten, die dem Prinzip der Abbildtreue wie dem der Volkstümlichkeit widersprachen. Mein Vorgesetzter gebrauchte in diesem Zusammenhang gern die Wendung »auf Anhieb verstehen« –: Ein Gedicht, und das forderte auch die Kritik, mußte »auf Anhieb verständlich« sein. – Ich nahm auch dies ernst und strengte mich an.

An Trakl dachte ich nun nicht mehr, und auch der Engel erschien mir vorerst nicht wieder; ich ging im Alltag auf, und der war ganz diesseits und beanspruchte mich bis zur Erschöpfung. – Mein Schreiben auch. – Damals dachte ich nicht daran, Schriftsteller zu werden, obwohl ich nach meiner Tagesarbeit oftmals Nächte hindurch schrieb und mich nur durch ein Übermaß von Tee, Zigaretten und Alkohol wachhielt. – Die Poesie, sagt Baudelaire, wirkt wie ein Verhängnis. – Doch auch der Alltag wirkte so.

Bevor wir unsere Deutung des Todes *des Wahnsinnigen*, oder besser: unsere Assoziation zu dieser Passage mitteilen, möchten wir auf ein Stilprinzip Trakls hinweisen, das der Leser gewiß schon gewahrt haben wird und dessen Eigenformulierung Trakl in einem Brief an seinen Freund Erhard Buschbeck in folgenden Zusammenhang stellt:

»Gestern hat mir Herr Ullmann ein Gedicht vorgelesen, vorher des längeren ausgeführt, daß seine Sachen den meinigen verwandt wären, etc., und siehe da, was zum Vorschein kam hatte mehr als Verwandtschaft mit einem meiner Gedichte ›Der Gewitterabend‹. Nicht nur, daß einzelne Bilder und Redewendungen beinah wörtlich übernommen wurden (der Staub, der in den Gossen tanzt, Wolken ein Zug von wilden Rossen, Klirrend stößt der Wind in Scheiben, Glitzernd braust mit einemmale, etc. etc.) sind auch die Reime einzelner Strophen und ihre Wertigkeit den meinigen vollkommen gleich, vollkommen gleich meine bildhafte Manier, die in vier Strophenzeilen vier einzelne Bildteile zu einem einzigen Eindruck zusammenschmiedet, mit einem Wort bis ins kleinste Detail ist das Gewand, die heiß errungene Manier meiner Arbeiten nachgebildet worden.«

Dem Leser wird es nicht schwerfallen, dieses Stilprinzip der in sich abgeschlossenen, konsequent zumeist auch mit einem Punkt beendeten Zeilen an vielen Gedichten Trakls zu exemplifizieren, und auch der *Psalm* ist ja so gebaut. – Trakl fährt fort:

»...worden. Wenn auch diesem ›verwandten‹ Gedicht das lebendige Fieber fehlt, das sich eben gerade diese Form schaffen mußte, und das ganze mir als ein Machwerk ohne Seele erscheint, so kann es mir doch als gänzlich Unbekanntem und Ungehörtem nicht gleichgiltig sein, vielleicht demnächst irgendwo das Zerrbild meines eigenen Antlitzes als Maske vor eines Fremden Gesicht auftauchen zu sehen!«

Der Brief ist, wie bei Trakl üblich, ohne Angabe von Ort und Datum; die Forschung – es gibt darüber eine Spezialuntersuchung – verweist ihn in die zweite Hälfte Juli 1910, in eine Zeit also, da von Trakl nur drei, vier Jugendgedichte in der örtlichen Presse veröffentlicht waren; eine Publikation über diesen Kreis heimatlicher Leserschaft hinaus geschah erst seit 1912 durch Abdrucke in der von Ludwig von Ficker herausgegebenen Monatsschrift »Der Brenner«, einer Zeitschrift, die Karl Kraus in seiner »Fackel« so gerühmt hat: »Daß die einzige ehrliche Revue Österreichs in Innsbruck erscheint, sollte man, wenn schon nicht in Österreich, so doch in Deutschland wissen, dessen einzige ehrliche Revue gleichfalls in Innsbruck erscheint.« – Ach, man weiß es bis heute kaum. – Was nun Trakls Pochen auf die Einzigartigkeit seines Formprinzips angeht, so belehrt uns die Literaturwissenschaft dahin, daß jene Reihung in sich geschlossener, voneinander unabhängiger Bildzeilen keine Erfindung Georg Trakls, sondern ein Charakteristikum der Lyrik jener Zeit gewesen sei und mit Detlev von Liliencrons Gedicht »In einer großen Stadt« begonnen habe.

Detlev von Liliencron: In einer großen Stadt

Es treibt vorüber mir im Meer der Stadt
Bald der, bald jener, einer nach dem andern.
Ein Blick ins Auge, und vorüber schon.
  Der Orgeldreher dreht sein Lied.

Es tropft vorüber mir ins Meer des Nichts
Bald der, bald jener, einer nach dem andern.
Ein Blick auf seinen Sarg, vorüber schon.
  Der Orgeldreher dreht sein Lied.

Es schwimmt ein Leichenzug im Meer der Stadt,
Querweg die Menschen, einer nach dem andern.
Ein Blick auf meinen Sarg, vorüber schon.
  Der Orgeldreher dreht sein Lied.

Wir sehen zwar in dieser Hervorbringung nicht so sehr die Anwendung jenes Prinzips als eine seiner existentiellen Prämissen (das referierende Ich, so will uns scheinen, stellt bei Liliencron ebenjenen Zusammenhang her und repräsentiert ihn, den Trakls Gedicht rigoros vernichtet), doch wir geben die Belehrung auch darin weiter, daß wir noch einige Beispiele zeitgenössischer Lyrik zu Liliencron stellen:

Alfred Lichtenstein: Die Dämmerung

Ein dicker Junge spielt mit einem Teich.
Der Wind hat sich in einem Baum gefangen.
Der Himmel sieht verbummelt aus und bleich,
Als wäre ihm die Schminke ausgegangen.

Auf lange Krücken schief herabgebückt
Und schwatzend kriechen auf dem Feld zwei Lahme.
Ein blonder Dichter wird vielleicht verrückt.
Ein Pferdchen stolpert über eine Dame.

An einem Fenster klebt ein fetter Mann.
Ein Jüngling will ein weiches Weib besuchen.
Ein grauer Clown zieht sich die Stiefel an.
Ein Kinderwagen schreit und Hunde fluchen.

Jakob van Hoddis: Weltende

Dem Bürger fliegt vom spitzen Kopf der Hut,
In allen Lüften hallt es wie Geschrei,
Dachdecker stürzen ab und gehn entzwei,
Und an den Küsten – liest man – steigt die Flut.

Der Sturm ist da, die wilden Meere hupfen
An Land, um dicke Dämme zu zerdrücken.
Die meisten Menschen haben einen Schnupfen.
Die Eisenbahnen fallen von den Brücken.

Georg Heym: Bastille

Die scharfen Sensen ragen wie ein Wald.
Die Straße Antoine ist blau und rot
Von Menschenmassen. Von den Stirnen loht
Der weiße Zorn. Die Fäuste sind geballt.

Ins Grau des Himmels steigt der Turm wie tot.
Aus kleinen Fenstern weht sein Schrecken kalt.
Vom hohen Dach, wo Tritt der Wachen hallt,
Das erzne Maul der grau'n Kanonen droht.

Da knarrt ein Tor. Aus Turmes schwarzer Wand
Kommt der Gesandten Zug in schwarzer Tracht.
Sie winken stumm. Sie sind umsonst gesandt.

Mit einem Wutschrei ist Paris erwacht.
Mit Beil und Knüttel wird der Turm berannt.
Die Salven rollen in die Straßenschlacht.

Georg Trakl: Der Gewitterabend

O die roten Abendstunden!
Flimmernd schwankt am offenen Fenster
Weinlaub wirr ins Blau gewunden,
Drinnen nisten Angstgespenster.

Staub tanzt im Gestank der Gossen.
Klirrend stößt der Wind in Scheiben.
Einen Zug von wilden Rossen
Blitze grelle Wolken treiben.

Laut zerspringt der Weiherspiegel.
Möwen schrein am Fensterrahmen.
Feuerreiter sprengt vom Hügel
Und zerschellt im Tann zu Flammen.

Kranke kreischen im Spitale.
Bläulich schwirrt der Nacht Gefieder.
Glitzernd braust mit einem Male
Regen auf die Dächer nieder.

Jedoch Trakls Brief insistiert weniger auf den Anspruch des Erstmaligen als auf den der Gültigkeit seines Erstmaligen: Er wirft Ullmann nicht nur vor, daß er ihn kopiere, sondern daß er ihn seelenlos kopiere: Es fehle dem Nachahmer *das lebendige Fieber... das sich eben gerade diese Form schaffen mußte.* Das ist ein subjektives Kriterium; wie äußerte es sich objektiv? Wie sähe ein allgemein als bindend anerkanntes Band (»Form«) aus, das vier (bei Trakl allerdings meist nur drei) vereinzelte, also offenbar willkürlich als eine Strophe hintereinandergesetzte Bildzeilen dennoch solcherart *zu einem einzigen Eindruck zusammengeschmiedet,* daß auch der Leser diesen Eindruck erhält? Welcher Prüfstein wäre ihm gegeben? Daß der Dichter einem inneren Zwang folgt und ihn für sich selbst dann bestätigt findet, sagt ja noch gar nichts; den subjektiven Anspruch auf besessenes Schaffen wie auf das Gelungensein der Absicht verficht ein jeder Schreibender (und er verficht ihn, weiß Gott, um so ungestümer, je stümperhafter seine Hervorbringungen sind), allein was wäre ein verpflichtender Maßstab? Trakl selbst gibt keinen an; vertraut er darauf, daß der Leser den Unterschied zwischen gutem Original und schlechter Kopie, zwischen *Antlitz* und *Maske vor eines Fremden*

Gesicht merke? Er scheint darin nicht sehr sicher zu sein, denn sein Brief fährt so fort: »...auftauchen zu sehen! Wahrhaftig mich ekelt der Gedanke, bereits vor Eintritt in diese papierene Welt, von einem Beflissenen journalistisch ausgebeutet zu werden, mich ekelt diese Gosse voll Verlogenheit und Gemeinheit und mir bleibt nichts übrig, als Tür und Haus zu sperren vor allem Nebelgezücht. Im übrigen will ich schweigen. Alles Gute von Deinem G. Trakl.«

Es ist, übrigens, dann bald zu einer Aussöhnung zwischen Trakl und Ullmann gekommen; der Ausgang dieser Affäre ist nicht sehr wichtig, aber die Sache, um die es geht, ist in ungewöhnlicher Schärfe und erschütternd aufrichtig formuliert: Echtes und Unechtes in der Moderne, Lebendiges und Totes, Antlitz und Maske, Besessen- und Beflissenheit. – Daß sich die Erfahrung dieses Problems für Trakl mit dem Ekel verbindet, mit Ekel an Dichtung überhaupt, zeigt, welchen Rang ihr das Leben zuweist. – Rimbaud, Lieblingsdichter Trakls, sprang neunzehnjährig aus der »Papierwelt« in ein explodierendes Leben und verbrauchte es in Nordafrika; Trakl trug sich mit verzweifelten Plänen, nach Borneo in den Kolonialdienst zu gehen. – *...mich ekelt diese Gosse voll Verlogenheit und Gemeinheit:* Die Geschichte der Moderne ist auch eine Geschichte des Ruins ihrer Schöpfer. – *Der Wahnsinnige ist gestorben* – klingt es nicht wie Erlösung? Und es klingt zugleich so schaurig kalt.

So verlockend es wäre, das Stilmittel der poetischen Montage, denn ebendarum handelt es sich bei Trakl, theoretisch näher zu betrachten –: Wir wollen uns auf Eigenerfahrung beschränken, und die lehrt, daß zur Erhellung von Problemen der Lyrik die Annahme eines Analogieverhältnisses von Träumen und Gedichten hilfreich sein kann. – »Der Traum ist unwillkürliche Dichtkunst«, sagt Jean Paul und zitiert damit Kant, der seinerseits uralte Erkenntnis tradiert, und ein Traumprinzip par excellence ist eben das Montieren von Disparatem. Jeder Leser kennt das Traumerlebnis, daß Ereignisse oder Gestalten, die im Alltagsgeschehen als nicht zusammengehörig empfunden würden, ja dort nicht einmal als auch nur zufällig miteinander vereinbar gedacht werden könnten – eine Nähmaschine und eine Qualle etwa –, für ihn, den Träumenden oder Erwachten, dennoch eine merkwürdige Zueinanderbestimmtheit dergestalt aufweisen, daß selbst bei zeitlich oder räumlich getrenntem Erscheinen der Einzelglieder deren sofort erinnertes Ganzes eine Gefühlssensation auslöst, die mehr als eine Verblüffung ist: Angst, Schauder, Entzücken, Grauen, Lust. – Die Psychologie nimmt an, daß solche Bezogenheitselemente trotz disparaten Erscheinungsbildes einer gemeinsamen Wurzel entsprießen, die im Alltag nicht sichtbar ist, wiewohl sie ihm letztlich entstammt.

Trakl erhebt nun in seinem Brief den Anspruch auf eine analoge Leistung: daß er Heterogenes, isolierte Verszeilen, zum Homogenen einer Strophe zusammenzuführen, das heißt ihr Gemeinsames zu evozieren vermöge. Beim *Gewitterabend* macht uns die Heftigkeit seines Anspruchs staunen, denn hier nehmen wir die behauptete Heterogenität der Bilder gar nicht mehr wahr: Ihre Einheit ist schon thematisch gegeben; die Zeilen folgen in ihrem Nacheinander dem Ablauf eines Naturprozesses, und eine Leseerfahrung von mehr als einem halben Jahrhundert läßt uns etwas als gewohnt erscheinen, das dem zeitgenössischen Leser als frappierend und schockierend vorgekommen sein mag. Auch die Leinwände der Impressionisten sehen wir längst als klassisch, ja als ehrwürdig konventionell an; Landschaften Heckels und Kirchners dienen als Vorlagen für Ansichtskarten; Stilmittel der Surrealisten werben von Litfaßsäulen um Aufmerksamkeit, die ihnen, den langvertrauten, kaum noch zuteil wird, und doch galten solche Hervorbringungen ihren Zeitgenossen als empörend tollhäuslerisches Durcheinander von Farbklecksen oder Bildmonaden, bar irgendeines erkennbaren Sinns. Wir sind heute geneigt, den *Gewitterabend* in allen seinen Worten und Bildern und auch in deren Zeitablauf beinahe als Reportage zu nehmen; der *Psalm* aber macht uns heute noch grübeln:

Es ist ein Licht, das der Wind ausgelöscht hat.
Es ist ein Heidekrug, den am Nachmittag ein Betrunkener verläßt.
Es ist ein Weinberg, verbrannt und schwarz mit Löchern voll Spinnen.
Es ist ein Raum, den sie mit Milch getüncht haben.
Der Wahnsinnige ist gestorben. Es ist eine Insel der Südsee.

Die Disparatheit der Bilder wird jeder Leser bestätigen, aber bestätigt er hier auch die Notwendigkeit ihres Nacheinanders als Zusammenhang einer Strophe? Seine Frage, wer *der Wahnsinnige* sei, zeigt, daß er es nicht tut; beim *Gewitterabend* käme niemand auf den Gedanken, zu fragen, was das für ein Regen sei, der in der letzten Strophe einbricht: *Glitzernd braust mit einem Male / Regen auf die Dächer nieder* –: Es ist der Regen nach diesem Gewitter, im Gedicht wie in der Realität, der dieses Gedicht erkennbar entspricht.
Welcher Realität aber entspricht der *Psalm*, oder anders gefragt: Mit welcher Stringenz tritt dort der Tod

des *Wahnsinnigen* zwischen einen mit Milch getünchten Raum und eine Insel der Südsee, die sich anschickt, den Sonnengott zu empfangen? Welche Notwendigkeit eint dort die vereinzelten Bilder, und wenn sich schon keine belegbare äußere Realität von Natur oder Geschichte oder Gesellschaft dafür angeben läßt, welche konkretisierbare innere wäre es dann, als Substrat poetischer Imagination, dessen – noch immer Frage des Lesers – Abbildtreue als Kriterium für das lyrisch Gelungene aufgefaßt werden könnte? Unsere Vorstellung vom Dichtungsverstehen ist so stark durch Abbildtheorien geprägt, daß die in unser Poesie-Erleben hineinwirken: Je mehr uns ein Gedicht ergreift, um so dringender versuchen wir ein rationales Nachvollziehen, genauer: ein Auflösen im Nur-Rationalen durch Zurückführen des als Abbild Gefaßten auf das unterstellte Urbild, und das Rationalmachen wäre dann das Benennen der Übereinstimmungen wie Nicht-Übereinstimmungen von Sekundärem und Primärem, und die Gründe dafür, und die Konsequenzen daraus. – Wir stellen dazu das Gedicht in die Natur oder in die historische Zeit seines Entstehens, und falls wir dort oder in einem Kunstwerk, das unsern Dichter belegbar beeinflußt hat (oder zumindest beeinflußt haben kann), keine äußere Entsprechung finden, suchen wir sie im Vorsatz des Autors, seinem einschließ- und objektivierbar gewähnten Bewußtsein. Unser Betroffensein lassen wir außer acht, und dabei ist doch gerade es das objektive Kriterium, nach dem wir so verzweifelt suchen, jenes Element, das ein Gedicht über sein formal bestimmtes, schon vom bloßen Anblick her erkenn- und diagnostizierbares Dasein als spezifisch poetisches Genre – nämlich als Gebilde gebundener Rede (Schreibe) – hinaus zum Gedicht als Kunstwerk erhebt, also ebendas leistet, was Trakl als nicht zu leisten gefürchtet: das Unterscheiden von Maske und lebendigem Gesicht. Zwar ist dies Kriterium *auch* subjektiv, aber nur von uns aus gesehen; vom Gedicht aus ist es ganz objektiv und erhebt das subjektive Homogenitätswollen des Dichters zum Tatbestand künstlerischen Gelungenseins. In diesem, dem qualitativen Sinn, wird ein Gedicht nicht dadurch zum Gedicht, daß es bestimmten Regeln der Form genügt, sondern dadurch, daß ein Leser es konstituiert. Bis dahin hat es den bloßen Anschein des dem lyrischen Genre Zugehörigen, ist es die tote Form, die erst dann interessiert, wenn das Interesse am Gedicht als Kunstwerk geweckt ist.

Dieser Leser mag erst nach Jahrzehnten auftreten, vielleicht auch erst nach einem Jahrhundert, doch bleibt er aus, entsteht das Gedicht nicht als Dichtung –: Es gibt keine objektive poetische Form, die etwas von vornherein verbindlich als Gedicht im Sinn eines Kunstwerks legitimiert.

Kein subjektives Kriterium, wiewohl sein objektiver Charakter ganz aus dem Subjektiven stammt. Gedichte sind eine andere Art Träume, doch, während ein fremder Traum uns meist langweilt, wiewohl er den Träumer aufgewühlt hat (weshalb der ihn einem Anderen mitteilt, um Anteilnahme zu erfahren), vermag das Gedicht eines Fremden uns so zu bewegen, daß wir, auch wenn es uns dunkel bleibt, es als unser Eigenes empfinden, ja mehr: daß wir durch dieses Gedicht überhaupt erst ein Teil Eigenes gewahren: auch dies ist ein Unsres! oder: aber das *ist* ja das Unsre, wir haben es nur nicht gewußt, äußerstenfalls konnten wir es ahnen! – Diese merkwürdige Tatsache aber muß doch besagen, daß das, was beim Dichter einer Wurzel entstammte,

auch bei uns Lesern auf eine Wurzel verweist, die wir mit dem Dichter teilen, oder wir haben den Urgrund gemeinsam, der die seine wie die unsre hervortrieb und speiste: kollektives Unterbewußtsein? – So viele Fragen; und aus jeder Antwort nur neues Fragen.
Etwa dies: Wenn wir unser Betroffensein von einer Dichtung als ein Erfahren des »tua res agitur« definieren, wie kommt es dann, daß wir so vieles nicht verstehen, daß wir beim *Psalm* zum Beispiel immer noch nicht wissen, wer eigentlich *der Wahnsinnige* ist? Wie kann denn etwas »das Unsre« sein, das wir rational so gar nicht haben? – Hier könnten wir zwar die Antwort geben, daß »haben« nicht identisch mit »rational haben« sei: Wenn man jemand jäh als den Seinen empfindet, muß man auch nicht wissen, warum dem so ist. Allein die Antwort befriedigt nicht. Sie kann es auch gar nicht, denn die Sache selbst quält, und dies ihr Quälendes liegt in dem Widerspruch, daß wir mit jedem Zoll Überführens von Poesie in Rationalität uns dem Gedicht nähern wie entfernen, doch ebenso auch mit jedem Zoll eines Nichtüberführen-Könnens: Das Gedicht wird in dem Maß mehr unser, in dem uns sein Geheimnis bedrängt, denn es bedrängt uns ja von innen; es wird aber darin immer mehr auch ein Anderes, eine magische Macht der Außenwelt, der wir ohnmächtig gegenüberstehen, was wiederum unseren Willen stachelt, es uns durch Verstehen zu unterwerfen. – Was uns dabei am meisten verrückt macht ist, daß uns diese Eskalation im Liefern immer neuer Aspekte auch immer zwingender offenbart, daß es tatsächlich um unsre Sache geht.
Und noch ein Zweites erschreckt den Leser: Wenn er es ist, der ein Gedicht erst zum Gedicht macht, was schützt ihn da vor einer Fehlentscheidung, die ja auf

ihn zurückwirken muß? Nicht nur, daß der Leser das Gedicht konstituiert, es konstituiert ihn ebenso: Er offenbart sich durch diesen Akt. Er legt sich mit seiner Entscheidung fest – wie, wenn er nun etwas konstituierte, das nach der Meinung ausgewiesener Kenner den Namen »Gedicht« gar nicht verdient, wenn er ein Falsches auf diesen Schild höbe und also sich als einer erwiese, der Falsches auf den Schild hebt! Der Fluch der Lächerlichkeit wäre nicht der geringste, allein es gibt mitunter auch andre Konsequenzen. Verstört sieht sich der Leser um: Wo ist denn ein Prüfstein für »falsch« und »echt«, oder geläufiger: für »falsch« und »richtig«? Woran erkennt man verläßlich, was ein »wahres« Gedicht ist? Welche Kriterien sind dafür zuhanden, was scheidet den Dichter vom Scharlatan und stellt dem Leser das Zertifikat des rechten Urteilsvermögens aus?

Erkennt man die Fragestellungen wieder? Sie sagen auch hier Not der Ratlosigkeit: Was *soll* denn den Leser betroffen machen? Oder in akzeptablerer, weil stumpferer Frage: Was *soll* ihm gefallen? – Der Leser ist tatsächlich in Not –: Aber es *muß* doch, so schreit er verzweifelt, es *muß* doch einen Wertmaßstab geben, der meine Entscheidung objektiviert! – Es gibt viele, lieber Leser, nicht nur einen, das ist es ja! Sie werden täglich angepriesen, sie machen einander Konkurrenz, mitunter in ein und derselben Ästhetik, und so verschiebt sich die Frage nach Maßstab und Kriterien eines Kunstwerks auf die nach dem Maß für die Normkraft eines Maßstabs, nach dem Kriterium der Echtheit für die Kriterien der Echtheitsfindung. Was bestimmt denn den konstituierenden Wert eines Kunstwerks, und was bestimmt die Bestimmtheit des Bestimmers? Die Wahrheit? – Aber was ist die Wahrheit? Abbildtreue gegenüber Realitäten? – Aber was ist Realität und was ihr Abbild? Ideologische Richtigkeit? Gesellschaftliche Nützlichkeit? – Aber was ist Ideologie, und welche der vielen wäre die rechte, und wie nützt Dichtung der Gesellschaft?

Um die Summe unserer Erfahrung zu sagen: Der Leser lerne endlich, sich selbst zu vertrauen. Sein Betroffensein *ist* ja das Kriterium dafür, daß dies Gedicht für ihn ein Gedicht ist; einen verbindlichen Kanon gibt es nicht mehr. – Es gab ihn nie, oder es gab ihn immer, und das Gedicht, das sich in die Weltdichtung einreihte, war oft das, das den Kanon zerbrach, der es zuvor als Mißgestalt auswies. – Der Leser lerne endlich begreifen, daß seine Betroffenheit *seine* Betroffenheit ist, und Betroffenheit von einer Dichtung, nicht von deren Übereinstimmung mit einer Regel oder einem Ideengehalt. Mit dieser seiner Betroffenheit ist der Leser vor dem Gedicht allein; daß er sie mit Anderen teilen kann, daß er mit dieser seiner Entscheidung oft einer Gemeinde Gleichbetroffener beitritt, die sehr wohl über einen Maßstab von Rängen und einen Katalog an Beispielen dazu verfügt, und daß er sich gegen eine Gemeinde entgegengesetzter Rangordnung stellt, ist etwas Anderes und Späteres; Weiterentwicklung der Lesererfahrung, Einfluß der Kritik, Bildung des Geschmacks, Erhärtung oder Modifizierung des Urteils – unter Umständen bis zur schließlichen Verwerfung –, das alles sind Folgen und Folgerungen, doch am Anfang steht das Betroffensein. – Und wenn es ein Betroffensein von Kitschigem oder »Falschem« oder »Schädlichem« wäre? Darüber mögen Andere befinden, und sie werden es gewißlich tun; vielleicht tritt man ihrer Meinung einst bei, doch zunächst ist für den Betroffenen das ihn Betreffende Dichtung, und er ist dann von ihr betroffen, wenn er – und sei es nur vor sich selber – sich zu ihr als dem Seinen bekennt. – Gewöhnlich geschieht es durch die Aussage, daß es ihm gefalle; wird er auf dem Seinen bestehn? Genügt schon ein spöttischer Blick, ihn davon abstehn zu machen? Und was prüft und was mißt dann solch ein Blick: das Maß der Betroffenheit oder der Charakterstärke, das Gedicht oder seinen Leser?

Es gibt kein objektives Kriterium für Dichtung, doch das Betroffensein sagt, daß der Leser mit dem Gedicht ein Gemeinsames habe, und dies Gemeinsame ist die Erfahrung. Sie ist das Homogene aller Poesie, dieser verdichtetsten Fracht von Menschheitserfahrung auf schmalsten Borden: Worten, Metaphern, Verszeilen, Strophen; ihr tritt die Erfahrung des Lesers gegenüber, die nach Worten verlangt, sich vor ihm selbst zu verlauten, und wenn beide ineinanderstürzen, Wortbedürftig- und Wortmächtigkeit, konstituiert, in stets neuem Schöpfungsakt, der Leser das Wortgebilde als Dichtung und sich selbst als deren Mitgestalter. Wer dies nicht erfährt, und sei es an Kitsch (durch den hindurch dann etwas Früheres wirkt, das Korn Poesie, das Splitterchen Mythos, dem auch das Entwesentlichte letztlich entstammt) –: Wer dies nie erfährt, dem wird ein Gedicht nie Erfahrung, es bleibt ihm dann immer ein Heterogenes und stiftet weder Beglückung noch Qual. Das Gedicht, das ihn nicht angeht, geht nicht in die Person des Lesers ein, was nicht heißen soll, daß es ihn nichts angehe und er es deshalb nicht eingängig wünsche: als Quelle für den literaturhistorisch Interessierten, als Bildungsgut für den Bildungsbeflissenen, als Ideologieträger für den politischen Streiter, als Demonstrationsobjekt für Erhebung oder Verwerfung des von ihm, dem Gedicht, Repräsentierten, und da kann und mag man dann sein Urteil aus Nachschlagewerken beziehn und an der Tageskritik ausrichten, man erspart sich, und auch dem Gedicht, dann viel. – Denn die Poesie wirkt wie das Verhängnis. – Aber auch der Alltag wirkt so.

Aber meinest du nun, es haben die Tore vergebens
Aufgetan und den Weg freudig die Götter gemacht?
Und es schenken umsonst zu des Gastmahls Fülle die Guten
Nebst dem Weine noch auch Blumen und Honig und Obst?
Schenken das purpurne Licht zu Festgesängen und kühl und
Ruhig zu tieferem Freundesgespräche die Nacht?
Hält ein Ernsteres dich, so spars dem Winter, und willst du
Freien, habe Geduld, Freier beglücket der Mai.
Jetzt ist Anderes not, jetzt komm und feire des Herbstes
Alte Sitten, noch jetzt blühet die Edle mit uns.
Eins gilt nur für den Tag, das Vaterland, und des Opfers
Festlicher Flamme wirft jeder sein Eigenes zu.
[...]
Engel des Vaterlands! o ihr, vor denen das Auge,
Seis auch stark, und das Knie bricht dem vereinzelten Mann,
Daß er halten sich muß an die Freund' und bitten die Teuern,
Daß sie tragen mit ihm all die beglückende Last,
Habt, o Gütige, Dank für den und alle die Andern,
Die mein Leben, mein Gut unter den Sterblichen sind.

Hölderlins »Engel des Vaterlands«; wundert sich der Leser, daß er gerade dem nun begegnen wird? – Ich wußte von Hölderlin so viel, wie ein Nazigymnasiast von ihm eben wußte, und ich hatte ihn dann auch im Tornister: »Du kömmst, o Schlacht! schon wogen die Jünglinge –«, und: »Denn die Gerechten schlagen, wie Zauberer, / Und ihre Vaterlandsgesänge / Lähmen die Kniee den Ehrelosen«, und: »Lebe droben, o Vaterland, / Und zähle nicht die Toten! Dir ist, / Liebes! nicht *Einer* zu viel gefallen.« – Um so größer mein Erstaunen, Hölderlin auch nach der Vernichtung dessen, was uns einst als Vaterland gegolten und worüber wir dann das Vaterländische verfluchten, mit diesen Versen wiederzufinden und mit neuen, sie steigernden, dazu. – Es war allerdings nicht mein Vorgesetzter (von dem ab nun keine Rede mehr sein soll), der mir Hölderlin aufs neue ans Herz legte –: Der diesen Sänger des Vaterlandes wieder beschwor, schien dazu wie kein Anderer legitimiert, da er selbst ein Dichter nicht nur hohen Ranges, sondern auch, was für mich weit schwerer wog, eines exemplarisch scheinenden Lebens war.
Biographie und Werk Johannes R. Bechers waren erst spät, erst in der Kriegsgefangenschaft in mein Dasein getreten: Verse, in denen auf eine seltsame Weise Ausgebranntes und Veraschtes nicht so sehr einen Schimmer alten Glanzes und einen Anhauch alter Wärme gewann als vielmehr die Möglichkeit seiner Erneuerung, ja erst seiner Selbstgewinnung eben durch dies sein Aus- und Niedergebranntsein: Deutschland, die Deutschen, ihre Geschichte, ihr geschmähter gerühmter Charakter, ihre Dome, ihre Holzschnitte, ihre Symphonien und Lieder, ihre Dichtung, ihre Philosophie, und die Träume und Qualen all deren Erschaffer: Als ob erst aus der Brandstätte Deutschland, die seine

Schänder hinterlassen, das lautere Erz des Wesens fließe. – Diese Gedichte, die doch Hoffnungswärme verhießen, waren selbst merkwürdig kalt; ihnen fehlte, trotz mancher Beteuerung, ein Element von Brüderlichkeit, allein ihr Thema schlug durch jede Distanz, die ihr Autor um sie zog: Bekenntnis zu etwas, das aufgebraucht schien, wiewohl das Bedürfnis nach ihm noch quälte.
Was damals geschah und Massen bewegte, vor allem Massen junger Menschen (und trotz allen tödlichen Ernstes der Sache, den man bei Becher immer spürte, gewöhnlich merkwürdig sorglos geschah), ist heute sicherlich schwer zu fassen: ein Wiedergewinnen politischer Werte durch den Dennoch-Gebrauch des bis ins Verbrauchtsein Mißbrauchten im Namen revolutionärer Erneuerung: »Volk«; »Vaterland«; »Zukunft«; »Sinn des Lebens«; »Gemeinnutz«; »Opfermut«; »Glauben«; »Einsatz«; »Kampf«; »Hingabe« – heute sind diese Begriffe auf neue Weise verschlissen, damals begannen sie wieder zu strahlen, es geschah ihnen eine Art Lazaruswunder, selbst solch Abgetanem wie »Heldentum« und »Held«. – Ihre Auferstehung geschah im Zeichen des Wahren. – »Auch dem Begriff des Helden gilt es wieder einen wahren Sinn zu geben und das wahre Heldentum von denjenigen zu befreien, die gefälschte Heldentitel vergeben oder die sich widerrechtlich den Titel eines Helden anmaßen. Nur ein Volk, das sich nicht falsche Helden aufschwatzen läßt und das seine wahren Helden erkennt, wird imstande sein, das Wahre vom Falschen zu unterscheiden, und wird dem Wahren nachfolgen, wie es in den Spuren derjenigen vorgezeichnet ist, die ihrerseits unter den schwierigsten Umständen solch einen leuchtenden Beweis erbracht haben von wahrem Heldentum« – so Be-

cher in einer seiner Reden. – Ein Wort in zwei Bedeutungen: »wahr«. – Es wurde das wichtigste Wort jener Zeit, doch fast ausschließlich attributiv statt prädikativ verwendet, nicht auf Aussagen, sondern auf Begriffe und die sozialpsychologischen Realitäten dahinter bezogen: »wahrer Glaube«; »wahre Freiheit«; »wahres Recht«; »wahre Interessen«; »wahres Vaterland«, und so auch »wahre Kunst« und »wahre Dichtung«. – Nicht: »Diese Argumentation ist wahr«, sondern: »Dies ist die wahre Argumentation.« – Es wies, dies Wort, damit auf seine Herkunft aus der polit-dynastischen Arena und nicht aus dem Erkenntnismühen; sein Gegenbegriff war nicht »unwahr« im Sinn einer Inkongruenz mit der Realität, sondern »falsch« im Sinn von »illegitim«. – Adverbial erschien dies Wörtchen als »wahrhaft«: »wahrhaft gut«; »wahrhaft schön«; ja »wahrhaft wahr«. – Dies Wort, seiner Herkunft getreu, verband sich fast immer mit Postulaten, die zugleich Definitionen darstellten: »die wahre Kunst muß...«; »ein wahres Gedicht hat...« – Kurzschluß des Diskurses zur Proklamation. – Diese Ästhetiker, die sich auf Marx beriefen, gaben ihr Treiben als die »wahre Ästhetik« und damit, den Sinn des Attributs nun ins Gnoseologische wendend, als »die einzig wissenschaftliche Ästhetik« aus, Teil der Wissenschaft vom Weltverändern, und das war es ja wohl, was die Welt brauchte. All die wertesetzenden Forderungen und ihre robuste Realisierung geschahen auch auf dem Gebiet der Ästhetik im Zeichen historischer Notwendigkeit, als unabdingbar für den Aufbau einer neuen Gesellschaft, die – von Johannes R. Becher schon 1917, in der ersten Stunde ihres Daseins, begrüßt – nun auch auf deutschem Boden ihr Werden begann, als wahres Vaterland deutschen Volkes: »Auferstanden

aus Ruinen und der Zukunft zugewandt«, wie es in ihrer Nationalhymne hieß. – Ich erzähle Erinnerungen; sie sind mir teuer. – Ach, Engel meines Vaterlandes, zeigst du dich noch einmal, wie du mir erschienst?
Um wahre Dichtung also ging es, und wir verstanden dies »wahr« als grundsätzliche Abkehr von aller Lüge unsres verfluchten Vergangnen und nahmen es als Beleg von Wahrheit, wiewohl es doch sehr viel mehr den Hinweis auf soziale Legitimität oder politische Nützlichkeit vertrat (die wiederum als das Wahre zu nehmen das Postulat der Parteilichkeit gebot). – Ich erzähle, wie ich es empfand; es gab durchaus andere Erfahrung, oder andere Aspekte dieses Erfahrens, da wurde der Bezirk der Ästhetik verlassen, doch mir blieben die, wiewohl nah, lange fern – oder sagen wir genauer: Sie blieben zu lange unreflektiert, obwohl sie mir so benachbart waren, daß sie sich mir mitteilen mußten. – Gerüchte von Maßregelungen und Verhaftungen etwa: Ich wehrte sie ab; wo flohen sie hin? – Kritisch mit meiner Vergangenheit beschäftigt, nahm ich kaum wahr, wie ich meiner Gegenwart auswich, was durchaus keine notwendige Folge eines Befassens mit dem Gestern sein mußte –: Ich projizierte eine verheißene Zukunft auf mein Alltagsbewußtsein und begriff dies als Heute: Glück der Ferne leuchtend nah! Und zugleich begann ich zu trinken und schrieb nachts dann Fragen ins Tagebuch, die ich am Morgen beschämt wieder löschte, da ich sie als Keime von Zweifeln empfand, Unglauben an die Kraft der neuen Gesellschaft, als das wahrhaft Neue auch der Erfüller der Ideale zu sein, die ins Leben zu bringen sie verheißen, in deren Namen sie Opfer verlangte und die sie um so eifernder als schon erfüllt dekretierte, je krasser der Alltag ihnen widersprach: Die *wahre* Erfüllung war schon gegeben,

und wenn die Wirklichkeit sich mit ihr nicht deckte, widerspiegelte, wer diesen Kontrast konstatierte, nicht die Wirklichkeit, sondern falsches Bewußtsein: Er sah das »Wahre« nicht als »wahrhaft«, sondern nur als nicht wirklich, und so sahen es ja auch die Feinde des Neuen. – Es war kompliziert, und doch »ganz einfach«, auch eine Lieblingswendung jener Zeit. – Die wahre Realität lag demnach in der Zukunft; sie ins Heute zu melden wurde Auftrag der Dichter, und als Visionär solchen Morgenheutes wurde ein »wahres Erbe« beschworen, in einer »Linie wahrer Tradition«, die – wenngleich eben eindimensional – in der Tat auf ein Erbgut hinwies, das als unverzichtbar erinnert zu haben man ihren Verfechtern nie genug danken kann. »Und wenn alsdann der Geist der Wahrheit herrschen wird in unserer Literatur und der Geist der Freiheit und der Gerechtigkeit, dann wird Literatur Macht werden, und der Rest unserer Schmach und Schande wird getilgt werden in nicht allzu langer Frist: Denn die Gerechten schlagen wie Zauberer, / Und ihre Vaterlandsgesänge / Lähmen die Kniee der Ehrelosen« – das ist recht, und das hatte Becher schon 1942 geschrieben, da Hitlers Heere vor Lenin- und Stalingrad standen und Hölderlin im Tornister trugen und sich als die Gerechten wähnten, die, und so hatten wir's ja durch drei Blitzkriegsjahre erfahren, wahrhaftig wie die Zauberer schlügen; und als dann die von den Gerechten Geschlagenen jedem Vaterland entsagen wollten, sich in ein Reich reinen Geistes zu retten, erinnerte Becher immer wieder auch dieses Hölderlin-Wort: »Meinst du – / Es soll gehen / Wie damals, / Nämlich sie wollten stiften / Ein Reich der Kunst. Dabei ward aber / Das Vaterländische von ihnen / Versäumt, und erbärmlich ging / Das Griechenland, das schönste, zugrunde…«, und er zog aus all dem diese Summe: »...ein großer geschichtlicher Weg in die Zukunft ist es, auf den Werke und Taten der Toten hinweisen...«

Der Wahrheit nachsinnen – / Viel Schmerz; ein Vers Georg Trakls. – »Gedenkrede auf die Dichter, die für Deutschlands Freiheit starben« nannte Becher eine seiner Beschwörungen von Jahrhunderterfahrungen, und er schloß sie mit dem Bekenntnis: »Hier stehe ich, ich kann nicht anders. Ich glaube an das deutsche Volk... Ich glaube an Deutschland...«

Das wurde 1947 geschrieben; was davon wäre zurückzunehmen?

Aus dem Gesagten ergab sich jedoch eine Konsequenz. Galt es, ein wahres Erbe zu pflegen, mußte man ein falsches von ihm sondern; einer neuen Saat den Boden zu bereiten gebot, Wurzeln des alten Unkrauts zu jäten, und dieses Unkraut hieß Dekadenz, und einer ihrer Exponenten, neben Alfred Mombert, Theodor Däubler und Else Lasker-Schüler nachdrücklich mit Namen genannt, hieß Georg Trakl.

Diese Nennung traf mich wie ein Peitschenhieb, und seine Striemen schmerzen noch heute.

Die Dekadenz, meist pauschal »Formalismus« genannt oder in diesem Begriff doch stets mitgedacht, war der Prototyp des zu Verwerfenden, welches Postulat weniger durch Argumente, denn durch Indizien begründet wurde; es genügte festzustellen, daß sie, diese Dekadenz, laut einem ihrer eiferndsten Bekämpfer, die »sozial Entwurzelten und Gescheiterten, das Absonderliche und Häßliche, das Kranke und Untypische« zum Gegenstand nahm, gar zum Helden machte und ihr »ein erhebender, der Zukunft zugewandter Inhalt fehlte«. – Ein Todesurteil. – Es scheint mir wenig angemessen, einen der Namen seiner Vollzieher neben den

Georg Trakls zu stellen; ihr Wirken geschah lemurenhaft, und allzuoft auch ganz im Verborgenen; doch Einer trat in Größe hervor, ein Romancier unangefochtenen Ranges, dessen Epopöe der Jungen Garde des Heldenkampfes der Sowjetunion uns tief angerührt: Alexander Fadejew. Er setzte, in seiner berühmten Rede auf dem Weltfriedenskongreß zu Wroclaw 1947, vor einer geistigmoralischen Weltelite das Gleichheitszeichen zwischen Dekadenz und Faschismus: »Der deutsche Faschismus brauchte Bestien. Und auch die amerikanischen Monopolkapitalisten brauchen Bestien, um ihre Weltherrschaftspläne zu verwirklichen. Die reaktionären Literaten, Drehbuchverfasser, Philosophen und Künstler sind treue Diener ihrer Brotgeber. Sie erheben die Schizophrenen und Narkomanen, die Sadisten und Zuhälter, die Provokateure und Mißgestalten, die Spione und Gangster auf das Piedestal. […]« Gewiß, Fadejew nannte nicht Trakls Namen, doch enthielt sein Register zeitgenössischer Kulturbarbarismen nicht im Wesen die gleichen Erkennungsmale der Dekadenz? – Von Eliot oder Miller, deren Namen er nannte, kannte ich nichts außer einigen schier unglaublichen Zitaten (besser: deren Inhaltsangabe), die demnach von der Versicherung, daß es gar keine Menschen, sondern nur ausgestopfte Strohpuppen gäbe, bis zu dem Zynismus reichten, des Menschen größtes Glück sei nicht die Teilnahme am Kampf für den Fortschritt, sondern das Entleeren der vollen Blase. – Wiewohl ich diese Belege nicht im Zusammenhang kannte, kam mir an ihrer Echtheit kein Zweifel, und ebendarum erschrak ich vor dem Gedanken, daß Trakl in eine gemeinsame Reihe mit solchen Leuten zu stellen sei. – Gehörten er und dieser Eliot wirklich zusammen? – Ich konnte es einfach nicht glauben: Hieß ein Gedicht

nicht *Die schöne Stadt*? Pries ein anderes nicht die Arbeit der Bauern? Bekannte ein drittes sich nicht mit Nachdruck zum Wahren?
Zögernd schlug ich das schwarze Bändchen auf und fand meine Hoffnung jäh zuschanden:

Einsamer unterm Sternenzelt
Geht durch die stille Mitternacht.
Der Knab aus Träumen wirr erwacht,
Sein Antlitz grau im Mond verfällt.

Die Närrin weint mit offnem Haar
Am Fenster, das vergittert starrt.
Im Teich vorbei auf süßer Fahrt
Ziehn Liebende sehr wunderbar.

Der Mörder lächelt bleich im Wein,
Die Kranken Todesgrausen packt.
Die Nonne betet wund und nackt
Vor des Heilands Kreuzespein.

Die Mutter leis' im Schlafe singt.
Sehr friedlich schaut zur Nacht das Kind
Mit Augen, die ganz wahrhaft sind.
Im Hurenhaus Gelächter klingt.

Beim Talglicht drunt' im Kellerloch
Der Tote malt mit weißer Hand
Ein grinsend Schweigen an die Wand.
Der Schläfer flüstert immer noch.

Waren da, in dieser einen *Romanze zur Nacht*, die ich zufällig aufgeschlagen, nicht sämtliche Merkmale der Dekadenz vereint? Die sozial Entwurzelten und Gescheiterten, die Absonderlichen, Häßlichen, Kranken und Untypischen drehten sich im schaurigen Reigen mit Narkomanen, Sadisten, Mißgestalten und Gangstern; Schizophrene traten gleich zweimal auf, und wenn Gelächter aus dem Hurenhaus klang, waren ja auch die Zuhälter nicht weit! – *Der Mörder lächelt bleich im Wein* –: Was für eine Romanze! – Doch vielleicht war der Titel ironisch gemeint, vielleicht war die Reihung kritisch zu sehen, und stand dem Aufgebot des Verfalls nicht die Macht der Liebenden entgegen, die sich ihr Menschentum bewahrt? *Im Teich vorbei auf süßer Fahrt / Ziehn Liebende sehr wunderbar* – und da begriff ich die ganze Wucht dieses »im« als Wort mit der Mehrzahl »Worte«: *im Teich,* nicht »auf dem Teich« oder »über den Teich«: Die da im Teich vorbeizogen, waren Tote wie jener, der drunt' im Kellerloch auf die Wand schrieb; dies »im« bedeutete ja einen Einschluß, und da sprang es mir schon jählings entgegen: die Närrin im vergitterten Raum, und *im Mond*, und *im Teich*, und *im Wein*, und *im Schlafe*, und *im Hurenhaus*, und *im Kellerloch*, die staken ja alle in Verliesen, und alle allein, isoliert voneinander, allein in ihren Wahnen und Ängsten, und der Einzige, der durch die Nacht hindurchging, war der *Einsame* – wenn das keine Dekadenz war, was war dann Dekadenz, und wenn solche Botschaft nicht hilflos gegenüber reaktionären Umtrieben machte, welche sollte es sonst tun? – Aber das Kind, das Kind! dachte ich verzweifelt, strahlten seine Augen nicht ganz wahrhaft? Und sofort schoß die Frage auf: Waren sie alle nicht einmal solch ein Kind gewesen, die Nonne, die Närrin, der Mörder, die Huren, ihre Besucher und ihre Beschützer, und arglos als Kind auch ein Eichmann und Goebbels? Beschwor Trakl nicht just mit diesem Ursprung die Sinnlosigkeit

allen Hoffens und Handelns? – Es war wohl so.
Und daran fand ich Gefallen? – Das durfte nicht wahr sein. – *Ein Faun mit toten Augen schaut / Nach Schatten, die ins Dunkel gleiten* – so las ich auf dem nächsten Blatt; schaute ich nicht auch so in meine Vergangenheit? Ratlos blätterte ich durch das Bändchen, schon allein diese Überschriften: *Melancholie des Abends – Winterdämmerung – Traum des Bösen – Allerseelen – Melancholie – De profundis – Die Ratten – Trübsinn – Psalm – Nähe des Todes – Verfall – Menschliches Elend – Nachtlied* – so glitt es dahin, von Verfall zu Umnachtung, aus Zersetzung in den Untergang. – Und auch die andere Hoffnung schmolz hin: *Fratzenhaft flackert im Herd die Glut / Und ein Schwarm von Fliegen summt. / Die Mägde lauschen blöd und verstummt / Und ihre Schläfen hämmert das Blut. // Und manchmal treffen sich Blicke voll Gier, / Wenn tierischer Dunst die Stube durchweht. / Eintönig spricht ein Knecht das Gebet* – so also zeichnete dieser Dichter werktätige Menschen, Verbündete der Arbeiterklasse, die Nachfahren der Helden des Bauernkriegs? – Zwar fiel mir ein, daß Marx irgendwo von der »Idiotie des Landlebens« gesprochen hatte, aber die unmenschlichen Verhältnisse waren das Eine, die sie bekämpfenden Menschen das Andre –: War der Kapitalismus nicht auch Barbarei, doch waren die Arbeiter deswegen Barbaren? Gewiß – will sagen: ich war mir gewiß, obwohl ich von den Arbeitern aus eigener Erfahrung ebensowenig Genaues wußte wie von den Bauern –, gewiß, es mochte einzelne Arbeiter geben, die der Barbarisierung erlagen, doch wurden sie darum noch lange nicht typisch, und wenn es wohl Knechte und Mägde gab, die sich dem Triebleben so unterwarfen, daß sich ihr Dasein darin erschöpfte, war es ja noch immer Sache des Dichters,

über diese tierhafte Stufe des Menschseins hinwegzusehen.

Überhaupt, und das bemerkte ich ja jetzt erst –: überhaupt diese krasse Erotik und Sexualität (es war damals ein Striktum für Aufgeklärtsein, hier ganz scharf, und auch moralisierend, zu trennen), die da in kaum verhüllten Symbolen aus all diesen dunklen Versen brachen: *Wie im Traum trifft sie ein Lachen; / Und sie taumelt in die Schmiede, / Scheu geduckt vor seinem Lachen, / Wie der Hammer hart und rüde... – ...Stich schwarzer Dorn... – ...an roten Brüsten saugen / Verfallne Lippen und in schwarzen Laugen / Des Sonnenjünglings feuchte Locken gleiten... – ...Mönchin! schließ mich in dein Dunkel... – ...Und nächstens stürzen sie aus roten Schauern... – ...Gewaltig bäumt sich ein schwarzes Pferd; die hyazinthenen Locken der Magd / Haschen nach der Inbrunst seiner purpurnen Nüstern... – ...Ein blühender Erguß verrinnt sehr sacht / Und Ungebornes pflegt der eignen Ruh... – ...Resedenduft; und glühendes Gefühl / Des Bösen... – ...Der ihn befeuchtet, rosig hängt ein Tropfen Tau / Im Rosmarin: hinfließt ein Hauch von Grabgerüchen... – ...Ein Nest von scharlachfarbnen Schlangen bäumt / Sich träg in ihrem aufgewühlten Schoß... – ...Unter finsteren Tannen / Mischten zwei Wölfe ihr Blut / In steinerner Umarmung... – ...Wollust, da er im grünenden Sommergarten dem schweigenden Kind Gewalt tat... – ...Dein Leib ist eine Hyazinthe. / In die ein Mönch die wächsernen Finger taucht* – und das war noch dazu an einen Knaben, *An den Knaben Elis*, gerichtet, das sagte doch blanke Päderastie, und da vordem die Zeile hieß: O, *wie lange bist, Elis, du verstorben*, sagte das dazu auch noch Leichenschändung; und Kinderschändung; und Sadismus; und Sodomie; und

Masochimus; und Masturbieren; ein Kompendium der Perversionen, das Register Fadejews hatte Lücken, und wiesen dann Zeilen wie: *Im Park erblicken zitternd sich Geschwister...* – *...Schwester, deine blauen Brauen / Winken leise in der Nacht. / Orgel seufzt und Hölle lacht / Und es faßt das Herz ein Grauen...* – *...Schwester, da ich dich fand an einsamer Lichtung / Des Waldes und Mittag war und groß das Schweigen des Tiers...* – *...Aus verwesender Bläue trat die bleiche Gestalt der Schwester und also sprach ihr blutender Mund: Stich schwarzer Dorn...* – wiesen solche Zeilen zu alledem nicht auch noch unverhohlen auf den Inzest? – Stimmt es wirklich, daß, wie ich einmal gehört, Trakl die eigene Schwester geschändet?

In welchem Sumpf verlor ich mich?

Wo hatte, schoß es mir durch den Kopf, wo hatte nur Marx davon gesprochen, daß in Ägypten der Bruder mit der Schwester geschlafen, und das sei sittlich, weil die Norm gewesen? – Ich blätterte durch die Marx-Bände, die ich besaß, und mußte dabei schon wieder denken, daß es sinnlos sei, diese Stelle zu suchen, wir lebten ja nicht mehr zur Pharaonenzeit. – Hatte dies Aufrechnen überhaupt einen Sinn, was wollte ich mit den Zitaten beweisen? – *Stich schwarzer Dorn.*

Ich durchblätterte ziellos Trakls Gedichte: *Aus bleichen Masken schaut der Geist des Bösen* – ach, er grinste aus allen diesen Versen, nein, kein Grinsen, das hatte er gar nicht nötig, er schaute ruhig, ein Verhängnis, kalter Glanz aus Höllenlicht. – Die Hölle stieg aus diesen Zeilen auf, das Grauenvollste aber war, daß mir diese Verse noch immer gefielen, nein, »gefallen« war nicht das richtige Wort: daß diese Verse mich noch immer erregten, daß diese Verse mich noch immer betörten, daß diese Verse mich noch immer verrückt machten – was ging da vor? – Ich wußte es und faßte es doch nicht. – Ich war schon zu oft nicht mehr fähig, nüchtern zu denken, ich war süchtig nach Alkohol geworden, nach einer Betäubung vor diesem Alltag, dessen Widersprüche mich zerrieben – gehörte dazu auch ein Süchtigsein nach betäubenden Versen der Dekadenz? – Aber der Alkohol war mir doch widerwärtig, den verabscheute ich und trank ihn trotzdem, den sah ich als hassenswerten Feind an, mit dem ich verzweifelt rang und rang, um immer wieder zu unterliegen und Ekel vor mir selbst zu empfinden – so war mein Verhältnis zu Trakl doch nicht! Der Alkohol trübte meinen Blick und zog einen Schleier über den Alltag; aber Trakl hatte meine Augen geöffnet, die zerlöcherte Stirn der Nacht zu sehn und die blinden Zeiger, die gen Mitternacht klommen; er hatte mein Bewußtsein erhellt, wenn auch mit dem Feuerschein der Hölle; sein Vers hatte meinen Wahn erschüttert, daß den deutschen Waffen der Endsieg gehöre, und nun sollte ich ihn als den Feind verdammen gleich dem Fusel, mit dem ich dem Denken entfloh? – Ich konnte es nicht; er war mein Bruder, doch daß er es blieb, bestürzte mich wieder: Ihn als Feind anzusehn war doch nur konsequent! Tertium non datur – es gab doch nichts Drittes! – Oder doch? – Aber nein; ich griff zur Flasche, auch diese Frage zu betäuben, und fühlte den mahnenden Blick meines Lehrers, des Mannes, der uns neuen Glauben gegeben, neue Hoffnung, neue Zuversicht, neues Bewußtsein: Auch er hatte sich in qualvollem Ringen aus den Banden des Alten lösen müssen, des liebgewordenen, vertrauten Alten, das ihn in der Kindheit und Jugend in allen Fasern durchsetzt und durchdrungen; er stammte aus einem Pastorenhaus und hatte sich zum Atheisten geläutert; an ihm war uns ein Beispiel gege-

ben, daß es möglich war, sich konsequent zu wandeln, also eben und gerade auch da, wo die Brüche schmerzten; er hatte uns in seine Brust schauen lassen, Schlachtfeld zwischen Reaktion und Fortschritt, und nun sah ich ihn wieder vor mir stehn und mich mustern, ruhig, traurig, persönlich verwundet: Hatte ich denn so gar nichts von ihm gelernt?
Was mich an marxistischer Literaturgeschichtsschreibung – so an Lenins Aufsätzen über Lew Tolstoi oder an den Abhandlungen des Georg Lukács über Fortschritt und Reaktion in der deutschen Literatur – so in den Bann gezogen hatte, war eben, nach der Kleinkrämerei meiner Gymnasialzeit, der große sozialhistorische Zusammenhang, in den gestellt die Werke der Dichter in einer vordem nie erlebten Weise ihr Wesen zu offenbaren begannen, und dieser Zusammenhang verband jetzt Dekadenz und Faschismus – warum nahm ich Trakl da heraus? Im Denken zog ich die Konsequenz, aber nicht im Fühlen: Gedanken des Neuen, Gefühle des Alten, was für ein Mischmasch war ich doch! Dabei war die Konsequenz unabweislich: War das, was in Trakls Gedicht geschah, nicht tatsächlich ein Abbau von »Menschlichgutem« – welch Wort mich bei Hölderlin beseligt, da ich es als Vorwegnahme all des Edlen, Wahren, Guten und Schönen, das der Sozialismus freisetzen würde, empfand? Ich mußte diese Frage bejahen, und damit war die nächste da: Gehörte solcher Abbau von Menschlichgutem nicht zum Programm der Menschheitsfeinde, zum Überführen des kalten Krieges in den heißen, der ja in Korea schon tobte? – Alles war schlüssig; warum wehrte ich mich? – Reste des Alten. – Ich fuhr nach West-Berlin, um Flugblätter gegen den drohenden Krieg in Briefkästen Unbekannter zu stecken – müßte

ich eigentlich nicht zuerst eines an mich selbst adressieren? Begriff ich denn nicht, was die Stunde gebot, und wenn ich schon glaubte, es zu begreifen, warum zog ich die Konsequenzen nur halb, beschränkte sie nur aufs Tagespolitische und sparte die anderen Sphären aus, als ob es einen Bezirk geben könne, der sich dem Weltgeschehen entzog?

Und dabei fehlte es doch gerade hier nicht an Mahnungen zu verschärfter Wachsamkeit: Mit welchem Ernst etwa hatte auf einer Beratung mit Künstlern und Dichtern im März 1951 der Verantwortliche für kulturelle Fragen im Führungszentrum meiner Gesellschaft dem Romancier Arnold Zweig geantwortet, der gegen die Aburteilung von Paul Dessaus Lukullus-Oper als formalistisch und darum ungeeignet, die Massen zum Friedenskampf zu mobilisieren, seinerseits den Einwand gesetzt, die heutigen Hörer würden sich in den nächsten zehn Jahren an Dessaus Musik schon so gewöhnen wie einst ein verschrecktes Rokokopublikum an die Neutönerei eines gewissen Mozart: »Lieber« – so also der Ideologe zum Dichter – »Genosse Zweig! Die Gefahr des Kriegs wartet nicht zehn Jahre, und ich betone noch einmal, der Kampf um eine fortschrittliche Kunst ist ein Teil unsres großen Kampfs um den Frieden!« – Und der Dichter hatte nichts zu erwidern vermocht. – Und ausgerechnet diese Musik hatte auch mir gefallen und gefiel mir nach dieser Verwerfung noch immer, so wie mich Trakls Gedicht noch immer verzückte – es konnte nicht länger so weitergehn! Wie tief im Alten stak ich doch noch! Zwar hielt ich über mein Leben Gericht, und mein Schuld- und Urteilsspruch war ehrlich; allein diese Abrechnung geschah ja im Bewußtsein, was spielte sich darunter ab? *Ein bleicher Engel / Tritt der Sohn ins leere Haus seiner Väter –*

in welchem Haus war ich daheim? In diesem Mietshaus in der Lilienstraße, in diesem erbärmlich möblierten Zimmer, darin kein Schemel mir gehörte, mit dem Wust des Andenkenkrams an den Wänden, spießbürgerlicher Spuk, den ich haßte, und im Traum saß ich im Ledersessel, und mein Vater kritzelte seine Formeln, Gift im Fuchsmaul, Kraut süßer Träume – o unser verlorenes Paradies. – So lag meine Heimat also doch im Vergangenen? – In meinen Träumen stieg sie herauf. – Ich wütete gegen diese Träume, meine Heimat war die neue Gesellschaft –: *Es ist ein Raum, den sie mit Milch getüncht haben* –, was starrte unter dieser Tünche, was schrieb der Tote im Kellerloch an die Wand? – Ein grinsend Schweigen; weggefreßnes Gesicht. Wo schmolz das Fleisch hin; wohin das Bewußtsein?

O ihr Psalmen in feurigen Mitternachtsregen; und diesen *Psalm* dann wiederlesen: *Die fremde Schwester erscheint wieder in jemands bösen Träumen ruhend im Haselgebüsch spielt sie mit seinen Sternen der Student vielleicht ein Doppelgänger schaut ihr lange vom Fenster nach hinter ihm steht sein toter Bruder oder er geht die alte Wendeltreppe herab* – ich verstand kein Wort, und diese Worte sagten mein Schicksal, hinter mir stand mein toter Bruder, Doppelgänger Ich, hatte Trakl Brüder, ich hatte keinen, war ich gespalten, ich wußte es nicht. – Ich wollte doch nicht, daß ich dies las, warum las ich dies, und nahm wahr, daß ich's las, obwohl ich nicht wollte, daß ich las und wahrnahm, und nahm wahr, daß ich wahrnahm, und nahm auch dies wahr und drehte mich im Strudel und sah mir, dem versinkenden Anderen, zu, und in dieses Anderen bösen Träumen erschien wieder die fremde Schwester, die Frau eines meiner Arbeitskollegen, der während einer Tagung in Weimar von unseren Sicherheitsorganen auf Grund einer offenbaren Verleumdung nächtens verhaftet worden war; ich hatte sie bislang nicht kennengelernt, doch ich wußte sofort, wer sie war, da sie eintrat und nach dem spurlos Verschollenen fragte. Wir waren verpflichtet, von nichts zu wissen; ich sah ihr von Sorge zerrißnes Gesicht in schweigender Verachtung sich sammeln; sie schaute durch unsre Erbärmlichkeit; und sie ging hinaus; und ich ging ihr nicht nach. – »Mögen andere von ihrer Schande reden, ich rede von meiner.« – Damals sagte ich dies Brechtwort auch; es war mahnend auf mein Gestern bezogen, und in dessen Erinnern kam ich wieder zu mir. Was denn: Das Vergangene war ja noch lebendig, unsre Sicherheitsorgane würden schon wissen, was not tat, einem Feind zu wehren, der das Leben unsres jungen Staates bedrohte, dieses wahren Vaterlandes des Volkes, das Goethe geschaut und Hölderlin ersehnt; der freie Grund für ein freies Volk, vereint im Glück friedlichen Schaffens, beschützt von dem Wächter mit dem flammenden Schwert, jawohl, dem Wächter, der heute noch hart war, um morgen um so gütiger walten zu können; und war mir bis dahin Hölderlins Engel nur ein klingendes Wort gewesen, sah ich ihn nun leibhaftig erstrahlen wie je den Engel des Vaterlandes: gewaltig, strotzend von schneeweißem Glänzen, und da sah ich draußen auf den Trümmern vor dem Strahlenden seinen Bruder kauern, die Flügel um den Leib geschlagen, als friere er vor des Schimmernden Schnee, und seine Flügel waren kotbefleckt, und er sah mich mit traurigen Augen an, und Würmer tropften von seinen Lidern, oder er ging die Treppe hinab, die eine fremde Schwester gegangen und die draußen noch schräg in den Lüften hing, über den Brandstätten und den streunenden Hunden, und ich erkannte für einen Herzschlag den Engel meines Vaterlandes, das dennoch zu Auschwitz das Andere blieb. – Kotfleckig, welche Ungeheuerlichkeit! Und da war mein Ich nicht mehr gespalten; ein Alltag mit einer der Alltagsentscheidungen, wie viele Tausende sie treffen mußten; ich packte, so wie ich manchmal voll Ekel eine volle Flasche gepackt, sie aus meiner Existenz in die Abfallgrube zu werfen –: Ich packte das Heft, es zu zerreißen und die Fetzen zu verbrennen, und mein Weg wäre anders verlaufen, hätte ich die Kraft dazu aufgebracht. – Die Poesie wirkt wie das Verhängnis: Nur ein Riß im schwarzen Karton, und das Zündholz blieb unbenutzt.

Später, nach einem Anfall wissender Verzweiflung, offenbarte ich einem Hochgestellten jenen gescheiterten Selbstgewinnungsversuch; er sah mich verdutzt an und sagte kopfschüttelnd: Ja, wenn Sie das alles auch so ernst nehmen! – Und dann sprach er von etwas anderem. Seine Bemerkung war ein Ratschlag großen Vertrauens und ungewöhnlicher Offenheit; er wollte mich vor einem Übel bewahren, allein es stand nicht mehr in seiner Macht.

IV

Décadence –: Das »Kulturpolitische Wörterbuch, Dietz Verlag, Berlin 1978, zweite Auflage« definiert dieses Phänomen und dessen Begriff so: »*Dekadenz:* philosophisch-ästhetischer Begriff für den Verfall und die Deformierung von Beziehungen, Sitten und Normen des menschlichen Zusammenlebens, für die allmähliche Preisgabe von humanistischen Prinzipien der menschlichen Existenz in einer sozialen Gemeinschaft. Seit dem Ende des 19. Jh. wird D. auch als Begriff für die künstlerische Widerspiegelung dieser sozialen Erscheinung verwendet. Mit dem Übergang zum Imperialismus setzt sich die D. und deren ästhetische Reflexion in Werken der Kunst und Literatur als verbreitete gesetzmäßige Tendenz im Bereich des geistigen Lebens der herrschenden imperialistischen Bourgeoisie durch. Sie übt im wesentlichen eine apologetische Funktion aus. Die D. in Literatur und Kunst zeigt sich in erster Linie in der Veränderung des realen Menschenbildes und erst im Gefolge dieser gegenständlichen Deformierung in bestimmten Konsequenzen der ästhetischen Reflexion. Diesen entscheidenden Veränderungen der tendenziellen Verhaltensweise des Menschen in der sozialen Wirklichkeit und ihrer künstlerischen Verallgemeinerung liegen objektive gesellschaftliche Prozesse zugrunde. Als eine Folge der Ausbeutung des Menschen durch den Menschen entwickelt sich die Entfremdung als bestimmendes Merkmal für alle zwischenmenschlichen Beziehungen in der antagonistischen Klassengesellschaft, vor allem im Imperialismus.

Die Entfremdung führt zur Enthumanisierung der zwischenmenschlichen Beziehungen. Der Prozeß der Entfremdung wird in weltanschaulich-philosophischen Strömungen reflektiert und beeinflußt über diese Vermittlung die Konzipierung der ästhetischen Wertung des Menschen und seiner Grundsituation durch den Künstler. Diese objektive Erscheinung wird wiederum von der herrschenden Ideologie apologetisch integriert, indem sie diese ästhetische Bewertungshaltung für die seriöse Kunst und Literatur als einzig mögliche Position interpretiert. Auf diese Weise sollen kritische Elemente in der ästhetischen Sicht des Menschen in ohnmächtige Resignation umfunktioniert werden. Seit dem Aufkommen der realen Gesellschaftsalternative, des Sozialismus, gelingt es der herrschenden Ideologie immer weniger, die Mehrheit der Künstler auf diese ästhetische Konzeption festzulegen.«

Je nun; wir brechen hier ab. Der Artikel verfolgt, auf seine Weise, das Schicksal der Dekadenz und ihrer Träger über die Zeit Trakls hinaus bis in unser Heute, und wir haben dazu einige Fragen, auf die wir keine rechte Antwort wissen, die uns aber, so hoffen wir, einen neuen Aspekt gewinnen lassen, Trakls Dichtung anzuschauen.

Wenn Dekadenz als der »Verfall und die Deformierung von Beziehungen, Sitten und Normen des menschlichen Zusammenlebens ... die allmähliche Preisgabe von humanistischen Prinzipien der menschlichen Existenz in einer sozialen Gemeinschaft«, als »Enthumanisierung der zwischenmenschlichen Beziehungen« erläutert und die Dekadenz in Literatur und Kunst als Widerspiegelung (Gestaltung, Abbild, Ausdruck, Umsetzung oder wie auch immer) dieser Preisgabe von Humanem betrachtet wird, so setzt eine solche Defini-

tion das Vorhandensein wohlgefügter humaner Beziehungen in der Sozialstruktur vor dem Verfall voraus; es wäre demnach die Gesellschaft des Dampfmaschinenzeitalters vom Spätabsolutismus der Heiligen Allianz bis zur Bismarckschen Ära von Blut und Eisen samt Biedermeier, Gründerzeit und Victorianismus eine Welt humaner Beziehungen gewesen, die dann verfielen – war dem so? – Gewiß sind in allen zwischenmenschlichen Beziehungen, selbst denen wölfischer Epochen, mehr oder minder Elemente enthalten, die von jedem, der den Begriff »humanistisch« positiv wertet, als »menschlich« in diesem Sinn aufgefaßt werden können (so, um ein extremes Beispiel zu wählen, in den Beziehungen zwischen Henker und Delinquenten etwa der Wille zum schnellen Vollzug, der den Tod durch den Strang, das Beil, ja sogar durch die Flammen vielleicht barmherziger macht als den durch Blasenkrebs oder Asthma) –: Eine jede zwischenmenschliche Beziehung, eine jede Norm menschlichen Zusammenlebens, eine jede soziale Infrastruktur ist eine widerspruchsvolle Einheit von Humanem und Inhumanem, doch wäre in einem Verfall einer Gesellschaft es dann nur das Humane, das da verfällt, und wäre es ausschließlich Inhumanes, das an dessen Stelle tritt? – Schwer einzusehen; und es ergäbe ein Weltbild radikalen Geschichtspessimismus, das sich in seltsamem Widerspruch zum offiziellen Optimismus befände.
Oder wäre, da jene Dekadenzdefinition ja nicht so sehr auf ein Gesetz der Geschichte als vielmehr auf eine konkrete Gesellschaft zielt, diese Gesellschaft eben die schlechthin humane, die naturgesetzhaft als menschlich gegebene (das Privateigentum an den großen Produktionsmitteln ausgenommen), so ganz nach stockbourgeoiser Diktion? – O diese höchst aufschlußreiche

Sehnsucht nach einer Guten Alten Zeit; wie sonst wäre ein Bedauern zu deuten, daß die Welt zwischen Louis Bonaparte und Kaiser Wilhelm, zwischen Franz Joseph, Zar Nikolai und der Queen verfiel? – Oder worum klagten sie sonst, diese Bekämpfer der Dekadenz, die sich doch als Revolutionäre verstehen? Um ihren Frühling, die heroische Zeit ihrer Hoffnung? Oder schmerzt sie der Verfall von bewährter Nacht, von einem so solide gewesnen System von Ordnung, Zucht, Sauberkeit, Disziplin und Gehorsam? – Es wäre gut, wenn sie genauer angäben, *wessen* Verfall sie da so betrübt, daß sie eine Welttendenz verwerfen, zu der in der Dichtung immerhin gehören: Baudelaire, Rimbaud, Verlaine, Mallarmé, Flaubert, Proust, Poe, Swinburne, Wilde, Ady, Krúdy, Blok, Tschechow, Schnitzler, Rilke, Hofmannsthal, Trakl, Halas, um nur diese Namen zu nennen, und »Das weiße Haus« und »Der blaue Vogel« und die »Buddenbrooks« und »Die Göttinnen oder Die drei Romane der Herzogin von Assy«? – Müßte eine historische Definition nicht ein wenig differenzierter bestimmen, *was* da verfiel und *was* darin human war, und wenn man die Dekadenz kritisiert, keinen Ausweg und kein Ziel zu zeigen, müßte man dann, wenn schon nicht anerkennen, so zumindest doch untersuchen, was sie ins Bewußtsein gebracht hat, da sie das scheinbar Festgefügte als verfallend erkennen machte? – Risse im Gemäuer; was zeigt sich dahinter? – Gewiß auch Humanes, doch wäre es nicht möglich, daß es durch den Verfall freigesetzt wird, wie der Eingekerkerte durch das Erdbeben in Chile; und stellt der Verfall eine Ordnung in Frage, fragt er da nicht nach einem zu ihr Andern, auch wenn er das doch nicht bezeichnen kann? – Nach einem Anderen, nicht einem Abgeleiteten: Der Ausweg aus einem Gebäude gehört zum Gebäude; stürzt es ein, verschüttet es meist auch den Ausweg – sollte die Frage nicht auch dahin gehen dürfen, was durch den Einsturz freigelegt werden könnte? Da macht ein Hauch mich von Verfall erzittern – *wovor?*

Am Abend, wenn die Glocken Frieden läuten,
Folg ich der Vögel wundervollen Flügen,
Die lang geschart, gleich frommen Pilgerzügen,
Entschwinden in den herbstlich klaren Weiten.

Hinwandelnd durch den dämmervollen Garten
Träum ich nach ihren helleren Geschicken
Und fühl der Stunden Weiser kaum mehr rücken.
So folg ich über Wolken ihren Fahrten.

Da macht ein Hauch mich von Verfall erzittern – was verfällt in diesem Gedicht Trakls, das den *Verfall* als Titel trägt? Das Gedicht nennt es uns nicht, es zeigt nur Symptome: *Die Amsel klagt in den entlaubten Zweigen. / Es schwankt der rote Wein an rostigen Gittern, // Indes wie blasser Kinder Todesreigen / Um dunkle Brunnenränder, die verwittern, / Im Wind sich fröstelnd blaue Astern neigen.* – Was verfällt? – Der Frieden des Gartens, doch was ist sein Frieden? – Eine heile Welt, doch worin ist sie heil? – In der Illusion – der schöne Garten ist ja verfallen: entlaubte Zweige, klagende Amseln, verrostete Gitter, blasse Kinder, Todesreigen, verwitternde Brunnen, dunkle Pfade, frierende Astern, die Welt des Friedens ist dahin, man hat es bislang nur nicht wahrgenommen, man hat den wundervollen Flügen der Vögel nachgeträumt und über dem Zauber ihrer Zeichen am klaren Himmel vergessen, daß sie das Land dieses Gartens verlassen:

Über den weißen Weiher / Sind die wilden Vögel fortgezogen. / Am Abend weht von unseren Sternen ein eisiger Wind. – Jetzt frösteln vorerst die Astern; dem Träumer ist wohl. – Auf den Herbst folgt der Winter; sagt dies das Gedicht? – Es hätte um dieser unbestreitbaren Wahrheit willen nicht der Verse Trakls bedurft, die uns ein Anderes innemachen: die Süße dieses Verfalls; dem Leser schaudert, und wir wollen gestehen: uns auch. – Blasser Kinder Todesreigen, und die blaue Blume erfriert. – Retten wir uns vor all den Fragen, vor denen uns Angst wird, in eine Antinomie des Gedichts, in dem von *den herbstlich klaren Weiten*, darin die Vögel entschwinden, wie von den *Wolken* gesprochen wird, darüber sie ziehn? – Ach, der Widerspruch ist keiner: einmal die Landschaft vor den Augen, und dann das Land, das der Blick nicht erreicht. – Oder flüchten wir in die Abhandlung Schillers über den Grund des Vergnügens an tragischen Gegenständen und erweitern sie um die bemitleidenswerten? – Schiller zu studieren lohnt immer; er sei dem Leser gern anempfohlen, doch wir werden uns mit seinem Trost nicht so völlig abfinden, daß der *Todesreigen* nur ein Bild im Reich des ästhetischen Scheins sei; dieses »nur« beleidigt die Poesie, und unsre Betroffenheit rührt nicht von der Theorie her, ist also nicht spekulativ zu überwinden.

Blasser Kinder Todesreigen: Was ist so süß an Trakls Gedicht?

Sein Klang, gewiß; doch es ist nicht Musik. – Uns erscheint die Gelegenheit günstig, unsrer Meinung Ausdruck zu geben, daß zur Beladenheit eines Worts mit der Mehrzahl »Worte« auch die Beladenheit mit den Klangassoziationen gehört, die ihm seine Sprache bietet: Das Wort »Mond« etwa ist den Worten »Mohn«

und »Mund« und »Mord« auf eine Weise verbunden, die auch ihre poetischen Begriffe verbindet, und diese Beladung bewußt zu machen oder besser: als poetisches Element gewonnen zu haben, gehört wesentlich zur Dichtung der Moderne. – Allein der Klang erschöpft den Sinn nicht, alle Versuche solcher Reduzierung sind lehrreich gescheitert. – Was also macht die Süße aus? – Der schöne Friede, gewiß; doch auch seine Zerstörung? – Auch seine Zerstörung, eben seine Zerstörung, sie gehört zum Wesen dieses Sonetts schon dadurch, daß sie das gleiche Formelement wahrt: schöne, ruhig hinziehende Bilder klarbestimmter Anschaulichkeit in schönem, dunkelruhigem Klang. Die Bilder des Sich-Ergebens ans Träumen entsprechen spiegelartig genau denen des Aufschreckens aus dem Traum, und die Worte *Todesreigen* und *Pilgerzüge* sind in besonderer Weise aufeinander bezogen: Metaphernelemente, die in die soziale Realität hineindeuten statt aus ihr heraus. Romwallfahrer gehörten in den italiennahen Alpenlanden zumindest periodisch zum Alltag, zu dem die schwindsüchtigen Kinder der Fabrikarbeiterinnen ganz gehören, wenngleich durchaus nicht im schönen Garten: Erst das Sonett Trakls stellt sie dort hin, und nichts hätte es dazu gezwungen. Dies Gedicht vergleicht nicht ausgezehrte Kinder mit Blumen; es vergleicht Blumen mit ausgezehrten Kindern, und diese Umkehrung setzt den Akzent. Liefe die Metapher in andrer Richtung – wenngleich die nun folgende Frage und selbst ihre Bejahung noch keine kritische Erledigung ihres (und nicht ausschließlich in der Kunst der Dekadenz) tatsächlich *auch* Unternommenen wäre –: liefe also die Metapher in andrer Richtung, ließe die Frage sich schwerlich abweisen, ob das Gedicht aus sozialer Not und menschlichem Leid einen poetischen

Reiz zu filtern versuche. Hier aber bricht sie in sich zusammen: Der poetische Reiz in Trakls Sonett macht uns ob des menschlichen Leides betroffen; seine Metapher verklärt nicht den Schmerz, sie zeigt Schmerzliches klar; freilich auf dem Dornenweg durch diese Fragen. – Der Schock solchen Bildes in solcher Sprache bleibt peinvoll; wäre er peinlich, blieben wir wenig berührt. – Also Sozialkritik?
Ach –
Gehn wir noch einmal durch diesen Verfall.
Am Abend, wenn die Glocken läuten, / Folg ich der Vögel wundervollen Flügen, / Die lang geschart, gleich frommen Pilgerzügen, / Entschwinden in den herbstlich klaren Weiten. – In dieser Strophe ist wohl nichts des Erläuterns bedürftig, dennoch möchten wir darauf aufmerksam machen, daß sie sehr viel mehr an Bedeutung gewinnt, wenn *lang* nicht allein und auch nicht so sehr als räumliche Bestimmung der Flugprozession, denn als Verweis auf eine lange Dauer des vorhergegangenen Versammelns zum Pilgerzug angesehen wird. – Ein Verfall ist kein Einsturz; ihm ging viel voraus, und das Fortziehn der Vögel ist das Ergebnis einer Fülle leiser Veränderungen, nicht jäher Entschluß. Doch dies hat der Leser ohnehin schon gewußt. *Hinwandelnd durch den dämmervollen Garten / Träum ich nach ihren helleren Geschicken;* das *nach* ist vor allem im Sinn von »nachträumen« aufzufassen, auch das weiß der Leser, aber fühlt er auch in *Geschicken* als Unterschiedsnuance zu »Schicksal« nicht so ausschließlich ein blind waltendes Verhängnis als vielmehr auch die Befähigung zur Bestimmung, den Gegensatz zu »Ungeschick« also, und auch – und ebenfalls mehr als in »Schicksal« – den Einklang von »sich schicken« wie von »geschickt werden«, beides die Rolle des Subjekts akzentuierend?

– Keim eines Fragens: Was den Träumer verurteilt, im dämmervollen Garten zu bleiben: Gäbe es Jemanden, der auch ihn dorthin schickt, wo sich Helleres vollzieht? – Ach, auch das Gedicht ist ein solcher Garten *(Dieser höchst seltsame Garten / Dämmernder Bäume / Erfüllt von Schlangen, Nachtfaltern, / Spinnen, Fledermäusen)* –: *Es ist ein Weinberg, verbrannt und schwarz mit Löchern voll Spinnen* –: Es ist dein Land, und du hältst aus. – Der Entfliegenden Geschicke sind heller: O unser verlorenes Paradies!
Träum ich nach ihren helleren Geschicken / Und fühl der Stunden Weiser kaum mehr rücken. / So folg ich über Wolken ihren Fahrten. // Da macht ein Hauch mich von Verfall erzittern – das ungeheure Wort dieses Gedichts heißt da: Es konzentriert die Zeit und den Ort und sagt so die Konkretheit eines Abstraktums. – Die Ära des Wertordnungszerfalls und der Anonymität der lebensbeherrschenden Mächte, die Trakl durchleidet, verwandelt vordem konkret bezogen gewesene Gefühle in unbezogen abstrakte: Aus der Furcht vor jeweils Bestimmtem wird Angst an sich, weil man, wen man fürchten muß, nicht mehr ausmacht; aus Abscheu vor Diesem und Jenem wird Ekel an Allem; aus dem Wahrnehmen eines konkreten Ruins das dumpfe Gefühl des Verfalls überhaupt, und aus der Trauer ob des bestimmten Verlustes ein allgemeiner Klagedrang. – Angemessenster Ausdruck der Unbestimmtheit ist dann die Dämmerung des Abends oder die Spätzeit des Herbstes. »Sehr geehrter Herr! Beigeschlossen übersende ich Ihnen die beiden unterzeichneten Verträge. Wenn Sie der Gedichtsammlung einen anderen Titel gegeben wissen wollen, so schlage ich Ihnen jenen vor, den die Sammlung ursprünglich trug ›Dämmerung und Verfall‹. Ich glaube, daß er alles Wesentliche aus-

drückt« – so Trakl an seinen Verleger Kurt Wolff. Doch wenn sich bei den Generationen vor ihm all diese Unbestimmtheit zu dem am besten mit Flauberts »ennui« oder Baudelaires »spleen« bezeichneten Weltüberdruß aus Sättigung eint, zu jener Totalität vielfach unfaßbaren Unbehagens, die in all den bekannten Verdeutschungsversuchen wie »Langeweile«, »Trübsinn«, »Lebensunmut«, »Tristheit«, »Ungenüge« zwar in mancher Nuance, doch nie im Gesamten sichtbar wird, erliegen Trakl und seinesgleichen diesem ennui nicht mehr, das leisten nur noch die Epigonen. Ennui ist an Sekurität gebunden: Überdruß an der bestehenden Welt, von der man weiß, daß sie festgefügt ist: »Ich bin gleich dem König eines Regen-Landes, reich, doch kraftlos, jung und dennoch uralt, der die Bücklinge seiner Hofmeister verachtet und sich mit den Hunden wie mit anderen Tieren langweilt. Nichts vermag ihn zu erheitern, weder Wild noch Falke noch sein Volk, das man vor dem Balkon niedermacht«, wie es im dritten der vier großen Spleen-Gedichte Baudelaires, dem LXXVII. seiner »Les Fleurs du Mal« heißt.[2] Diese Welt scheint noch unerschütterbar mächtig; Trakls Gedicht sagt schon ihren Verfall, nicht nur jenes eine, das *Verfall* heißt, sondern die eine Dichtung seines Gesamtwerks, und sie sagt den Verfall unter allen seinen Aspekten, vom Grauen angesichts eines Aufklaffens des festen Grunds unter den Füßen bis zur Süße einer endlichen Ruhe: Verfall auch als Sehnsucht nach dem Verfallen, als Verfallensein ans Verfallen, als innige Genugtuung am Untergang. – Die Doppelbedeutung von *Mitternacht*. – Diese Totalität des Verfallsprozesses, die in Trakls Gesamtgedicht Gestalt wird, läßt uns gegen alle philologischen Regeln von einem Gedicht ins andre wechseln, vom Garten des *Verfalls* in den Garten, welcher *Der Schlaf* heißt, und bald auch zurück in den Garten des *Psalm*, der im Abend ist, in dessen Kreuzgang Fledermäuse flattern und an dessen Mauer die toten Waisen liegen, die sich vordem noch im Reigen gezeigt. – Der Leser habe keine Scheu, sich in der Welt Trakls frei zu bewegen, in der Welt seiner immer wiederkehrenden Worte und Bilder, nur so gewinnt er den Zugang zu dem, was offen vor seinen Augen liegt. Man hat diese Worte und Bilder katalogisiert und gezählt[3], und vielleicht ist hier die Angabe willkommen, daß das Wort und Bild des Abends in fast drei Viertel aller seiner Gedichte erscheint, in mehr als der Hälfte der Gedichte der Herbst, und in einem Viertel das Wort »Garten«. – Aber zurück zu unserm Gedicht.

Da macht ein Hauch mich von Verfall erzittern – ein Hauch, der über den Glockenschall siegt, und das Verbum »erzittern« ist das intensivste aller hier möglichen: Es bezieht am stärksten Physisches ein. Es ist jenes Wort, das Schiller gebrauchte, um den äußersten Grad von Bedrohenswirkung zu fordern: »Vor dem Sklaven, wenn er die Kette bricht, / Vor dem freien Menschen erzittert mich!« – *Da* –, und ein Hauch also, und ein Erzittern; *Die Amsel klagt in den entlaubten Zweigen* – ihr Lied ist vom Hauch des Verfalls verwandelt, es ist ja sonst das Synonym für »wohllautend« und »süß«. – Bei Trakl erklingt es manchmal noch so, an jenem *Abend, da auf dämmernder Mauer die Amsel sang*, ein *Dunkler Odem im grünen Gezweig*. – Auch der lustige Kuckuck klagt bei Trakl: *Am Abend schweigt die Klage / Des Kuckucks im Wald;* und sogar solcher Klang der Lüfte wird bei ihm hörbar: *Schwermut! einsam Adler klagen.* – Das Gedicht dieser Schlußzeile heißt selbst *Klage*, und noch zwei andere heißen so.

Es schwankt der rote Wein an rostigen Gittern – vor wem? Weht Wind? – Da war doch nur ein Hauch; das Bild ist mehr als naturalistisch, die Natur nimmt an der physischen Ergriffenheit teil. – Wichtig ist das »es« dieses Einbeziehens –: Nicht der rote Wein schwankt, ein Andres macht ihn schwanken, wie seinen Betrachter ein Andres erzittern macht; alles ist hier zugleich außen wie innen, und außen weil innen, und innen weil außen. – Ein Hauch nur, und *rot* – Beladenheit des Wortes mit der Mehrzahl »Worte« – geht über in *rostig*.

Da macht ein Hauch mich von Verfall erzittern.
Die Amsel klagt in den entlaubten Zweigen.
Es schwankt der rote Wein an rostigen Gittern,

Indes wie blasser Kinder Todesreigen
Um dunkle Brunnenränder, die verwittern,
Im Wind sich fröstelnd blaue Astern neigen.

Nicht: »um verwitterte Brunnenränder«, um *Brunnenränder, die verwittern*, dieses Verb ist aktiv, der Verfall schreitet fort, wiewohl man ihn nur im Ergebnis, nicht als Prozeß sieht. Und erst in der letzten Zeile springt der Wind an, jedoch einer von seltsamer Art. Mag seine Kühle die Materialisation jenes Hauchs von Verfall gewesen sein, der den Träumer erzittern machte: Daß Astern sich ob seines Dahinziehns *um* Brunnenränder neigen, ist schwer nachzuvollziehn. So weht Wind nicht, und zudem sind es mehrere Brunnen: »Ränder« sagt Mehrzahl – in *einem* Garten? Wie der Vogelzug weist das Sonett über seine Mauern hinaus: Es sind das Land und die Ära, die da verfallen, und um ihre Brunnen, die dunkel verwittern, der blassen Kinder Todesreigen.

Es sei hier endlich der Frage begegnet, die bei solcher Untersuchung sich einstellen muß: ob man die Details nicht mystifiziere, ob die nicht vielmehr Formgegebenheiten entsprängen, Reimzwängen etwa, oder Rhythmusnöten –: Es gehört zum Wesen großer Dichtung, lautet unsre Antwort, daß man sie so untersuchen *kann*, daß ihre Details eben immer stimmen, kurz, daß ihr Hervorbringer die Formen handhabt und nicht die Formen sein Gedicht. Es ist, als wolle man die Logik einer meisterhaft geführten Schachpartie nicht aus der Meisterschaft des Spielers erklären, sondern daraus, daß die Steine mit ihren spezifischen Zugmöglichkeiten immer so günstig für ihn dagestanden hätten – sie werden, von der Hand eines Meisters geführt, halt immer so günstig für ihn aufgestellt, daß sie dann günstig für sein Spiel dastehn. Daß dies Entfalten und Sich-Entfalten eines Gedichts die Absicht seines Schöpfers stets weit übersteigt, daß sich Strukturen, Beziehungen, Bezogenheiten, Konsequenzen objektiv aus der Existenz der subjektiv gewählten Dichtungselemente ergeben, ist etwas ganz Andres.

Blasser Kinder Todesreigen – dieses Bild fordert, sich ihm zu stellen. Seine Schönheit schmerzt in jener Weise, die ein Weiterdenken sowohl abwehrt als erzwingt. Dieser *Todesreigen* ist nicht mehr der mittelalterliche Totentanz, in den auch das junge Leben erblassend sich einreiht: »Ach Jungkfrau, euer roter Mund / Wird bleich jetzund zu dieser Stund« –: Jener Reigen auf dem Friedhof des Dominikanerklosters zu Basel läßt die Gesamtheit der Gesellschaft sich Arm in Arm mit dem Knochenmann zeigen als ebenso gewaltiges Memento mori wie auch als Triumph des Lebens, das im Selbstbewußtsein sozialer Dauer wagt, sich mit jener Gewalt abzubilden, in deren Umarmung der Mensch

nicht als Mensch ist, sterblich vom Kaiser bis zum Bettler, doch darin seine Art repräsentierend, und in der Art eben deren Dauer: Le roi est mort, vive le roi! Hier, in diesen Totentänzen, herrscht in der Vergänglichkeit als Dauer auch das Dauern im steten Vergehen, und zwar tritt sehr viel mehr als der Gedanke der Unsterblichkeit der Seele, den das Memento mori ja anmahnt, das Beharren der Gesellschaft hervor: festgefügt, irdisch, von sicherer Dauer. Kein Hauch von Verfall macht da erzittern, wiewohl der Moment beschworen ist, von dem an das Fleisch von den Knochen fällt. – Daß sie den Tod nicht verdrängen, bezeugt dieser Sterblichen Seinssicherheit; ihr »mitten im Leben sind wir vom Tod umfangen« ist gedacht eben aus der Mitte des Lebens[4], und das letzte Stündlein als Tanz zu sehen heißt, den Tod aus der Fülle des Lebens zu schauen, nicht das Leben aus der Leere des Toten (denn »der Tod« ist ja als Person nicht leer). In den Totentänzen agiert »der Tod« leibhaft; doch auch jeder Tänzer ist »das Leben«, und jedes Leben hat seinen eigenen Tod. – Im Gedicht der Moderne schwindet der Tod als Person; sein Übergehn ins Abstrakte hat Rainer Maria Rilke in surrealistischer Konkretheit beschworen: »Da steht der Tod, ein bläulicher Absud / in einer Tasse ohne Untersatz...«
In Auschwitz war er eine bläuliche Schwade.
In Trakls Gedicht ist er das »es«.
Blasser Kinder Todesreigen – es fehlt der Knochenmann als Tänzer, und aus der unsichtbar gewordnen Gesellschaft, deren Verfall den Garten erschüttert, drehn sich ins Sterben nur jene hervor, die wir am innigsten mit dem Begriff des Lebens verbinden. – Auch dieser Reigen entstammt Trakls Alltag: Die Schwindsüchtigkeit war ein soziales Problem, die Tuberkulose

eine unbewältigte Volkskrankheit von heute kaum vorstellbarem Ausmaß. Der Schmerz, den – um nur ein Beispiel zu bringen – das Hinsterben seiner in Qualen verblassenden Schwester Sophie dem jungen Edvard Munch zugefügt, hat ihn zehnmal das Thema gestalten lassen, das ihn endgültig auf seine Künstlerbahn stieß: Das sterbende Mädchen. – »Mit ›Das kranke Kind‹ bahnte ich mir neue Wege – es wurde zu einem Durchbruch in meiner Kunst. Die meisten meiner späteren Werke verdanken diesem Bild ihre Entstehung. – Kein Gemälde hat in Norwegen so viel Ärgernis erregt wie dieses. – Als ich am Eröffnungstag den Saal betrat, in dem es hing, standen die Menschen dicht gedrängt vor dem Bild – man hörte Geschrei und Gelächter.«

Blasser Kinder Todesreigen – der Schmerz reibt sich an einem Ärgernis: ein schönes Bild, ruhig fließender Rhythmus, und äußerstes Leid mit einer Ohnmacht berichtet, als ob der Dichter sich an ihr weide; darf dies ein Gedicht? Und »blaß« ist ja ein Wort mit der Mehrzahl Worte, und auch nicht auf Schwindsucht festgelegt, es sagt ja auch ein Blaßsein aus Furcht, aus Sehnsucht, aus Gram, aus einer heimlichen Wunde des Herzens, auch das »bloß« der Schutzlosigkeit schwingt darin mit –: Dieser blassen Kinder Todesreigen ist nicht jene unabdingbare Stunde, wie sie im Totentanz der Gotik einmal an einen jeden herantritt; er steht hier für das Sterben jener, die vermeidbar allzufrüh weggerafft werden, und der Dichter sieht zu – ist das erlaubt?

Es ist dies die ewige Frage nach dem Vermögen und damit dem Sinn der Dichtung, und sie wird ambivalent beantwortet werden, solange Dichtung die Menschen noch angeht. Gottfried Benn hat (in einem fiktiven

Dialog zum Thema »Können Dichter die Welt ändern?«) in radikaler Aufrichtigkeit sich diese Frage, und dieser Frage sich gestellt, sogar – da war Schwindsucht noch im Alltag – in dieser spezifischen Sphäre: »Ich zeige Ihnen einen anderen Zug. 36000 offene Tuberkulöse leben in Berlin und finden keine Stätte, 40000 Frauen sterben in Deutschland jährlich an den Folgen eines verbotenen Eingriffs ... Hören Sie folgendes Dokument: ein elfköpfiger Haushalt, der Vater trinkt, die Mutter erwartet die Niederkunft des 10. Kindes, die Vierzehnjährige kauft sich für einen Groschen Rinderblut beim Schlächter, gießt es sich über die Brust, um mit Hilfe dieses fingierten Blutsturzes aus der überfüllten Wohnung in eine Lungenheilstätte zu gelangen. Das ist doch Kummer, das sind doch Tränen, schuldloser Jammer, Bastardisierungen des Glücks – da sieht der Dichter zu?«
So also die selbstgestellte Frage, und Benn hat sie für sich provozierend eindeutig und schockierend unmißverständlich beantwortet, in härtester, rigorosester Trennung von Ästhetik und Ethik: »Ja, da sieht der Dichter zu!« – Das ist nicht auch in Trakls Namen gesprochen; wir wollen uns in dieses Problem nicht versenken, wir wollen nur jene Leser fragen, die sich ob dieser Antwort empören und vom Dichter mehr als ein Zusehn verlangen –: Ob sie mit ihrer Forderung nicht unbewußt eine Pflicht einem andern Verantwortungsfeld zuschieben, die sie selbst *da* zu erfüllen hätten, wo sie sinnvoll erfüllt werden kann: im Bezirk *ihres* alltäglichen Wirkens? Die Empörung des Dichters kompensierte dann das ungeleistete Ihre, und sie läsen mit gutem Gewissen das von ihnen Versäumte als schon getan. – Man feiert dann, um ein analoges Beispiel zu bringen, Heine als Kämpfer gegen Intoleranz und Zen-

sur der Metternichschen Bürokratie und fühlt sich damit der Verpflichtung enthoben, gegen Intoleranz und Zensur seiner eigenen Ära aufzutreten. – Ähnlich mit der Forderung nach dem Glück und der Zukunftsgewißheit, die der Dichter zu bringen habe –: Sie wird zu oft just von jenen erhoben, die da, wo sie etwas zu tun vermöchten, für diese Werte so wenig tun.
Aber das ist ein Aspekt von vielen; einen anderen hat T.S. Eliot so formuliert: »Dichten bedeutet nicht, der Emotion freien Lauf zu lassen, sondern ihr zu entrinnen...«
Blasser Kinder Todesreigen – wir sahen, da wir dies lasen, tief in unser Leben, und sahen daraus jenen Reigen sich heben, der uns und keinen andern betraf: Ein Soldat, der uns glich, und griechische Kinder, und ukrainische Kinder, und serbische Kinder, und Kinder am Galgen, und Kinder im Eis, und Kinder in Feuern, und der polnische Junge, der neben dem Urlauberzug herlief und im Laufen nach Brot schrie, bis er umfiel, und wir hatten ihm ein Stück Brot zugeworfen, wie man einem Hund einen Knochen zuwirft, und keinen Hauch von Verfall gespürt; doch dann brach dieser Reigen jäh ab – war er im Heute wirklich beendet? Gewiß, in unserem Alltag verhungerte niemand, und auch die Schwindsucht war besiegt, doch die Kinder meines verhafteten Arbeitskollegen –: brauchten die, wenn schon kein Stück Brot, so nicht doch die Hilfe eines Zuspruchs, eines Trosts, eines Blicks? Und standen die Kinder in Trakls Gedicht nicht für Alle, die täglich in ihrer Ohnmacht erbleichen ud schutzlos in einer Kälte zittern, oder im Anhauch eines Schauderns, da ein *rot* in ein *rostig* hinübergeht?
Fragen, durch beinah zwei Jahrzehnte mehr gefühlt als gestellt und, wenn gestellt, überschwiegen, doch da

uns der Abbruch des Todesreigens in der Gegenwart bewußt geworden, ging uns plötzlich auch auf, daß Trakl ja nicht sterbende Kinder mit Blumen, sondern Blumen mit sterbenden Kindern verglichen –: *Er* hat die Schutzlosen in seinen schönen Garten genommen; nichts hätte ihn dazu zwingen können, doch er zwingt uns damit zur Brüderlichkeit, mit jenem Zwang, der Dichtung eigen: eine offene Wunde, ein unstillbarer Schmerz. Um dieses Reigens willen, so ahnen wir, folgt der Dichter nicht den entschwindenden Zügen und bleibt in dem verfallenden Garten, verfallend selbst Zeuge des Verfalls und selbst dem Verfallen verfallen, aber sein Gedicht überdauert, und es wird einen Leser so lang betreffen, solang sich ein solcher Reigen noch dreht. – Er dreht sich seit je; wird er einmal enden? – Wir glauben es nicht; Gesichter im Schnee, und die Brunnen verwittern; wir könnten uns einer Illusion hingeben, doch eben der entsagt der Dichter: Er gibt sich seiner Ohnmacht hin. – Süße des Vergehens, eine andre Art Freiheit; aber wäre es nicht zugleich denkbar, daß auf geheimnisvolle Weise ebendiese Hingabe des Autors die Unruhe im Leser stiftet, die ihn quält wie Begierde im Genuß, Unfrieden im Frieden einer Idylle, die den Tod als Linie einbezieht, auf daß sich die Perspektive zeige: *Alle Straßen münden in schwarze Verwesung.* – Oder, um es mit den gleichen, anderen Worten zu sagen: Alles, was besteht, ist wert, daß es zugrunde geht.

Fragt sich nur, um wessen Zugrundegehen einer dann trauert oder sogar, mehr als Trauer, sich selbst dem Vergehen anheimgeben möchte, da das von ihm Geliebte hinschwindet: die alten Brunnen, die Astern, die blassen Kinder. Diese Brüderlichkeit der Solidarität, die sich in diesem Vergehen behauptet, indem sie sich ihm übereignet, ist selbst ein Verfall besonderer Art: der Verfall der Verbrüderung mit dem Starken, der Verfall einer Ordnung des Ordentlichen, des Gesunden, Tüchtigen, Produktiven, und wer sich zu dieser Gattung zählt, verbrüdert sich nicht gern außerhalb ihrer, er hörte ja damit auf zu sein, was er über alle Maßen sein will: ordentlich, kräftig, gesund, kurz: normal. – Doch dieser Verfall setzt Humanes frei und bringt es als Neues in die Dichtung; übrigens nie zum ersten Mal. – Die Dekadenz, die sich Christentum nannte, hat in den bislang Verachteten den Bruder und die Schwester zu achten gelehrt und den Sklaven, den Gefangenen, den Kranken, den Armen dem Freien und Reichen gleichgesetzt; das war in der Tat ungeheuerlich, Verfall einer historischen Ordnung, und es wurde, das Christentum, darob hart gescholten, am härtesten von Friedrich Nietzsche, jenem Feind alles Dekadenten, der stolz darauf war, selbst ein Dekadent zu sein. – »Das Neue Testament ist das Evangelium einer gänzlich *unvornehmen* Art Mensch... das Christentum hat alle Art Krankheiten morbider Böden in sich aufgenommen: man könnte ihm einzig zum Vorwurf machen, daß es sich gegen keine Ansteckung zu wehren wußte. Aber eben *das* ist sein Wesen: Christentum ist ein Typus der *décadence*.« – Andern Gegnern der Dekadenz blieb es dann vorbehalten, Proskriptionslisten für die Literatur aufzustellen, was, bei Strafe der Ächtung des Autors, deren Ungegenstände zu sein hätten, und darin aufgezählt sind dann die Kranken und Schwachen, die Untypischen, die Unnormalen, die Homosexuellen, die Psychopathen, die Gescheiterten und Ruinierten – o Sehnsucht nach jener Guten Alten Zeit, da den Psychopathen als asozial, den Homosexuellen als kriminell, den Andern überhaupt als Feind einzustufen das selbstverständlich Normale war. Aber ist jene Zeit denn so gänzlich verfallen? Wird hier nicht auch noch heute der Vorschlag entsetzen, am Anderen andern Sexualverhaltens nicht zu verabscheuendes Abnormales, sondern eine Bereicherung der menschlichen Gefühlswelt zu sehn? Oder in der Welt der Neurotiker nicht nur Wirrnis, sondern auch Einsicht, die dem Normalblick verborgen bleibt? Oder diesen Vers Trakls ernst zu nehmen: *Auch zeigt sich sanftem Wahnsinn oft das Goldne, Wahre.* – Ein Hauch von Verfall? – Wir nehmen es so.

Doch bevor wir diese Überlegung mit dem beschließen, was einzig an ihrem Ende stehen kann, mit Trakls wiedergewonnenem Gedicht, das in seiner Süße uns immer noch peinigt, da die Ränder der Brunnen weiter verwittern und der Reigen der Kinder sich immer noch dreht –: bevor wir unsre Überlegung also beschließen, möchten wir den Leser daran erinnern, daß im Gedicht nicht nur ein Außen, sondern auch ein Innen wiederkehrt, und zwar ein Innen nicht nur als Spiegel des Außengeschehens, sondern als Reich eigener Mächtigkeit. – Ein Herbst in der Seele ist nicht nur ein Reflex des Herbstes als Naturereignis, er ist auch etwas Eigenes, das jedoch Wortgestalt nie gewönne, ließe es sich nicht im Gleichnis fassen, so auch im Gleichnis von Herbst und Verfall. Die Dichtung der Moderne von Baudelaire bis József und von Lautréamont bis Halas hat Bezirke in diesem Reich freigelegt, in die zu blicken einen schaudert, allein es sind Bezirke in uns, und Brüderlichkeit könnte damit beginnen – oder sie könnte dahin führen –, diese Bezirke im Ich für möglich zu halten, um im Anderen auch ein Teil Selbst zu sehn. *Blasser Kinder Todesreigen*, und Ohnmacht, und

Süße, und Pein, und Schauder: Wenn der Leser wagt, in den Alltag zu blicken, sollte er auch den Blick in sein Innen wagen, um zu erkennen: Auch das bin ich. Er kann sich damit an das Wort eines der Stifter der Moderne, des mit vierundzwanzig Jahren an der Schwindsucht gestorbenen Isidore-Lucien Ducasse, alias Comte de Lautréamont halten, dessen »Gesänge des Maldoror« zu den ehrlichsten Dokumenten des Blicks in den Seelenabgrund zählen: »Das Lachen, das Böse, der Hochmut, der Wahnsinn werden der Reihe nach zwischen der Sensibilität und der Liebe zur Gerechtigkeit in Erscheinung treten und der menschlichen Verblüffung als Beispiel dienen: jeder wird sich darin wiedererkennen, nicht so, wie er sein sollte, sondern so, wie er ist.«

Dieser Blick in die eigene Seele gelingt nicht immer und überall; der Leser suche sich dafür eine günstige Stunde und, wenn er es vermag, einen günstigen Ort. Etwa den:

Am Abend, wenn die Glocken Frieden läuten, folg ich der Vögel wundervollen Flügen, die lang geschart, gleich frommen Pilgerzügen, entschwinden in den herbstlich klaren Weiten. Hinwandelnd durch den dämmervollen Garten träum ich nach ihren helleren Geschicken und fühl der Stunden Weiser kaum mehr rücken. So folg ich über Wolken ihren Fahrten. Da macht ein Hauch mich von Verfall erzittern. Die Amsel klagt in den entlaubten Zweigen. Es schwankt der rote Wein an rostigen Gittern, indes wie blasser Kinder Todesreigen um dunkle Brunnenränder, die verwittern, im Wind sich fröstelnd blaue Astern neigen.

Ich habe von meinem Versuch erzählt, Trakls Vers in mir zu vernichten, indem ich seine Bücher aus meinem Besitz zu vernichten versuchte, und ich mußte gestehen, daß es mir nicht gelang. Die Erfahrung dieses Scheiterns zu durchgrübeln ist lehrreich. Ich nahm es zuerst voll Ratlosigkeit wahr, dann in immer heftigerer Mischung vom Selbstvorwurf mangelnder Konsequenz mit einer heimlichen Befriedigung über eine Kraft, die mich zwang, letzte Konsequenzen zu scheuen: Die Brücken, die ich da abbrechen wollte, ohne es zu können – waren sie nicht auch Brücken von mir zu mir? – Später entsetzte mich Heines Wort: »Wo man Bücher verbrennt, verbrennt man am Ende auch Menschen«, doch ich muß bekennen, daß dies später geschah. Ich hielt es damals für dialektisch, die Verbrennung von »bösen« Büchern als »gut«, die von »guten« als »bös« zu werten, und in dieser Scheidung von Gut und Böse schien mir die Welt meiner Gesellschaft als heil, und in diesem Heilsein als Ideal. Die Welt in mir war es schon nicht mehr, allein es schien mir, sie sei es *noch* nicht: Glück der Ferne leuchtend nah, doch ihm entgegenwirkend die Reste des Alten; wie lange noch? In der Kriegsgefangenschaft, auf der Schule, hatte ich sie für überwunden und mich in völliger Übereinstimmung mit meiner neuen Gesellschaft gewähnt; haftete das Alte so zäh und verborgen? Ich spürte es als Unbehagen, als Zweifel, als Grübeln, als Ungenügen an mir selber, aber waren diese Erscheinungen wirklich »das Alte«, und wirkte das Alte wirklich so? War denn meine Vergangenheit von Zweifeln und Grübeln bestimmt gewesen? War die immer drängender werdende Frage, kraft welcher Seinsvollkommenheit ein Teil der Gesellschaft für uns alle definitiv, doch ohne Definition bestimmte, was weiß gleich gut und schwarz gleich bös war, wirklich nur ein Rest des Faschismus, konnte sie nicht auch ein Mühen sein, zurückgebliebenes Denken zu überwinden? Solche Fragen blitzten durch Selbstvorwürfe, und mir schauderte vor diesem Frevel. – *O, wie alt ist unser Geschlecht.* – Ich trank; die Fragen verblaßten und blieben; ich sah sie gleich Gespenstern umgehn und trank. – Ich entdeckte die Welt des Rausches in Trakls Gedicht: *Ein Schober flieht durchs Grau vergilbt und schief / Und manchmal schwebst du leicht und wunderbar* – das war ein *Spaziergang* in Weinseligkeit, und die reichte von dem seltenen Jauchzen: *Herrlich schmecken junger Wein und Nüsse. / Herrlich: betrunken zu taumeln in dämmernden Wald* bis zum Ende solchen *Unterwegs: O, wie dunkel ist diese Nacht. Eine purpurne Flamme / Erlosch an meinem Mund. In der Stille / Erstirbt der bangen Seele einsames Saitenspiel. / Laß, / wenn trunken von Wein das Haupt in die Gosse sinkt.* – Bestätigten diese Verse meinen Katzenjammer? Wieder versuchte ich sie zu hassen, doch ich wußte genau, daß, was ich da haßte, mein Verfallensein an den Alkohol war, daß ich den Alkohol haßte und in ihm mich, der ich die Fragen floh, statt mich ihrem Drängen gebührend zu stellen: mit einem Bewußtsein, das die Wahrheit sucht. Aber das Verlangen nach Klarheit und Wahrheit war doch gewißlich kein Rest des Alten, oder galt da auch eine Dialektik, wie sie Z. auf der Schule uns vorgetragen; schlug ein Übermaß an Wahrheit um in – ja, in was: in Lüge? ins Böse?

Der Wahrheit nachsinnen – / Viel Schmerz.

In die dunkle Qual all dieses Grübelns fuhr der Blitz eines Parteitags.

Ich schreibe hier keine Biographie; ich erzähle meine Erfahrung mit Trakls Gedicht und muß mir versagen, diese Tage reinigender Bestürzung zu schildern, die der XX. Parteitag der KPdSU mit der großen Rede Chruschtschows in der geschlossenen Abendsitzung brachte. Ich berichte nur ein persönliches Fazit: Ich kam durch sie aus dem Trinken heraus, und das immerhin für mehr als drei Jahre. – Nie strahlte die Hoffnungsgewißheit auf die unbesiegbare Wahrheit so hell. – In ihrem Licht erschien mir Trakls Gedicht plötzlich unwirklich, *Dämmerung und Verfall,* was sollten sie jetzt noch, da der Weg ins Morgenrot ging, was sollte da die Kunde aus einer vergangnen Epoche; doch gleichzeitig sah ich meinen Versuch, einen privaten Scheiterhaufen zu errichten, als lächerlich und unwürdig an, und ich faßte einen anderen Entschluß. Die Orientierung, die als Lehre aus jenem Parteitag gewonnen wurde, hieß, das Alte im Vormarsch hinter sich zu lassen, den Blick nicht mehr ins Gestern zu lenken, sondern im Wissen geschehener Veränderung unbeirrbar ins Morgen zu schreiten. Jetzt gehörte zum »Alten«, dem als abgetan Deklarierten, auch mancher Zug der neuen Gesellschaft, und Stalin war kein Klassiker mehr. Recht besehn gehörte zu diesem Alten auch schon die Rede Nikita Chruschtschows, die hierzulande ja nie veröffentlicht wurde. – Ich begriff die Losung vom Vormarsch als eine Forderung, zu handeln anstatt zu diskutieren, und sagte mein williges Ja! dazu. In dieser Zeit begann das Entdecken der großen, bislang fast unbekannten Dichter unsrer östlichen und südöstlichen Nachbarn: Attila József, Vítězslav Nezval, Christo Botev, und in dem Maß, wie – aus mir damals noch nicht faßbaren Gründen – mein Gedichteschreiben zu stocken begann, um schließlich endgültig zu versiegen, wandte ich mich der Nachdichtung zu. Ich hatte begonnen, mich mit dem Werk Vítězslav Nezvals zu beschäftigen, machte erste Versuche, es zu übertra-

gen, und glaubte in ihm Einen zu erkennen, der, Trakl an Größe ebenbürtig, gegen all das, was ich als dekadent nun heftiger denn je kritisierte, das zu bejahende Andere setzte: statt des Morbiden das Lebenskräftige, statt Verfall Aufbau, statt Trauer Lachen, statt Krankheit Gesundheit, statt Dunkelheit Licht, statt Pessimismus Optimismus, kurz, der sich zu Trakl verhielte wie zu ihrem Negativ eine Photographie.
Diese Gegenüberstellung war so lächerlich wie alle solchen Schwarz-Weiß-Demonstrationen, die ja immer zu konstruieren sind; es ließe sich hier sogar ihre Umkehrung schaffen, allein wir kannten damals von Nezval nur – und in Kubas hinreißender Nachdichtung – den »Gesang vom Frieden«, in der Tat ein glänzendes Beispiel für die Möglichkeit Zuversicht wirkender Lyrik; dazu kamen zwei, drei ebenso meisterhaft von Louis Fürnberg übersetzte Gedichte, die diesen Eindruck noch erhellten, und als ich dann in Nezvals großen Prag-Gedichten litaneiähnliche Passagen entdeckte, die eine Übersetzung mit »Es ist« – anboten, war ich von der Überzeugung durchdrungen, daß Nezval zu Trakl das Andere sei und daß der eine den andern so ersetzen könne, wie ein Handeln im Heute fürs Morgen den kritischen Blick ins Gestern ersetze, und auch den vom Gestern ins Heute. – Es war weiterhin ein zweidimensionales Denken in den Begriffen Schwarz und Weiß. – Zwar waren die Felder nun etwas geweitet, und gleichzeitig schon wieder verengt: Das Werk des Georg Lukács und des Ernst Bloch, beide bisher im Rang lebender Klassiker, wurde aus dem öffentlichen Bewußtsein eliminiert, aber Weiterung wie Verengung (oder: Weiterung als Verengung) blieben strikt im Linearen: gutes Erbe, schlechtes Erbe; und die Bestimmung allein vom Ideologischen her.

Also denn Nezval an Trakls Stelle, und ich weiß genau, daß ich meinem Berater und Freund Ludvík Kundera diese meine Entdeckung brieflich mitteilte und eben auf dies »Es ist –« verwies. – Kundera, genialer Trakl-Übersetzer ins Tschechische, muß wohl verwundert den Kopf geschüttelt haben: Wenn ich mich nicht sehr täusche, gebrauchte ich die Formulierung, daß ich hier eine Möglichkeit sähe, »ein Gegenstück zu dem *Psalm* aufzustellen, der einen so unheilvollen Einfluß auf unsre Literatur gehabt hat«.
Wäre ich ein Literaturwissenschaftler, müßte ich ja jetzt weiter von Einflüssen sprechen, vom unleugbaren Einfluß Trakls auf die tschechische Dichtung, und vom unleugbaren Einfluß Arthur Rimbauds auf Georg Trakl wie auf Vítězslav Nezval, von jenem berühmten »il y a –« in »Enfance«, das der erste deutsche Rimbaud-Übersetzer K.L. Ammer eben mit »es ist –« übersetzt hat:
»Il y a une horloge, qui ne sonne pas«
»Il y a une fondrière avec un nid de bêtes blanches«[5] –
doch ich maße mir hier keine Fachkenntnisse an. Ich teile beide Gedichte mit und überlasse den Leser seinen Entdeckungen, die er da zweifellos machen wird. Vielleicht kommt er zu der Überlegung, daß nicht nur Trakls Werk insgesamt, sondern auch das der weltweiten Moderne ein einziges großes Gedichtganzes darstellt, die Summe unserer Epoche, darin die Menschheit gezwungen ist, sich als Menschheit zu konstituieren, und eine Brüderschaft der Dichtung und Kunst geht ihr voran. – Auch bei Nezval und Rimbaud die Beschwörung der Märchen, auch bei Nezval und Rimbaud der Anklang an die Psalmen, auch bei Nezval und Rimbaud die Kindheit, auch bei Nezval und Rimbaud das Meer und die ferne Insel, auch bei Nezval und

Rimbaud die Weltkatastrophe, auch bei Rimbaud die Treppe, die Tote, die Waise, die Schwester, auch bei Nezval der Wahnsinnige, und ich gestehe, daß seine Gestalt mich noch immer bedrängt. Sie tat es auch, als ich Nezval übersetzte, und versuchte ich Trakl an ihn zu verlieren, brachte er mich zu Trakl zurück. – Die Poesie wirkt wie das Verhängnis, das ja auch gern auf Umwegen wirkt. – Von Nezval kam ich zum tschechischen Poetismus, vom Poetismus auf die Surrealisten, von den Surrealisten auf Baudelaire und Jarry, von beiden erneut auf die Dekadenz und, sie erneut zu konterkarieren, erneut – doch nun anders als vordem – auf Nezval, Stifter des tschechischen Surrealismus, und nun übersetzte ich auch seine »Frau in der Mehrzahl«, den großen Gesang auf die Prager Huren: »In einer Mondnacht sinkt langsam ihr Schatten in den gelöschten Kalk auf dem Ziegeleihof«, und plötzlich wollte ich alles von Trakl wissen und begann, seine Biographie zu studieren. – *Dämmerung und Verfall.* Die Brüder des *Psalm:*

Arthur Rimbaud: Kindheit und Vítězslav Nezval: Was die Mittagssonne mit Prag treibt (siehe im Anhang).

Wir haben unseren Lesern versprochen, ihnen unsere Ansicht nicht vorzuenthalten, wer *der Wahnsinnige* in Trakls *Psalm* sei, und wir können ihnen nur die Antwort geben: Der Wahnsinnige in Georg Trakls *Psalm* ist *der Wahnsinnige* in Georg Trakls *Psalm*. Wir haben darzulegen versucht, daß die Frage, wen Trakl selbst gemeint haben könnte, exakt nicht zu beantworten ist und daß, selbst wenn sie es dennoch wäre, die Antwort wiederum auch nur eine – wenngleich äußerst wichtige – Interpretation eines vielinterpretierbaren Gedichtes darstellte, deren Erheben zur einzig richtigen die Verwandlung eines Worts mit der Mehrzahl »Worte« –

eben des Wortes »(der) Wahnsinnige« – in ein Wort mit der Mehrzahl »Wörter« – den Namen eines konkreten Wahnsinnigen – und damit hier die Zerstörung des Gedichts ins Heterogene bedeuten würde. – Wer das Gedicht immer nur als Bewirktes ansieht, dem entgeht sein Gründungscharakter, und er nimmt eine Antwort als nichtig, wiewohl sie mehr enthält, als er gewünscht hat. Denn wenn jedes Wort in ein Gedicht die volle Fracht seiner Beladung einbringt, verleiht ihm das Gedicht selbst wieder ein Frachtstück: Es geht, das Gedicht, ganz in das Wort ein, das sich ganz dem Gedicht dargebracht. Das Wort »Wald« hat in Eichendorffs Verse alle Zauber und alle Schauder vom Fichtendickicht des Riesengebirges bis zum feendurchwanderten Wald der Märchen gezogen, doch jeder Wald wird fortan auch sein »aufgebaut so hoch da droben«. – Und wo das Wort »Wahnsinniger« als Wort mit der Mehrzahl »Worte« erscheint, glühn durch die Vokale seiner vier Silben nicht nur alle Augen der Tobsuchtszellen und heulen aus den Gittern seiner Konsonanten nicht nur Hoffmanns Medardus und Shakespeares Edgar –: Seit Trakls *Psalm* haust in diesem Wort nun auch jene unausdeutbare Gestalt, deren Tod zwischen dem mit Milch getünchten Raum und einer Insel der Südsee steht.

Allein der Leser hat ja etwas Anderes erwartet, nämlich eine unserer Erfahrungen mit dieser Stelle als eine der möglichen Interpretationen, und wir wollen ihm eine Assoziation mitteilen.

In der zweiten Strophe von Trakls *Psalm* findet sich die merkwürdige Zeile: *Der Sohn des Pan erscheint in Gestalt eines Erdarbeiters* – von welchem Sohn Pans ist hier die Rede?

Pan, der laut einer (fälschlich) Homer zugeschriebenen

Götterhymne »bocksfüßige, lärmliebende, doppelgehornte« Sohn des Hermes und einer Tochter des arkadischen Königs Dryops, ist ein uralter Hirtengott, Herr der Felsengebirge und ihrer Wildziegenherden, Liebhaber aller Geißen und Nymphen, des Mittagsschlafs und des Tanzes zur Nacht, Schöpfer der siebenrohrigen Flöte und mächtig des lieblichsten Gesanges wie eines nervenzerrüttenden Schreiens und Lachens, das, von dem Dichter der Tragödie »Rhesos« eine »schreckliche Geißel« genannt, den Hörer mit jenem Wahnsinnsschock schlägt, der in der Sprache bis heute als »panischer Schrecken« fortlebt. – Dieser Pan, urwüchsiger Fruchtbarkeitsgott eines stadtfernen Bergvolks, wurde als so triebstarkes Mannswesen empfunden, daß die unzählbaren Liebschaften seines Alltags gar nicht erst zu berichten waren; berühmt geworden ist nur seine Abweisung durch die Nymphe Syrinx, die sich ihm durch Verwandeln in Schilfried entzog, und seine Liebe zur Bergnymphe Echo, der eine Tochter, Inyx, entsprang, eine Zauberkundige, die später von Hera in das Wendehalsweibchen verwandelt wurde. Diese Inyx ist in der antiken Überlieferung Pans einzige namentlich benannte Nachkomme, und sie ist unverkennbar weiblichen Geschlechts; von einem Sohn wird dort nichts berichtet, der erscheint unsres Wissens zum ersten Mal in Arthur Rimbauds Prosagedicht »Antique«: »Gracieux fils de Pan« – »Reizender Sohn des Pan!«

Doch bevor wir uns diesem Panssohn zuwenden, ist die Mitteilung unerläßlich, daß Pan die einzige griechische Gottheit ist, die der Mythos zu historischer Zeit sterben läßt. Plutarch hat das Zeugnis überliefert und Heinrich Heine diesen Bericht in seine Börne-Schrift aufgenommen, in das zweite Buch, und zwischen die

Sätze »Ich bin müde und lechze nach Ruhe« und »Ich bin der Sohn der Revolution und greife wieder zu den gefeiten Waffen«: »Zur Zeit des Tiberius fuhr ein Schiff nahe an den Inseln Parä, welche an der Küste von Ätolien liegen, des Abends vorüber. Die Leute, die sich darauf befanden, waren nicht schlafen gegangen, und viele saßen nach dem Nachtessen noch beim Trinken, als man auf einmal von der Küste her eine Stimme vernahm, welche den Namen des Thamus (so hieß nämlich der Steuermann) so laut rief, daß alle in größte Verwunderung gerieten. Beim ersten und zweiten Ruf schwieg Thamus, beim dritten antwortete er; worauf dann die Stimme mit noch verstärktem Tone diese Worte zu ihm sagte: ›Wenn du auf die Höhe von Palodes anlangst, so verkündige, daß der große Pan gestorben ist!‹ Als er nun diese Höhe erreichte, vollzog Thamus den Auftrag und rief vom Hinterteil des Schiffes nach dem Lande hin: ›Der große Pan ist tot!‹ Auf diesen Ruf erfolgten von dort her die sonderbarsten Klagetöne, ein Gemisch von Seufzen und Geschrei der Verwunderung, und wie von vielen zugleich erhoben. Die Augenzeugen erzählten dies Ereignis in Rom, wo man die wunderlichsten Meinungen darüber äußerte, Tiberius ließ die Sache näher untersuchen und zweifelte nicht an der Wahrheit.«
Soweit Heine; nun wieder zu Rimbaud, dessen Werk – um ein Wort Reinhold Grimms zu zitieren – Trakl »bedenkenlos als Steinbruch benutzt« hat, eine Formulierung, der wir gern beitreten, da sie in einem geglückten Bild den Aneignungszug im Schöpferischen Trakls wie den Schöpfungscharakter in dessen Aneignen ausdrückt; »schöpfen« heißt ja »erschaffen« wie »aus Vorhandenem nehmen«. In ebendiesem Sinn waren die romanischen und gotischen Dome aus den

Steinbrüchen antiker Baukunst geschaffen, und in diesem Sinn hat Trakl von Rimbaud genommen, den er in der klassischen, 1907 erschienenen Nachdichtung K.L. Ammers kennengelernt und später dann wohl auch im Original gelesen hat. Bei Rimbaud nun, in einem seiner frühesten Gedichte, »Soleil et chair«, »Sonne und Fleisch«[6], erscheint auch Pan, und wie bei Heine gestorben, oder verschollen (siehe Anhang).

O unser verlorenes Paradies. – Die Trauer Trakls, Rimbauds und Heines wachsen wie ihre Sehnsucht aus der gleichen Wurzel: dem Entsetzen über die bürgerliche Gesellschaft, deren Auflösen der Natur in Technik und deren Auflösen aller menschlichen Beziehungen in Tauschwert als Entzauberung erfahren wird: Entmenschlichung wie Entgötterung der Erde im Siegeszug der Maschinenwelt und der Rationalität des Profits –: Die Nymphen haben die goldenen Wälder verlassen; die Götter gehen ins Exil, und der Mensch ist traurig und stumpf, und sein Himmel trüb. Als einziger der alten Götter war Pan als Unsterblicher gestorben, zu Zeiten des Kaisers Tiberius, da der Stern eines anderen Gottes erstrahlte[7]; nun wird er vom Einzigen zum Ersten. – Man kennt das Marxwort zur Entzauberung: »Ist Achilles möglich mit Pulver und Blei? Oder überhaupt die Iliade mit der Druckerpresse, oder gar Druckmaschine? Hört das Singen und Sagen und die Muse mit dem Preßbengel nicht notwendig auf...?« Allein es kann kein Zufall sein, daß der Bericht vom Sterben des großen Pan bei Heine zwischen jenen beiden »ich bin –«, zwischen Resignation und Revolte steht: Die Negation schlägt in ihre Negation um; das Erkennen ist der Durchgang vom Verzweifeln zum Hoffen, und solange der Mensch kein Automat ist, rühren sich, und sei's auch durch eines Einzigen Blick, auch die alten Götter wieder: bei Hoffmann in Mietshäusern hinter bronzenem Türschild; bei Kafka am Abend unten im Hafen; bei der Seghers auf den Kronen der Krane, und bei Rimbaud tritt der bis dahin unbekannt gebliebene Sohn des Pan aus dem Stein irgendeines Museums:

Antike
Reizender Sohn des Pan! In deinem Antlitz, das Blüten und Beeren krönen, bcwegen sich zwei kostbare Kugeln, deine Augen. Deine runden Wangen sind gebräunt und dunkelrot; deine Zähne blitzen; deine Brust gleicht einer Kithara; durch deine blonden Arme zittern Glockenklänge; dein Herz schlägt in deiner Brust; dein Leib ist schön wie der des Weibes und stark wie der des Mannes. Geh hin in der Nacht und bewege deine herrlichen Beine, das eine und das andere, ganz langsam, Schritt um Schritt.

Der Leser mag dies Menschenerwachen in Trakls *Helian* wiederentdecken: *Schön ist der Mensch und erscheinend im Dunkel, / Wenn er staunend Arme und Beine bewegt, / Und in purpurnen Höhlen stille die Augen rollen.* Wir können auf diesen Mythos hier nicht mehr eingehn und verweisen gern auf die Erörterungen, die Walther Killy zu danken sind.[8] Doch wenn in Helians schönem Garten der *Sohn des Pan* immer *schläft... im grauen Marmor*, tritt er im *Psalm* leibhaftig in die Menschenwelt ein: *Der Sohn des Pan erscheint in Gestalt eines Erdarbeiters, / Der den Mittag am glühenden Asphalt verschläft.* Heute ist uns dieser Vers über alles teuer, und wir begreifen schwer, daß wir ihn so lange nicht erkannten, ja daß wir eigentlich mit einer Art beschwerten Gewissens um ihn herumge-

lesen haben: Endlich die Gestalt eines Arbeiters bei Trakl, und der liegt am hellen Tag da und schläft! – Aber er ist der Sohn Pans, des Mittagsschläfers, und sein Schlaf ist der Hüter des Menschentums, das im Traum die uralten Zauber bewahrt.
Diese Verschmelzung von Arbeiter, Traum und Märchen kehrt nun in einer Zeile wieder, die unser Erinnern erschütterte: *O Märchen in Fabriken grau versperrt!* – Diese Zeile steht in der ersten Fassung eines von Trakl dann wie so oft aufgespellten Gedichts *Unterwegs* (mit einem in *Sebastian im Traum* veröffentlichten Gedicht gleichen Titels nur wenig verwandt):

Ein Duft von Myrrhen, der im Zwielicht irrt.
Im Qualm versinken Plätze rot und wüst.
Bazare kreisen und ein Goldstrahl fließt
In alte Läden seltsam und verwirrt.

Im Spülicht glüht Verfallnes; und der Wind
Ruft dumpf die Qual verbrannter Gärten wach.
Beseßne jagen goldnen Träumen nach.
An Fenstern ruhn Dryaden schlank und lind.

Traumsüchtige wandeln, die ein Wunsch verzehrt.
Arbeiter strömen schimmernd durch ein Tor.
Stahltürme glühn am Himmelsrand empor.
O Märchen in Fabriken grau versperrt!

Im Finstern trippelt puppenhaft ein Greis
Und lüstern lacht ein Klimperklang von Geld.
Ein Heiligenschein auf jene Kleine fällt,
Die vorm Kaffeehaus wartet, sanft und weiß.
[...]

Quartiere dräun voll Elend und Gestank.
Violenfarben und Akkorde ziehn
Vor Hungrigen an Kellerlöchern hin.
Ein süßes Kind sitzt tot auf einer Bank.

Der blassen Kinder Todesreigen; und der Sohn des Pan schläft am glühenden Asphalt. – Dryaden sind Baumnymphen, junge Frauen, Behauserinnen des alten Waldes. – In der zweiten Fassung jenes *Unterwegs* ist das Märchen schon getilgt, denn aus der dritten Strophe wurde:

Ein Knabenlächeln, das ein Wunsch verzehrt.
Verschlossen starrt ein altes Kirchentor.
Sonaten lauscht ein wohlgeneigtes Ohr;
Ein Reiter trabt vorbei auf weißem Pferd.

Die Traumsüchtigen sind in die Gestalt des Knaben zusammengeschmolzen, das offene Tor der Werkhallen schließt sich als altes Kirchentor, kein schimmernder Zug mehr, kein Morgenrot, als das ein technischer Fortschritt aufglühte, und die Aussperrung der Märchen ist für den Preis eines schwachen und eines klischeehaften Bildes erkauft: das den Sonaten wohlgeneigte Ohr, der Reiter auf weißem Pferd. Damit ist auch die Einheit getilgt, und die Strophe zerfällt in vier Einzelzeilen. Für Trakls Verfall an die Ohnmacht des Dichters war es wohl notwendig, diese Vision zu tilgen, doch seit wir die verworfene Fassung kennen, scheint sie uns aufgehoben in dem Schlaf, dem der Sohn Pans am glühenden Asphalt sich hingibt. – In diesem Schlaf träumt alle Zukunft und ruht alle Vergangenheit. – Der *Flimmerregen*, der vor diesem Schlaf fällt und von dem man nicht weiß, ob er befruchtet, versengt oder die Täuschung einer Fata Morgana hervorruft (manchmal sahn wir in ihm sogar das Flimmern der Kinoleinwand, und Trakls *Psalm* hat ja durchaus etwas Filmhaftes) –: Als flirrender Regen ergoß sich Zeus in Danaes Schoß, durch eine Luke des unterirdischen Verlieses, darin ihr Vater die Verbuhlte vergraben, und dieser Begegnung entsproß dann Perseus, Enthaupter der schlangenhaarigen Medusa, deren blutigem Schädel ein goldschimmernder Krieger und Pegasos, das Flügelpferd der Dichter, entsprang. – Mystifizierung einer halben Zeile? Ach: *In seinem Grab spielt der weiße Magier mit seinen Schlangen* – so spielt der Dichter mit seinen Mythen, und wenn er es auch gar nicht weiß: *Des weißen Magiers Märchen lauscht die Seele gerne.*

Allein wir wollen uns nicht verlieren; wir wollen dem Leser endlich mitteilen, daß von jenem Sohn des Pan, dem Erdarbeiter – und wir nahmen da dies Wort ganz im Ursinn eines Bewegers der Erde, ein Wort der Dichtung ist ja so zu nehmen, es ist ein Wort mit der Mehrzahl »Worte« –, daß also von jenem Sohn des Pan ein flirrendes Licht auf die Gestalt des Wahnsinnigen fiel. Zunächst nichts als ein Sachbezug: Pan ist der Gott, der Wahnsinn hervorruft, wenn er Wanderer mit seinem Gelächter erschreckt; Pan ist der Gott, dessen Sterben bezeugt wird – konnte also nicht Wahnsinn und Sterben des Gottes in einer Gestalt zusammenfließen, eben: *Der Wahnsinnige ist gestorben?* Legitime Methode von Dichtung und Traum, und also auch des Versuchs zu verstehen; zwar werden solche Konstruktionen oftmals schnell brüchig; diese hielt wider Erwarten stand. – War der Wahnsinnige Pan selbst? – Das wäre zuviel, und zu festgelegt, allein er war der, der sterben mußte, daß der Sohn des Pan erscheinen konnte, schlafend am glühenden Asphalt.

Das Gedicht zeigte jäh chronologische Logik: *Der Wahnsinnige ist gestorben; Man begräbt den Fremden; ein Flimmerregen; Der Sohn des Pan.* – Der Wahnsinn des Gestorbenen, der zwischen dem mit Milch getünchten Raum[9] und der Insel der Südsee gestanden, erschien uns nun als ein Zwischenstück im Sinn des Trennens und der Tod des Wahnsinnigen als das Tor in die Zukunft als Wiederkehr des Vergangenen. Allein in dem Augenblick, da uns diese Deutung so packte, daß wir sie als endgültige Lösung nahmen, war sie uns schon wieder fragwürdig geworden, nicht bloß, weil sie der Gestalt Pans widersprach, sondern weil uns das Sterben des Wahnsinnigen zwingend zum ersten Teil der Strophe gehörend erschien, darin alles ein großes Gestorbensein war: das erloschene Licht, der verlassene Heidekrug, der verbrannte Weinberg, die vergeudete Milch. – War die Achtung des Wahnsinns als Ausfluß von Göttlichem nicht gerade ein Ingrediens der Antike? Gehörten Wahnsinn und Dichtung nicht untrennbar zusammen? War Pan nicht ein Vorläufer des Wahnsinnsgottes Dionysos? Und war der Wahnsinn bei Trakl nicht ein Zustand, der zu dem gesunden Menschenverstand seines verhaßten Bürgeralltags stets so positiv kontrastierte wie sein Totenreich zu dem der Lebenden? Das Gedicht gewann jäh historische Logik, da der Tod des Wahnsinnigen nun als Dazwischen im Sinn eines Verbindenden zwischen Gegenwart und Vergangenheit stand.

Doch kaum war diese Erkenntnis gewonnen, verloren wir sie an die zuvor verworfene, die uns nun wieder allein schlüssig wurde, und so wechselte in immer rascheren Sprüngen die Bedeutung des Wahnsinns als Heil und Verderben im Dazwischen trennender Verbindung wie verbindender Trennung, und hatten wir

ihn eben noch als Herrn der schwarzen Spinnen gesehen, erschien er nun im Reigen der sich wiegenden Frauen, bis sich diese Ausschließlichkeiten zu Polen des Widerspruchs *Wahnsinn* einten, und nun erschien es uns als ausgemacht, daß der *Wahnsinn* hier die Poesie selbst war, jene heiligverruchte Mitgift, die den von ihr Beladenen so oft nichts sehnlicher wünschen macht, als daß sie, die Verhaßte, ihm endlich erstürbe wie daß sie, die Geliebte, ihm ewig erdaure.
Allein das ging ja auch nicht auf; hier stand ja: *Der Wahnsinnige ist gestorben*[10], ein Faktum an Unwiederbringlichkeit. Aber am Dasein von Dichtung auch in finsteren Zeiten war doch nicht zu zweifeln; oder doch? War dieser Satz vielleicht ein Wunschtraum? Einen Augenblick sahen wir in diesen Worten Trakl in eigener Person betroffen – hatte er je an Selbstmord gedacht? Wir wußten es nicht; wir hatten bislang kein Bild von einem Dichter gewollt; nun überkam uns, und jählings, das Verlangen, sein Leben zu kennen und diese Stelle zu verstehen: endgültig, eindeutig, absolut.
Wir beschafften uns Trakls Biographie, ein schmales Bändchen in häßlich braungrauem Bibliothekeneinband, und erschraken, da wir sie aufschlugen, auf merkwürdige Weise: Da stand, verbindliche Kamerapose, die Pudelmütze über den Ohren, ein linkischer, fast täppischer Mann; und als wir dann rasch weiterblätterten, erschraken wir auf andere Weise: aus einer ovalen Höhlung starrte uns nackthalsig, feist, brutal und verkommen ein offenbar wahnsinniger Mörder entgegen: Georg Trakl.

V

Ich las dies Büchlein[11] in einer Nacht und erfuhr, um ein Wort Stephan Hermlins abzuwandeln, die Biographie eines nicht lebbaren Lebens: ein Dasein, verfallen der Poesie. – Ein Dasein, verfallen an Gift und Inzest; Verfall, der dann jäh in den Selbstmord stürzte; ein Leben zum Gipfel europäischer Dichtung. – In dieser Nacht schoß alles zusammen, was mich an Trakl verzückt und gequält; ich war geschlagen und verwirrt und betäubt von Offenbarungen, die einem Licht glichen, das verdüstert: Lesung und Traum vermischten sich. – Ein fahles Braun; matter Glanz von Phiolen, das schwarze Leder der Klubsessel knarrte, und aus dem Reich der Gifte und Wahne trat ein Mann in gelbverschnürter Husarenjoppe und erzählte mir Unerhörtes: Trakl war Ministerialbeamter gewesen; Trakl hatte sich für den Kolonialdienst in Borneo beworben; Trakl wollte nach Albanien gehn. – Heute macht es geringe Mühe, sich der äußeren Ereignisse dieses Lebens zu versichern; damals, Mitte der sechziger Jahre, war das meiste hier unbekannt.

Am besten wird's sein, ich rekapituliere in Stichworten, wie ich dieses Leben erfuhr.

Es stand, dies Erfahren, trotz geringer Gemeinsamkeit, anfangs im Zeichen einer fernen Vertrautheit; ich dachte an meine Kinderzeit. Schon die Geburtsstadt, Salzburg, weckte Erinnern: ein Österreichausflug unserer Familie, und ich sah einen Teller Salzburger Nockerln, einen goldbraunen süßen Eierschaum von unglaublicher Sättigungskraft – die Freude auf diese

berühmte Speise, Summe unseres Wissens von Salzburg, war der Reise vorausgegangen und wurde über Gebühr erfüllt; ich sah die Fiaker und den Schwall grünbeschürzter Träger, der sich auf unsere Koffer stürzte, und die Wasserkünste von Schloß Hellbrunn, hämmernde Marionetten hinter wehenden Schleiern; an Landschaft erinnere ich mich nicht. Ein scharlachroter Ministrant fiel mir ein, auf einem riesigen Platz verloren, aber das war sicher schon Phantasie, und dann, in den Stein einer Felswand getrieben, dämmerte ein Kerker herauf; ein Gitter; ein Bund Stroh; ein Krug mit Wasser; ein Gefangener in härener Kutte; Gaffer, und eine dumpfe Gewißheit, daß sich in diesem Diorama ein Stück erlebter Erfahrung darbot.
In Salzburg also war er zur Welt gekommen; 1887; mein Vater war ein Jahr früher geboren, in Brüx, heute Most, ich kannte es nicht. – Ich hätte in jener Minute viel dafür gegeben, in Salzburg durch Trakls Geburtshaus zu gehn; im Buch sah ich einen düsteren Hof, grobes Pflaster, seltsame Stockwerksarkaden, durch Rundbogen dämmerhaft Fenster und Türen, und alles gespenstisch unbehaust: eine Sonate von Mozart, und Blaubarts Kammer; ich wußte noch nicht, daß Trakl ein Blaubart-Drama gedichtet. – Wohin verlor ich mich schon am Anfang des Wegs? – Ich las gierig, und dennoch ganz langsam: Salzburg also, 1887, Waagplatz 2, ein Bürgerhaus; der Vater, Tobias Trakl, ein Eisenhändler, begütert und honorig gleich meinem Vater; ich stellte ihn mir beim Frühschoppen vor, hinterm Ladentresen, beim Politisieren – ob er wohl auch gefordert hatte, alle Roten aufzuhängen, mit dem Kopf nach unten, über einem schwelenden Feuer? – Er galt als braver, gutmütiger Mann; als solcher galt mein Vater auch. – *Unter Eichen schaukeln wir auf einem sil-*

bernen Kahn. – Die Mutter Marie, geborene Halik, eine kunstsinnige Frau tschechischen Schlages, aber eigen, verschlossen, sonderbar abweisend; ich dachte bei ihr nie an meine Mutter, ihre Gestalt blieb mir immer fern. Sie hatte sechs Kinder in die Welt gebracht: Gustav, Maria, Hermine, Georg, Friedrich, Margarethe; aus der ersten Ehe des Vaters ein Halbbruder Wilhelm, ein geschäftskundiger, weitgereister Mann. – Zehn-Zimmer-Wohnung; ein Garten zum Toben; Dienstboten; französische Bonne; Matrosenanzug; Klavierunterricht; der Glockenschwall von hundert Kirchen, und um die Ecke das Hurenhaus.
Eine behütete Kindheit, wie man so sagt – sie war mir ja so oft in Trakls Versen begegnet: *Dunkle Stille der Kindheit. Unter grünenden Eschen / Weidet die Sanftmut bläulichen Blickes; Goldene Ruh* – ich las es nun nach, und las auch das Andere dieser Kindheit: *Ein Dunkles entzückt der Duft der Veilchen; schwankende Ähren / Im Abend, Samen und die goldenen Schatten der Schwermut.* – Eine behütete Kindheit im schönen Garten, und dennoch eine Kindheit wie viele, in ihrer Anlage eine Kindheit wie jede, dunkle Stille und die Schatten der Schwermut, es fragt sich nur, was aus ihr wird. – Bruder Gustav wird, wie anders, Kaufmann; Halbbruder Wilhelm ist es schon; Bruder Fritz wird Offizier; Georg ist ein schlechter Schüler, so schlecht und am Lehrstoff so uninteressiert, daß schließlich als einzige Möglichkeit standesgemäßer, also akademischer Laufbahn das Studium der Pharmazie bleibt, das keinen Gymnasialabschluß verlangt; es genügt jenes Zwischenstadium abgeschlossener Zehnklassenbildung, das zum privilegiert verringerten Militärdienst des »Einjährig-Freiwilligen« berechtigt.
Trakl wird also Apotheker, in der Apotheke »Zum

Weißen Engel«, beim Magister Carl Hinterhuber; zu dieser Zeit hat er schon begonnen, Gedichte zu schreiben, schwülstige, schwül-konventionelle Gebilde, in denen kaum etwas auf Künftiges weist; er gehört einem Dichterzirkel »Apollo« an und hat sich, mit üblichem Achtungserfolg, als Dramatiker am Salzburger Stadttheater und als Feuilletonist und Kritiker an einer Lokalzeitung versucht (die beiden aufgeführten Einakter sowie alle Rezensionen dazu sind von ihm vernichtet, und die andern Hervorbringungen jener Jahre muß man nicht mitteilen); er hat begonnen, die Moderne zu lesen: Baudelaire, Verlaine, Maeterlinck, Dostojewski, Nietzsche, George, Hofmannsthal, Schnitzler, Kraus, Wilde, Huysmans, Strindberg, Ibsen (Rimbaud tritt, in K.L. Ammers Eindeutschung, dann zwei Jahre später mit der Wirkung eines Sprengstoffs hinzu, und in den letzten beiden Jahren der von der Öffentlichkeit soeben entdeckte späte Hölderlin); er ist Stammkunde im Bordell in der Judengasse und hat auch schon begonnen, Rauschgift zu nehmen, Äther und Opiumzigaretten, und nun ist sein Prinzipal ein Säufer, das Reich der Drogen steht ihm weit offen, und die Poesie wirkt wie das Verhängnis: Dämmerung und Verfall. – *Verflucht ihr dunklen Gifte, / Weißer Schlaf! / Dieser höchst seltsame Garten / Dämmernder Bäume / Erfüllt von Schlangen, Nachtfaltern, / Spinnen, Fledermäusen* – in der ersten Fassung begann dieses Gedicht so: *Getrost ihr dunklen Gifte* –: Pole einer Widerspruchseinheit; zwischen ihnen Spanne und Spannung seines Daseins.

Was soll ich von diesem Leben berichten, von dem ich eine schwarze Nacht hindurch in hundert Einzelheiten erfuhr, daß es nicht zu leben war? – Lehre; Studium; Militärzeit; und eine einzige Kette gescheiterter Berufsversuche; der Beruf läßt ihn nicht schreiben, wie er es braucht: unablässig; und schreiben kann er nicht ohne Beruf, er muß sich ja von etwas ernähren, und Wein und Hurenhaus kosten Geld. Anfangs kümmert ihn das kaum, aber 1910 stirbt Tobias Trakl und Halbbruder Wilhelm übernimmt das Geschäft, mit dem es, Gott weiß warum, jetzt jäh bergab geht; 1913 wird es aus dem Gewerberegister gelöscht. Bedrängnis, wenn auch keine Katastrophe; Trakl hat kein Elend durchlitten wie sein existentieller Archetypus Rimbaud, er kommt nur mit seinem Geld nicht aus, nicht mit dem Gehalt, wenn er welches bezieht (er arbeitet, des dauernden Wechselns wegen, meist unentgeltlich auf Probezeit), und schon gar nicht mit Zuwendungen. – Ludwig von Ficker und dessen Bruder Rudolf füttern ihn durch. – Dauernde kleinliche Verlegenheiten, dauernd Borgen, dauernd Schulden, das alles ist so schrecklich banal und auch so schrecklich demütigend: *Unsäglich ist das alles, o Gott, daß man erschüttert ins Knie bricht.* – Das Gedicht, in dem dieser Vers steht, handelt von Alltäglichem und Bestärkendem, es heißt *Unterwegs.* – Unterwegs wohin? Man ahnt nur dies Eine: *Alle Straßen münden in schwarze Verwesung.* – Aus einem Brief an Ludwig von Ficker vom 11. November 1913: »Meine Angelegenheiten sind ganz ungeklärt. Ich habe jetzt zwei Tage und zwei Nächte geschlafen und habe heute noch eine recht arge Veronalvergiftung. In meiner Wirrnis und all der Verzweiflung der letzten Zeit weiß ich nun gar nicht mehr, wie ich noch leben soll. Ich habe hier wohl hilfsbereite Menschen getroffen; aber mir will es erscheinen, jene können mir nicht helfen und es wird alles im Dunklen enden.« – Aus einem Brief an den Dichter Karl Borromäus Heinrich, zwei Monate später: »Zwischen Trübsinn und

Trunkenheit verloren, fehlt mir Kraft und Lust eine Lage zu verändern, die sich täglich unheilvoller gestaltet, bleibt nur mehr der Wunsch, ein Gewitter möge hereinbrechen und mich reinigen oder zerstören. O Gott, durch welche Schuld und Finsternis müssen wir doch gehn. Möchten wir am Ende nicht unterliegen.« – Zwischen diesen beiden Briefen steht ein Ausbruch in einem Schreiben an Ludwig von Ficker, vermutlich Ende November 1913: »...ich weiß nicht mehr ein und aus. Es (ist) ein so namenloses Unglück, wenn einem die Welt entzweibricht. O mein Gott, welch ein Gericht ist über mich hereingebrochen. Sagen Sie mir, daß ich die Kraft haben muß noch zu leben und das Wahre zu tun. Sagen Sie mir, daß ich nicht irre bin. Es ist steinernes Dunkel hereingebrochen. O mein Freund, wie klein und unglücklich bin ich geworden«...

In fünf Sätzen dreimal das Schicksalswort »brechen«: Die Biographen rätseln um den Sachverhalt dieses von Trakl nie näher begründeten Aufschreis; sie deuten, sich auf eine Andeutung Ludwig von Fickers berufend, einen Zusammenhang mit der Schwangerschaft seiner in Berlin verheirateten[12] Schwester Grete an, mit der ihn aus der Kindheit heraus eine Liebe gemäß jenes Wortes geeint hat, daß Mann und Frau ein Fleisch sein sollen; sie sprechen vom Geheimnis Trakls, und sicherlich liegt auch hier sein Geheimnis, oder besser: hier will es zutage treten wie das Magma des Erdkerns in einer Wunde der Felsen, doch es schien mir schon in jener Nacht, daß dies Geheimnis im Alltag ruhte und sein Unsägliches das Banale war. – Sein Leben nicht leben zu können und doch leben zu müssen, ist das nicht maßlos und heillos genug, und sollte solche Erkenntnis allein sich nicht als Begreifen unsühnbarer Schuld darstellen? – Der Inzest kam hinzu. – Was mir damals, in jener schwarzen Nacht, unabweisbar wie ein Alptraum aufging, war das Begreifen des Alltagssterbens am unlebbaren Alltagsleben, dem so unendlich banalen Banalen, das dich zerreibt, zerlaugt, zerfrißt. – Jeder, der dies Erliegen erfährt, erfährt es auf seine eigene Weise, und wer es nicht erfährt, wird es nie verstehn. – Kleist ist so gestorben, und Hölderlin, Lenz, die Günderrode, Grabbe, Stifter; von den Unbekannten Christa T. – Was denn: Er hätt' arbeiten gehn sollen, der Kerl, statt Schulden zu machen, wegen *der* paar Gedichterln; es ist schon wahr, er sagt sich's ja selbst, er *kann* nur nicht anders, dafür ist er Künstler, das ist seine Schuld. – Gerade weil es so banal war, begriff ich auf eine bestürzende Weise den Zusammenhang von »Schuld« und »Schulden«, und plötzlich fiel mir, ich weiß nicht warum, das erste Wort abendländischer Philosophie ein, das mich immer bis zur Verstörung gequält hat: »Woraus die Dinge entstehen, darin vergehen sie notwendig, denn sie zahlen einander Strafe und Buße für die Ungerechtigkeit gemäß der Ordnung der Zeit.« – Später sollte ich die Ahnung dieses Wortes von Anaximander dann bei Trakl wiederfinden: bei seinem Abschied vor der Fahrt in den Selbstmord: »Mit deinem Gedicht sühnst du deine Schuld nicht!«

Was mir damals noch unbekannt war: die drei Bände der Tagebücher Karl Röcks[13], eines Innsbrucker Magistratsbeamten, der seit dem Sommer 1912 seine Begegnungen mit Trakl skizziert hat; die Notate bezeugen recht gut das Banale, das tödlich Demütigende fassen sie nie:

»Di 20.8. im MAX (von Fi 30 K gepumpt für Abends mit Kr) [...]

Abds. Theresia; Trakl kommt trunken, schreit wie ein Kind. [...]

(Spucken); vom sterbenden Glühlicht im Lichtschacht. Ich mit Trakl noch zum Lehner. Liest mir ›Die Ratten‹ vor (und ›Melancholie‹). Vom Armband des Vaters, das er verhurte.
Sa 4.4. Trakl schwer vergiftet von Bln zurück am Arm; zur Rose: Fi, E, ich, Trakl liest ›Abendland‹.
1.5. im MAX Trakl 10 K. gepumpt.
13.5. dem Trakl 20 K. geliehen.
Di 19.5. Frau von Fi beklagt sich über Trakls vieles Giftnehmen, er sei deswegen heute wieder bis abends im Bett geblieben.
26.10. Trakl braucht 200 K monatlich: 2 K pro Tag für Weintrinken und Rauchen. Wie viele Menschen *leben* mit diesem Geld *ganz*.«
So geht es dahin, die Datierung ist unwichtig, keine Entwicklung: *Dämmerung und Verfall.*
In der Dämmerung die Nacht ersehnend wie fürchtend, dem Verfall sich ergebend wie ihm widerstrebend, versucht Trakl eine Existenz zu gründen und bricht den Versuch immer wieder ab, bei seiner Anstellung im Ministerium für Öffentliche Arbeiten in Wien zum Beispiel nach zwei Stunden Bürodienst: In dieser Zeit schreibt er sein Entlassungsgesuch. – Der genaue Hergang ist unwichtig; im Tagebuch Röcks steht dies Resümee verzeichnet: »4.1. (1913) Trakl holt mich um 6 Uhr vom Amt ab, liest bei mir zuhause seine neue Dichtung *Helian* vor. Erfaßte beim bloßen Zuhören nur Einzelheiten, nichts Ganzes, was ich ihm sage. Ich müsse es erst optisch lesen. Ergreifend, ja erschütternd erzählt er, wie er auf seinem neuen Posten in Wien, im Ministerium, in den Tagen vor Neujahr völlig geistesabwesend war für seinen *Helian*. Daher dann dem Posten dort entflohen sei. Abds mit Trakl bei Fi eingeladen. Trakl wohnt bei Fi im Loggiazimmer.«

Unlebbares Leben, es lief so dahin: Nach dem Ende seiner Militärzeit bewirbt sich Trakl im Ministerium für Öffentliche Arbeiten um eine Praktikantenstelle, arbeitet, da sich die Antwort verzögert, eine Weile wieder im »Weißen Engel«, kündigt, läßt sich beim Militär reaktivieren, leistet Probedienst im Garnisonsspital zu Innsbruck und bittet, da nun vom Ministerium angenommen, kurz nach seiner Festanstellung wieder um Entlassung, arbeitet zwei Stunden im Ministerium und kündigt, bewirbt sich im Kriegsministerium um eine Stelle als Pharmaziebeamter, wird angenommen, soll Zahlenkolonnen überprüfen, verzweifelt daran, meldet sich krank und kündigt, erwägt eine neue Reaktivierung, erwägt eine Neubewerbung im Ministerium für Öffentliche Arbeiten, streckt Fühler zu Wiener Krankenhäusern aus und zieht sie sofort wieder ein, da sie Wien berühren, bewirbt sich als Militärapotheker für den holländischen Kolonialdienst wie als Militärapotheker in die Berge Albaniens; es ist das weitschweifende Leben Rimbauds, das als Muster bereitliegt, und er kommt doch – je eine Kurzreise nach Berlin und Venedig und ein Ausflug an den Gardasee als Ausnahmen – nicht aus seinem engsten Umkreis hinaus. – Den erträgt er nicht mehr; und zum Krater Aden, in dem Rimbaud seine Hölle gefunden, wird nun für ihn die liebliche Heimat: *Es ist ein Weinberg, verbrannt und schwarz mit Löchern voll Spinnen. Es ist ein Raum, den sie mit Milch getüncht haben.* – Wann endlich wird der Wahnsinnige sterben? Oder – was dasselbe ist – wann tüncht man Kloaken nicht mehr mit Milch? – »Ich sehne den Tag herbei, an dem die Seele in diesem armseligen, von Schwermut verpesteten Körper nicht mehr wird wohnen wollen und können, an dem sie diese Spottgestalt aus Kot und

Fäulnis verlassen wird, die ein nur allzu getreues Spiegelbild eines gottlosen, verfluchten Jahrhunderts ist.« (Brief an Ludwig von Ficker, Juni 1913) – Adolf Loos, der berühmte Architekt, entgegnet ihm Ende Juni 1914: »Betrachten Sie sich als Gefäß des Heiligen Geistes, das niemand, auch nicht der Georg Trakl, zerstören darf.« – Allein wenn der Heilige Geist selbst dies Gefäß zerstört, und ebendarum der Heilige Geist ist, daß er es zerstören muß? – *O die Flöte des Lichts; o die Flöte des Tods.*

Die Stätten seines Wirkens sind ihm verhaßt und verleidet: *...mich ekelt diese Gosse voll Verlogenheit und Gemeinheit* – was einst dem Detail galt, gilt nun dem Ganzen. – Salzburg nennt er eine *verstorbene Stadt*; Innsbruck die *brutalste und gemeinste Stadt... die auf dieser beladenen und verfluchten Welt existiert;* Wien ist ihm diese *Dreckstadt*; jede Stadt ist eine Dreckstadt: *Vielleicht geh ich auch nach Borneo!*[14] – Rimbaud *ging*; der freilich war achtzehnjährig mit seinem Gedicht vorerst zu Ende, und Einmaliges wiederholt sich nicht. – Und Rimbaud geschah nicht, was Trakl geschah: Ludwig Wittgenstein, damals noch Großindustrieller, als weltberühmter Philosoph dann selbst mittellos, überweist Ficker einen enormen Betrag zur Förderung notleidender Talente; Trakl (und ebenso Rilke) soll davon 20000 Kronen erhalten[15], damit wäre alle Geldnot für Jahre behoben, doch der Bedachte ist außerstande, das Legat einzulösen: Vor dem Bankgebäude beginnt er zu zittern und vermag nicht über die Schwelle zu treten: Angst vor den Andern, unsagbar läppisch, doch an solch Läppischem geht er zugrund. – Will man die Gesellschaft dafür tadeln? – Der Wiener Schriftsteller Franz Zeis an seine künftige Frau: »Wien, 17.7.1913... Ich war Sonntag, Montag und gestern mit

Trakl beisammen... Er ist ein lieber Mensch, schweigsam, verschlossen, scheu, ganz innerlich. Sieht stark, kräftig aus, ist aber dabei empfindlich, krank. Hat Hallucinationen, ›spinnt‹ (sagt Schwab[16]). Wenn er hie und da irgendetwas Geheimnisvolles ausdrücken will, hat er eine so gequälte Art des Sprechens, hält die Handflächen offen in Schulterhöhe, die Fingerspitzen umgebogen, eingekrampft, Kopf etwas schief, Schultern etwas hochgezogen, die Augen fragend auf einen gerichtet. Er kann z. Bsp. in der Eisenbahn nicht sitzen, nie, das Vis-à-vis eines Menschen verträgt er nicht. Er steht, und wenn er stundenlang fährt – auch in der Nacht – immer am Gang. Er kann nicht telephonieren, kann einfach nicht...« Der Jugendfreund Erhard Buschbeck berichtet, daß Trakl als »Rezeptuarius« im »Weißen Engel« an einem einzigen Nachmittag sechs Hemden aus Angst vor den Kunden durchgeschwitzt hat. – Wie hatte mein Vater gescherzt? »Der spinnerte Schorschl!«

Wie viele, mit Schwab, sahen ihn wohl so? Daß sein erster Gedichtband erscheinen könne (nach Ablehnung durch den Münchener Albert Langen Verlag dann bei Kurt Wolff, Leipzig), sammelten Freunde für ihn Subskriptionen, unter anderem durch Annoncen in der »Fackel« und im »Brenner«, der seit dem Mai 1912 auch regelmäßig Gedichte Trakls druckte; es unterzeichneten knapp hundert Interessierte; die Mehrzahl der Leser hätte wohl eher dem Dr. Schwab oder Paula von Ficker[17] zugestimmt: »Ludwig las mir gestern eine Karte von Trakl vor die ganz verrückt war. Geld würde ich ihm keines mehr geben, er soll sich doch an Ludwig wenden, wenn er eines braucht. Daß man doch nie Ruh vor diesen Leuten hat...« – Wie wahr! – Die Karte Trakls, undatiert wie immer, durch den

Poststempel als vom 12. November 1913 ausgewiesen, lautet:

»Lieber Herr von Ficker! Bitte die letzte Zeile des K.H.L. (Kaspar Hauser Liedes) endgültig folgend umzuändern: »Eines Ungeborenen sank des Fremdlings rotes Haupt hin« (eine Zeile). Loos bittet mich das Gedicht seiner Frau zu widmen. Also bitte diese Widmung anzubringen: für Bessie Loos. Endlich bitte ich Sie mir baldmöglichst einen Korrekturabzug zu schicken. Viele Grüße an Ihre lieben Kinder. Ich habe in der letzten Zeit ein Meer von Wein verschlungen, Schnaps und Bier. Nüchtern. Grüßen Sie auch Röck und Esterle. Ihr sehr ergebener Georg Trakl. – Korrektur d. 1. Zeile: Er wahrlich liebte die Sonne, die purpurn den Hügel hinabstieg. Die 1. Zeile der zweiten Strophe bleibt unverändert. Also: ›ernsthaft‹.«

Um das, was Paula von Ficker »ganz verrückt« nennt, voll zu ermessen, ist es notwendig, mitzuteilen, daß dieser Karte eine vom Vortag vorausging, ebenfalls Korrekturwünsche zum »K.H.L.« betreffend, und da folgenden Wortlauts:

»...Wollen Sie, lieber Freund, im Kaspar Hauser Lied folgende Änderungen machen: 1. Zeile: Er liebte die Sonne, die purpurn die Hügel hinabging – 2. Strophe. 1. Zeile statt »ernsthaft« »wahrhaft« – letzte Zeile: Silbern sank des Ungeborenen Haupt hin. – p.s. Bitte verständigen Sie mich, ob Sie die Korrekturen angebracht haben. Kraus läßt vielmals grüßen, ebenso Loos, Handkuß an Ihre liebe Frau.«

Also erst »ernsthaft«, dann »wahrhaft«, dann wieder »ernsthaft«: Es ist der Wechsel zwischen Sein und

Wollen, zwischen Objekt und Subjekt der Geschichte bei gleichbleibender Verantwortung. Die Wahl fiel schwer: eine Widerspruchseinheit; der Akzent wurde schließlich aufs Subjekt gelegt. – Es war die Wahl zwischen Schuld und Schuld: *ernsthaft* oder *wahrhaft*, das ist schon eine Entscheidung.

Trakl änderte ununterbrochen, auch noch während der Drucklegung: Kaum ein Brief, selbst einer äußersten Verzweiflung, der nicht entsprechende Wünsche enthielte, und dazu eine Bestätigungsbitte. – Er schrieb auf alles, was eben zur Hand war: Kuverts, Speisekarten, Briefe, Dokumente; das *Kaspar Hauser Lied* zum Beispiel ist auf einen Geschäftsbogen des Brenner Verlages Innsbruck geschrieben. – Seine Manuskripte sind, trotz meist leserlicher Handschrift, manchmal der vielen Korrekturen und Gegenkorrekturen und Rekorrekturen halber nicht mehr zu entziffern: die Verse fließen ineinander über, verzweigen sich und vereinen sich wieder; sein Werk ist im Grunde ein einziges Gedicht. – Kaspar Hauser war ein seltsamer Findling, ein des Schreibens und Lesens – und auch des Lebens – unkundiger, bis zur Schwelle der Tierhaftigkeit verwilderter Knabe, der Pfingsten 1828 plötzlich in Nürnberg mit einem Brief in der Hand vor der Wohnung eines Rittmeisters auftauchte und ein Jahr später ermordet wurde; bezeugt ist sein Ausspruch, er wolle Reiter werden; seine Herkunft blieb unausgeforscht wie sein Mörder. – Verlaine hat ihn in ein Gedicht genommen; Trakl in ihm sich wohl wiedererkannt. – *Ernsthaft war sein Wohnen im Schatten des Baums / Und rein sein Antlitz.* – Ein Blick in die verwehrte Zukunft: O unser verlorenes Paradies.

In den letzten zwei Jahren seiner Lebzeit genoß Trakl Gastrecht in Ludwig von Fickers Villa in Mühlau bei

Innsbruck und Rudolf von Fickers Schloß Hohenburg bei Igls; er lebte dort fast völlig zurückgezogen dem Einzigen, das ihm gegeben war: Schreiben. – *Sagen Sie mir, daß ich die Kraft haben muß noch zu leben und das Wahre zu tun.* – So furchtbar banal; so furchtbar demütigend. – Über Trakls Alltag in Mühlau existiert ein Bericht des Schweizer Schriftstellers Hans Limbach[18]; hier der Teil, der unmittelbar Trakl betrifft:

»Ich hatte Georg Trakls Gedichte im ›Brenner‹ wohl beachtet, aber noch kein rechtes Verhältnis zu ihnen gewonnen, trotzdem mir einzelne Verse des ›Psalm‹ und mehr noch vielleicht die Antwort von Karl Kraus[19] Eindruck gemacht hatten. Erst die Porträtzeichnung von Max von Esterle bewirkte in mir eine lebhaftere Teilnahme. Nun zeigte uns F. ein sonderbares Selbstporträt Trakls, das er bei dem genannten Maler angefertigt habe, als er, vom Krankenbett der Schwester aus Berlin zurückgekehrt, direkt vom Bahnhof weg dessen Atelier aufgesucht hatte: eine bleiche Maske mit drei Löchern: Augen und Mund.
In diesem Augenblick trat Trakl selber ins Zimmer.
Er erschien stehend kürzer und gedrungener, als wenn er saß. Ohne ein Zeichen der Freude, nur einen halblauten Gruß murmelnd, reichte er uns die Hand und setzte sich.
Seine Gesichtszüge waren derb, wie bei einem Arbeiter, welchen Eindruck der kurze Hals und die nachlässige Kleidung – er trug keinen Kragen und das Hemd war nur durch einen Knopf geschlossen – noch verstärken mochten. Trotzdem prägte sich in seiner Erscheinung etwas ungemein Würdiges aus. Aber ein finsterer, fast bösartiger Zug gab ihm etwas Faszinierendes wie bei einem Verbrecher. Denn in der Tat: wie eine

Maske starrte sein Antlitz; der Mund öffnete sich kaum, wenn er sprach, und unheimlich nur funkelten manchmal die Augen.
Gleich bestürmte ihn D.[20] in seiner unbefangenen Art mit Fragen; aber Trakl gab nur kurz und wie unwillig Antwort, und wenn ihm eine der Fragen zu nahe zu kommen schien, wich er scheu und fast feindselig zurück.
Da wurden wir zu Tische gebeten.
Nach dem Essen gingen wir wieder ins Studierzimmer und nahmen Flaschen und Gläser mit.
Erst jetzt, unter dem Einfluß des Weins, schien Trakl langsam lebendig zu werden. Er zog sich vor D.s Fragen nicht mehr so mimosenhaft zurück, begann mit einer leisen, wie ferner Donner grollenden Stimme immer häufiger jene sibyllischen, orakelhaften Worte und Sprüche hinzuwerfen, die mir in ihrer frappanten Bildlichkeit mit einem Mal den Schlüssel zu seinem Dichten in die Hand gaben: er schrieb in einem guten Sinn genauso, wie er redete.
D.s offene, etwas kindliche Natur schien Trakl zu reizen und herauszufordern. Denn es war ihm, allem Anschein nach, peinlich, Rede und Antwort stehen zu müssen, und jener schien dies nicht genügend zu beachten.
Trakls Wesen war tiefste Verschlossenheit. ›Ich bin ja erst halb geboren‹, sagte er einmal und behauptete, bis zu seinem zwanzigsten Lebensjahr überhaupt nichts von seiner Umwelt bemerkt zu haben, außer dem *Wasser*. Wundervoll gibt ja diesen dumpfen, qualvollen Zustand seine autobiographische Skizze ›Traum und Umnachtung‹ wieder, die er gerade in jener Zeit schrieb.
Aber D. mochte nun einmal kein Organ für seine Art haben und rückte ihm immer näher auf den Leib.

›Kennen Sie eigentlich Walt Whitman?‹ fragte er ihn plötzlich.
Trakl bejahte es, fügte aber bei, daß er ihn für verderblich halte.
›Wieso‹ – fuhr D. auf – ›wieso verderblich? Schätzen Sie ihn denn nicht? Sie haben doch gewiß in Ihrer Art manches Verwandte mit ihm?!‹
F. bemerkte, daß doch wohl eher ein tiefer Gegensatz zwischen den beiden zu erkennen sei, indem Whitman das Leben einfach in allen seinen Erscheinungsformen bejahe, während Trakl durch und durch Pessimist sei.
Ja, ob er denn gar keine Freude am Leben habe? – bohrte D. weiter. – Ob ihm denn z.B. sein Schaffen gar keine Befriedigung verleihe?
›Doch‹ – gab Trakl zu – ›aber man muß gegen diese Befriedigung mißtrauisch sein.‹
D. lehnte sich vor maßlosem Erstaunen in seinen Stuhl zurück. ›Ja, warum gehen Sie dann nicht einfach in ein Kloster?‹ fragte er endlich nach kurzem Schweigen.
›Ich bin Protestant‹, antwortete Trakl dumpf.
›Pro – te – stant?‹ fragte D. gedehnt – ›Das hätte ich allerdings nicht gedacht! – So sollten Sie doch wenigstens nicht in der Stadt, sondern auf dem Lande leben, wo Sie dem wüsten Treiben der Menschen ferner und der Natur näher gerückt sind!‹
›Ich habe kein Recht, mich der Hölle zu entziehen‹, gab Trakl zurück.
›Aber Christus hat sich ihr doch auch entzogen!‹
›Christus ist Gottes Sohn!‹ antwortete jener.
D. wußte sich kaum zu fassen.
›So glauben Sie also auch, daß alles Heil von ihm komme? Sie verstehen das Wort ›Gottes Sohn‹ im eigentlichen Sinne?‹

›Ich bin Christ‹ – antwortete Trakl.
›Ja‹ – fuhr jener fort, ›wie erklären Sie sich denn solche unchristliche Erscheinungen wie Buddha oder die chinesischen Weisen?‹
›Auch die haben ihr Licht von Christus bekommen.‹
Wir verstummten, über die Tiefe dieses Paradoxes nachsinnend.
Doch D. konnte sich noch nicht zufriedengeben.
›Und die Griechen? Glauben Sie denn nicht auch, daß die Menschheit seitdem viel tiefer gesunken ist?‹
›Nie war die Menschheit so tief gesunken, wie jetzt nach der Erscheinung Christi‹ – versetzte Trakl. ›Sie *konnte* gar nicht so tief sinken!‹ – fügte er nach kurzer Pause hinzu.
D. schien nicht wahrhaben zu wollen, daß Trakl immer mehr sich in sich zurückzog und verschloß, und brachte als letzten Trumpf Nietzsche vor.
›Nietzsche war wahnsinnig!‹ – warf Trakl barsch hin, indem seine Augen unheimlich funkelten.
›Wie verstehen Sie das?‹
›Ich verstehe das‹ – grollte jener – ›daß Nietzsche dieselbe Krankheit hatte wie Maupassant!‹
Grauenvoll war sein Antlitz, als er dies sagte: der Dämon der Lüge schien aus seinen Augen zu funkeln.
Das dürfe man nicht sagen, wies ihn D. streng und mit der ganzen moralischen Autorität dessen, der die Wahrheit vertritt, zurück. – Das dürfe man nicht sagen! – ›Sie müssen wissen, daß der Wahnsinn seelische Ursachen hat!‹
Trakl, der das Haupt gesenkt hatte, sah auf, maß sein Gegenüber mit einem seltsamen Blick und schwieg. Aber nach einer Weile schien er sich seines Wortes über Christus zu besinnen.
›Es ist unerhört ‹ – begann er – ›wie Christus mit jedem

einfachen Wort die tiefsten Fragen der Menschheit löst! Kann man die Frage der Gemeinschaft zwischen Mann und Weib restloser lösen als durch das Gebot: *Sie sollen Ein Fleisch sein?*‹

D. schien frappiert und bemerkte nach kurzem Schweigen: ›Ja, das ist's. Vielleicht werd' ich auch noch eine Ehe in diesem Sinne zustande bringen.‹

Dieser Ausspruch eines fast fünfzigjährigen, mehrmals unglücklich verheirateten Mannes hatte etwas Rührendes, ja Bewundernswertes an sich.

Unterdessen waren die Flaschen leer geworden, und als sich auch in der Küche kein Wein mehr vorfand, nahm Trakl die Flaschen ohne weiteres unter den Arm, stieg, als wäre er der Wirt, in den Keller hinab und brachte sie gefüllt zurück.

Der Rest des Abends verlief ruhig. Trakl hatte mich schon vordem mehrere Male still betrachtet. Jetzt fragte er mich über Rußland, und seine tiefe Sympathie für dieses Volk trat offen zutage.

Besonders lieb war ihm Dostojewski. Von einigen seiner Gestalten, wie Aljoscha Karamasoff und Sonja aus ›Schuld und Sühne‹ redete er mit tiefer Ergriffenheit.

Soviel ich mich erinnerte, sprach er aus Anlaß von Sonja das schöne Wort aus – wieder mit wild funkelnden Augen –: ›Totschlagen sollt' man die Hunde, die behaupten, das Weib suche nur Sinneslust! Das Weib sucht *ihre Gerechtigkeit*, so gut wie jeder von uns!‹

Auch von Tolstoi sprach er mit hoher Ehrfurcht: ›Pan, unter dem Kreuz zusammenbrechend‹, nannte er ihn.

Als wir uns verabschiedeten, schaute ich ihm ernst in die Augen. Wie ein ferner Blitz flammte es in ihnen rasch auf und erlosch wieder. Aber ich wußte, daß er mir gut war.«

Die Begegnung geschah im Januar oder Februar 1914; Ende März reist Trakl nach Berlin zu seiner Schwester Grete und kehrt in völliger Verstörung zurück; er bewirbt sich als Militärapotheker für den niederländischen Kolonialdienst wie für den neugegründeten Staat Albanien, phantastische Pläne, sie müssen scheitern, was bleibt ihm noch? – Erdrückende Schuld. – In Berlin hat Trakl Else Lasker-Schüler kennengelernt; sie schrieb ihm zwei Briefe, im letzten heißt es »...wenn Sie weiter trinken, brech ich die Eide und trinke wieder. So schön muß Tyrol sein, möchte es auch mal sehn; ich betrinke mich dort mit Grün oder mit dem Feuer der Blitze...« – Nach seinem Tod setzte sie ihm ein Gedicht als Gedenkstein; er hat ihr sein *Abendland* gewidmet:

Ihr großen Städte
Steinern aufgebaut
In der Ebene!
So sprachlos folgt
Der Heimatlose
Mit dunkler Stirne dem Wind,
Kahlen Bäumen am Hügel.
Ihr weithin dämmernden Ströme!
Gewaltig ängstet
Schaurige Abendröte
Im Sturmgewölk.
Ihr sterbenden Völker!
Bleiche Woge
Zerschellend am Strande der Nacht.
Fallende Sterne.
Noch ist nicht Krieg.

Von seinem Briefwechsel mit der jüngsten Schwester ist nur ein Brief Gretes überliefert; die Familie hat diese Dokumente vernichtet; sie hat sich ihrer wohl zu sehr geschämt. – Ein einziger Brief, unbestimmbaren Datums: Grete bittet in äußerster Not den Bruder, der selbst kein Geld hat, ihr Geld zu beschaffen; ob es Trakl vermocht hat, wissen wir nicht. – Grete war drogensüchtig wie Georg; sie lag, da er zu ihr reiste, schwer krank an den Folgen einer späten Abtreibung; drei Jahre nach dem Tod des Bruders hat sie ihrem Leben ein Ende gesetzt. – Trakl aus Berlin an Ludwig von Ficker: »Meine arme Schwester ist noch immer sehr leidend. Ihr Leben ist von einer so herzzerreißenden Traurigkeit und zugleich braven Tapferkeit, daß ich mir bisweilen sehr gering davor erscheine; und sie verdiente es wohl tausendmal mehr als ich, im Kreise guter und edler Menschen zu leben, wie es mir in solch übergroßem Maß in schwerer Zeit vergönnt war.«

Wie hätte dies Leben weiter dahingehen können? – Wir wissen nur, daß es unlebbar war. – Der Weltkrieg brach aus; kam er als Erlöser? Millionen empfanden ihn so. – Der Schlammwelle des Hurrapatriotismus, in der Europa versank wie Atlantis im Meer, kann Trakl nicht erlegen sein; bezeugt ist seine Neigung zum russischen Volk und seine Abneigung gegen Teutonien: *Ich wünsche jedem Deutschen das Beil des Henkers!* Das hat er mit tödlichem Ernst ausgesprochen, eine Verfluchung gleich der Wiens und Innsbrucks, und das waren ja Städte Österreichs. – Die gemeinsame Sprache verstellt da so oft den Unterschied zwischen Österreichern (und ebenso Schweizern) und Deutschen; für den Österreicher ist Deutschland Ausland, und nicht eines der geliebtesten. – Als das Andere zu dem, was seine Verachtung konzentrierte, sah Trakl ein offenes

Menschentum, wie es Tolstoi und Dostojewski geschildert; Karl Röck vermerkt 1914 in seinem Tagebuch: »Mo 10.8. nm im Max mit Trakl, dann vorm Rathaus ihm bekannt, daß ich für Kriegsdauer nicht mehr mit ihm umgehen kann; ertrage seine Russophilie nicht jetzt; er liebevoll.« – Röck gibt in einer späteren Erinnerung diese Szene entfalteter wieder: »...dann sagte ich, ich muß Ihnen einmal etwas sagen, ich werde mit Ihnen nicht mehr zusammenkommen, solange der Krieg dauert... Ich ertrage es nicht länger, so über die Deutschen sprechen zu hören. Und ich selbst sprach so, wenn ich selbst sagte, daß es den Deutschen vielleicht besser wäre zu unterliegen gegen die Russen, so war dies frevelhafter Wahnwitz... Er sei überzeugt und *schreibe* es ja nicht. Ich: Ich darf so etwas nicht hören. Ich muß es vielleicht selbst denken und habe es gedacht. Aber jetzt, wo der Krieg ist, wie dürfte ich so etwas aussprechen. Und wenn ich es dürfte: so höchstens zu einem Deutschen, der die Deutschen liebte. Aber nicht gegenüber einem, der die Russen liebt und mehr: die Deutschen haßt... Solche Sachen mit anhören, wie daß nichts Großes mehr aus Deutschland komme – das darf ich nicht hören.« – Nun, ein Nationalismus wäre des andern wert, von da wird keine Rettung mehr kommen, doch es war ja kein anderer Nationalismus, der da aus den Qualen von Herz und Hirn schrie.

Dennoch das Erlösende einer Entscheidung: Am 24. August 1914 wird Trakl mit einer Sanitätskolonne zum Feldspital 7/14 verladen, um Mitternacht, am Hauptbahnhof von Innsbruck; war mein Vater dabei? Ich kann ihn nicht mehr fragen, so will ich es glauben; er steigt neben dem spinnerten Schorschl in den Viehwaggon ein. – Er winkt mir zu; Mai 1945: Wir sehen uns

wieder nach dem Sieg! – Ludwig von Ficker hat den Freund begleitet, er erinnert sich einer Nelke an Trakls Käppi, und dessen heiteren Gesichtes, und daß es eine Mondnacht gewesen, und daß Trakl ihm auf ein Stück Papier eine Erfahrung niedergeschrieben: »Gefühl in den Augenblicken totenähnlichen Seins: Alle Menschen sind der Liebe wert. Ewachend fühlst du die Bitternis der Welt; darin ist alle deine ungelöste Schuld; dein Gedicht eine unvollkommene Sühne.«
Noch ein Aphorismus aus Trakls Feder ist auf uns gekommen: *»Nur dem, der das Glück verachtet, wird Erkenntnis.«*
Blinde Zeiger gen Mitternacht; der Zug rollt hinaus. – Mein Vater wird gesungen haben, Trakl geschwiegen; silberner Mond. – Der Zug rollt gen Osten. – Über Trakls kurze Kriegszeit gibt es, wie auch sonst über ihn, nur spärliche Nachricht: vor allem seine eigenen Feldpostkarten, noch nicht zwanzig an der Zahl, wie immer karge Mitteilungen: *»Morgen oder übermorgen marschieren wir weiter. Es scheint sich eine neue große Schlacht vorzubereiten. Wolle der Himmel uns diesmal gnädig sein.«* – Die Schlacht bei Grodek. – Die beiden wichtigsten Zeugnisse Außenstehender sind der Bericht Ludwig von Fickers über die Begegnung mit Trakl im Garnisonsspital Krakau und der Brief des Bergarbeiters Mathias Roth, der bei Trakl den Dienst eines Offiziersburschen versah; dann die offiziellen Lazarettdokumente sowie drei Aufzeichnungen von Kriegskameraden[21], deren eine hier ihren Platz haben soll, da sie wie kaum ein Andres geeignet erscheint, das Unsägliche wiederzugeben. Der Magister Heinz Klier hat es verfaßt: »Als Militär-Apotheker an der Front«, erschienen im »Salzburger Volksblatt« vom 28. Dezember 1914: »Es war die Schlacht bei Lemberg im

Gange; das Donnern hörten wir vom nahen Grodek. [...] Hier oben war es auch, wo ich den ersten Bekannten aus Salzburg im Felde antraf. Es war Kollege Georg Trakl. Wir feierten unser zufälliges Wiedersehen fröhlich beim Wein, tauschten unsere Erlebnisse aus und schieden mit dem Wunsch auf frohes Wiedersehen. Noch öfters traf ich dann mit Trakl zusammen, ich glaube das letztemal bei Limanowa, wo wir einige Tage fröhlich verbrachten. Kurz darauf las ich die traurige Botschaft im Salzburger Volksblatt, daß Kollege Trakl den Heldentod gefunden. Fiducit!«

Es ist unsäglich; und: Fiducit! – Der fröhliche, heile Heldentod. – Mein Vater wußte davon nichts; er wußte nur, daß Trakl plötzlich verschwunden gewesen, wahrscheinlich entlassen, der spinnerte Schorschl, der zu nichts außer Saufen zu brauchen war. – Er war es wohl tatsächlich nicht: In dem stinkenden Strudel, der mit dem Fall der als uneinnehmbar gewähnten österreichischen Festung Przemyśl die armen Soldaten in den Tod sog (Karl Kraus hat in den »Letzten Tagen der Menschheit« diesen schauerlichen Mischmasch aus Prestigebewußtsein und Schlamperei mit Medusenzitaten überliefert) –: in der Schlacht bei Grodek hat sich ein Vorfall zugetragen, nichts Herausragendes, ein Stückchen Kriegsalltag, das, wer da will, im Sinn der Unbrauchbarkeit deuten mag. – Eine Scheune Verwundeter, eine Allee Gehenkter, Qualen und Ohnmacht, Schreie und Flüche, das Schlamassel eines verpfuschten Rückzugs, Millionen haben es erlebt – Fortsetzung des Friedensalltags mit anderen Mitteln. – Mein Vater, wenn er gut gelaunt war und Charaktererziehung für angebracht hielt, gab manchmal beim Mittagessen ein paar Erinnerungen zum besten, wie es damals im Feldlazarett zugegangen, schier unglaubliche

Husarenstückchen an Schneidigkeit und Improvisationskunst, die immer unter dem Motto gestanden: Man muß sich nur zu helfen wissen! Das Glanzstückchen solchen Sich-helfen-Könnens, also Brauchbarseins, war die Schilderung eines Blasenschnitts, den er, mein Vater, der ungelernte Chirurgus, auf einem Rübenacker ohne Betäubung erledigt hatte; er schilderte lebhaft die Fontäne des drei Tage lang angestauten Harns und das erlöste Gesicht des Befreiten; vielleicht sah Henry Miller ihm zu. – Oder wie sie im Karpatenwinter drei Tage und Nächte ohne Pause erfrorene Beine abgesägt, Pyramiden aus schwarzen Füßen im Schnee, und wie sie chirurgisches Nähmaterial aus den Därmen geschlachteter Katzen gewonnen, und wie sie dann zwischen Jauche und Eiter Jausen mit Schinkensemmeln gehalten; er flocht auch gern Humorvolles ein, grimmige kannibalische Späße, die sich mit Kulinarischem mischten, doch ich erinnere mich keiner Einzelheit, nur seines herzlich ungeheuren Lachens, gutmütig und berserkerhaft. – Von gehenkten Bauern sprach er nie; er wird sie wohl, selbstverständlicher Alltag, nicht besonders beachtet haben: kein Dorf, das nicht ein Galgen beherrschte. – Gern erzählte er Orgienartiges: im Vertilgen von Wein wie im Ertragen von Durst. – Auch ein Liedchen hat er überliefert: »Granaten, Dumdum und Schrapnells, duljiöh, das ist meine größte Gaudee, horrido, Granaten, Dumdum und Schrapnells, duljiöh, das ist meine größte Gaudee!« – Fiducit! – Er hat im Krieg seinen Mann gestanden; es war nötig, seinen Mann zu stehen, er hat auch das Silberne Verdienstkreuz bekommen, das Diplom hing in seinem Bureau neben der Magisterurkunde und seinem Lieblingsgemälde: eine Eule mit glühenden Augen, und ein Totenkopf auf einem pergamentenen Buch.

Was aber war nun dem Trakl geschehen, dem spinnerten Schorschl? In welches Nichts war er verschwunden? Was immer auch über Trakls galizische Tage und seinen Abgang vom Feldspital 7/14 geschrieben wurde – so auch eine Novelle, nein, eine »Novelle« –, ist Aufbereitung des einzig authentischen Berichtes, der Niederschrift Ludwig von Fickers über seine letzte Begegnung mit Trakl.[22] Er möge in seiner Gänze hier stehen, kein Detail ist entbehrlich.

»Die« – berichtet Ficker – »nächste Nachricht, die mir von Trakl zuging, war eine zensierte Feldpostkarte mit dem Vermerk ›Krakau, Garnisonsspital Nr. 15, Abteilung 5‹, von ihm selbst geschrieben:

›Verehrter Freund! Ich bin seit fünf Tagen hier im Garnisonsspital zur Beobachtung meines Geisteszustandes. Meine Gesundheit ist wohl etwas angegriffen, und ich verfalle recht oft in eine unsägliche Traurigkeit. Hoffentlich sind diese Tage der Niedergeschlagenheit bald vorüber. Die schönsten Grüße an Ihre Frau und Ihre Kinder. Bitte telegraphieren Sie mir einige Worte. Ich wäre so froh, von Ihnen Nachricht zu bekommen. Herzliche Grüße Ihr ergebener Georg Trakl. Viele Grüße an Röck.‹

Auf diese Mitteilung hin, der zu entnehmen war, daß kein einziger der Freundesgrüße Trakl im Feld erreicht hatte, reiste ich nach Krakau.

Ich traf am 24. Oktober, einem Samstag, früh morgens dort ein und blieb bis zum Abend des nächsten Tages. In der Stadt wie in der Aufnahmekartei des Garnisonsspitals herrschte lebhafte Bewegung: Die Einschließung Przemyśls von drei Seiten und der Druck der Feinde vom Norden her hatten eine bedrohliche Lage geschaffen.

Der Chefarzt, ein Tscheche, schien zerstreut, als ich ihm mein Anliegen vortrug und den offenbar etwas naiven, weil allzu zivilistisch orientierten Wunsch aussprach, den erkrankten Freund – womöglich gleich! – in häusliche Pflege übernehmen zu dürfen. Er schüttelte nur schweigend und wie abwehrend den Kopf. Aber ein Assistenzarzt, der dabeistand, ein Pole, nahm mich mit der Bemerkung, daß Trakl in seiner Behandlung stehe, beiseite und erklärte, sich sehr für diesen Fall zu interessieren. Froh, ein geneigtes Ohr zu finden, teilte ich ihm alles, was sein fachliches Interesse wie auch seine menschliche Teilnahme erregen konnte, mit, im besonderen darauf verweisend, daß Depressionszustände dieser Art bei Trakl keine Seltenheit seien und in entsprechender Umgebung rasch zu weichen pflegten. Dann bat ich um die Erlaubnis, den Freund gleich jetzt, außerhalb der Besuchszeit, sprechen zu dürfen, was der Arzt gestattete. Auf dem Korridor im Erdgeschoß der Psychiatrischen Klinik hielt ich einen Wärter an, der eben vorbeikam, und fragte ihn nach Trakl. Er trat auf die nächstgelegene, eine schwarz gestrichene Tür zu und öffnete ein Guckloch: ›Meinen Sie den da?‹ – Ich warf einen Blick hinein ›... danke – ja!‹ Trakl saß, die Bluse lose zugeknöpft, auf dem Bettrand, rauchte eine Zigarette und schien sich eben ruhig mit einem (mir im Augenblick nicht sichtbaren) Gegenüber zu unterhalten. Die Zelle, schmal und hoch, war von feinem Tabaksrauch wie eingenebelt; aber durch ein hochgelegenes, kreuzweis stark vergittertes Fenster fiel ein voller Strahl der frühen Vormittagssonne, der die Rauchwölkchen wie leichtbewegten Morgennebel goldig durchleuchtete. Plötzlich wandte Trakl, die Zigarette weglegend, kaum merklich den Kopf, sah gespannt zur Tür her, als begegnete er meinem Blick. Da

hatte ich auch schon geöffnet – und nun geschah es, daß der Freund, der sich erhoben hatte, mich groß anblickend ruhig auf mich zukam und, ohne ein Wort zu sagen, mich in die Arme schloß.
Sein Wesen schien in nichts alteriert und durchaus gefaßt. Auf meine Frage, wie er sich befinde, erwiderte er: leidlich. Übrigens sei es ein Zufall, daß ich ihn hier noch träfe. Er sei nämlich schon nahe daran gewesen, das Spital zu verlassen – zugleich nahm er eine Feldpostkarte vom Nachtkästchen und wies sie mir vor: ›Sehen Sie, hier hatte ich es Ihnen mitgeteilt!‹ Aber er hatte die Karte (die ich flüchtig überlas und ihm zurückstellte) nicht abgeschickt. Denn eine leichte Angina, die er sich kürzlich zugezogen, habe ihn genötigt, vorläufig noch hier zu bleiben. Doch sei er schon fieberfrei und wiederhergestellt, und er müssse sich nur wundern, daß von dem Entschluß, ihn aus dieser Situation zu entlassen, nun bei den Ärzten, wie es scheine, keine Rede mehr sei. Er habe den Eindruck, man wolle ihn mit Ausflüchten hinhalten.
Ich suchte seine Bedenken zu zerstreuen. Mir war aber dabei selbst etwas beklommen zumute. Denn aus der Unterredung mit dem Arzt, dem bei der Briefzensur auch einige Gedichte Trakls zu Gesicht gekommen waren, war mir haften geblieben, daß er diesen Fall zum Kapitel ›Genie und Wahnsinn‹ rechne, womit er anzudeuten schien, daß weitere Vorsicht und Beobachtung geboten sei.
Nach welcher Richtung übrigens sich Trakls Mißtrauen verdichtet hatte, sollte ich nachmittags erfahren, als wir uns – es war ein schöner, leichtverhängter Herbsttag und die Luft fast frühlingshaft mild und weich – im Spitalgarten ergingen. Trakl erzählte da in seiner beherrschten, sich immer wie im Augenblick entsinnen-

den und nur auf die Vergegenwärtigung von Unvergeßlichem bedachten Art das Wenige und doch für ihn so Verhängnisvolle, das er im Feld erlebt hatte. In der Schlacht von Grodek, kurz vor der Entscheidung und schon im Rückschlag einer an der Front ausbrechenden Panik, war die Sanitätskolonne, der er angehörte, zum ersten Male eingesetzt worden. In einer Scheune, nahe dem Hauptplatz des Ortes, hatte er ohne ärztliche Assistenz die Betreuung von neunzig Schwerverwundeten übernehmen und machtlos, selbst hilflos, diese Marter durch zwei Tage ausstehen müssen. Noch habe er das Stöhnen der Gepeinigten im Ohr und ihre Bitten, ihrer Qual ein Ende zu machen. Plötzlich, kaum hörbar in dem Jammer, sei eine schwache Detonation erfolgt: Einer mit einem Blasenschuß hatte sich eine Kugel durch den Kopf gejagt, und unversehens klebten blutige Gehirnpartikel an der Wand. Da hatte er hinaus müssen. Aber sooft er in das Freie trat, immer habe ihn ein anderes Bild des Grauens angezogen und erstarren gemacht. Da standen nämlich auf dem Platz, der wirr belebt und dann wieder wie ausgekehrt schien, Bäume. Eine Gruppe unheimlich regungslos beisammenstehender Bäume, an deren jedem ein Gehenkter baumelte. Ruthenen, justifizierte Ortsansässige. Einer von ihnen, der zuletzt Aufgeknüpfte, hatte sich, wie Trakl erfuhr (oder hatte er's noch miterlebt?), die Schlinge selbst um den Hals gelegt. Tief habe er sich den Anblick eingeprägt: der Menschheit *ganzer* Jammer, hier habe er einen angefaßt! Nie könne er das vergessen, und auch den Rückzug nicht; nichts nämlich sei so schrecklich als ein Rückzug in Verwirrung. Und eines Abends nun – erzählte Trakl weiter – irgendwo, noch auf dem Rückzug, sei es geschehen. Da sei er beim Nachtmahl, im Kreis der Kameraden, plötzlich aufge-

standen und mit der angsterpreßten Erklärung, er könne nicht mehr weiterleben, man möge entschuldigen, aber er müsse sich erschießen, hinausgestürzt; worauf ihm Kameraden nacheilten und ihm, dem Kraft und Wille und Bewußtsein schwanden, die Pistole aus der Hand nahmen. Ein peinlicher Vorfall, wie er einsehe, dieser Ausbruch von Verzweiflung, der schuld daran sei, daß er jetzt hier, in einer so fatalen Situation, sich befinde. Denn wohl habe er sich von dem Schwächeanfall rasch erholt gehabt und ohne weitere Erregung den gewohnten Dienst versehen, aber vierzehn Tage nachher – in Limanowa – hatte er die Abkommandierung erhalten, hierher nach Krakau ins Garnisonsspital, doch nicht, wie er vermutet hatte, zur Dienstleistung als Apotheker, sondern – nun, das wisse und sähe ich ja: da sei eben nichts zu machen.
Und Trakl stand plötzlich still, die Hände auf dem Rücken, in tiefes Nachsinnen verloren – im Patientenkittel, den er trug und der fatalerweise immer irgendwie an einen Delinquentenrock erinnert, ein Bild der Menschenwürde, des Erbarmens würdig – und plötzlich hob er den Kopf, sah mich unsicher und fragend an: ›Was denken Sie? Ich fürchte nämlich, wegen jenes Vorfalls vor ein Kriegsgericht gestellt und hingerichtet zu werden. Verzagtheit, wissen Sie: Äußerung der Mutlosigkeit vor dem Feind – ich muß darauf gefaßt sein.‹ Erschrocken suchte ich ihm diese Wahnvorstellung auszureden: ›Nein, wie kommen Sie auf die Idee?‹ – ›O doch‹, beharrte er, ›man hat Beispiele, das kommt vor. Übrigens – wozu auch werde ich hier zurückgehalten?‹ – Nun, was das betreffe, erwiderte ich, so sei ich überzeugt davon, daß ich ihn binnen kurzem von hier freibekommen und zur Erholung würde nach Hause nehmen können, da möge er nur beruhigt sein.

Inzwischen war die Sonne gesunken, und da es kühl zu werden begann, wandten wir uns dem Eingang zu. Noch einmal, ehe wir eintraten, blieb er stehen: ›Also – *nicht?* Sie meinen: *nicht?*‹ – ›Nein, Freund, nein! Was fällt Ihnen nur ein!‹ –

Ein Leutnant von den Windischgrätz-Dragonern, der an Delirium tremens litt, doch in den nächsten Tagen schon von seinem Vater, einem Gutsbesitzer in der Slowakei, auf Erholungsurlaub nach Hause gebracht werden sollte, teilte das Zimmer mit ihm. Die anspruchsvolle Kameradschaft dieses Menschen, doppelt beschwerlich in so engem Raum, von Trakl jedoch mit rührender Geduld und Nachsicht für den Unglücklichen ertragen, seine Wutausbrüche, die von Schlaf zu Schlaf mit Anwandlungen eines in seiner Aufgeräumtheit völlig sinnlos anmutenden Mitteilungsbedürfnisses wechselten, die unflätigen Beschimpfungen, die er in Ermangelung eines eigenen über Trakls Diener, der ihm zur Verfügung stand und ihm nichts recht machen konnte, ausgoß, Beschimpfungen, welche den Burschen einmal, in meiner Gegenwart, so in Harnisch brachten, daß er, am ganzen Leib bebend, gepeinigt aufschrie und auf Trakl weisend die Worte hervorstieß: ›Der da ist mein Herr, nicht Sie!‹ Worauf Trakl, sich mühsam beherrschend, den rabiaten Kameraden mit den Worten zurechtwies: ›Ich bitt' dich, schau – laß doch den armen Menschen, du siehst, er tut ja, was er kann!‹ Dazu die Unruhe, das stete Kommen und Gehen draußen auf dem Gang, die Roheit der Wärter, gelegentliches Gepolter und Geschrei der Irren im oberen Stockwerk, im übrigen der Eindruck einer Gefängniszelle, der sich bei einbrechender Dunkelheit ins Trostlose verdichtete. Und schließlich, sobald es Nacht geworden war: die Ausgesetztheit aller demütigen Kreatur in dieser Welt der sinnlosen Gewalt zu unvergeßlichem Eindruck gesteigert, wenn Trakls Diener, ein blasser, kränklich aussehender Mensch, Zeltblatt und Decke über einem Häuflein Holzwolle auf dem Boden ausbreitete, um in dem Winkel zwischen Fensterwand und Eisenbett zu Häupten seines Herrn sich schlafen zu legen: Dies also war das Milieu, in welchem meine letzte Begegnung mit dem Freunde stattfand.

Am nächsten Nachmittag traf ich ihn liegend; er schien gedrückter als am Vortag und über seine eigene Geistesgegenwart hinaus, die spürbar blieb, entrückt. – ›Wollen Sie hören, was ich im Feld geschrieben habe?‹ fragte er nach einer Weile. ›Es ist blutwenig‹, setzte er hinzu, indes der Windischgrätz-Dragoner, der über meine neuerliche Anwesenheit sichtlich ungehalten war, sich gähnend und gelangweilt in seinem Bett der Wand zukehrte. Und nun las mir Trakl leise, mit der schlicht hinsagenden Stimme, die ihm eigen war, zwei Gedichte vor: *Klage* und *Grodek* – dieses, das sein letztes bleiben sollte, noch in einer Fassung, darin der Schluß, der Ausblick auf das Schicksal der ungeborenen Enkel, etwas breiter angelegt war und noch nicht jene jähe perspektivische Verkürzung aufwies, in die hinein Trakls Blick förmlich gebrochen und aus der Welt gehoben schien. Ich war erschüttert und, trotzdem das Schnarchen unseres schlafenden Gegenübers laut und peinlich durch die Stille sägte, von des Freundes trauriger Verstummtheit lange wie von einem abgestorbenen Arm umfangen. – ›Wollen Sie es für den Brenner?‹ sagte er endlich. ›Gerne‹, erwiderte ich und dankte ihm. – ›Wann werden Sie ihn herausbringen?‹ – ›Im Frühjahr, hoffe ich, als Jahrbuch... Es wird auch davon abhängen, ob der Krieg nun bald zu Ende geht und ob ich selbst noch einrücken und hinaus muß.‹ – ›Gott behüte‹, murmelte Trakl, sah vor sich hin und schwieg. Dann griff er nach einem Reclam-Bändchen, das auf dem Nachtkästchen lag, und reichte es mir: ›Kennen Sie das?‹ Ich verneinte; es waren die Gedichte von Johann Christian Günther. ›Auch ich kannte ihn nicht‹, bemerkte Trakl, ›aber er ist es wert, daß man ihn kennt, gerade heute in Deutschland kennt; ja: wert, daß man sich seiner erinnert und ihn nicht vergißt... Obschon‹, fügte er nach kurzem Nachsinnen hinzu, ›ja, das muß man sagen – manche seiner Verse von einer Herbheit sind, die kaum mehr erträglich und auch kaum mehr gerecht ist... Erlauben Sie!‹ Er nahm das Bändchen, an dem nur die letzten Seiten aufgeschnitten waren, aus meiner Hand, blätterte auf: ›Es sind die bittersten Verse, die ein deutscher Dichter geschrieben hat – hören Sie!‹ Und er las:

Ich fürcht', ich fürcht', es blitzt von Westen,
Und Norden droht schon über dich,
Du pflügst vielleicht nur fremden Gästen,
Ich wünsch' es nicht. Gedenk an mich.
Du magst mich jagen und verdammen:
Ich steh', wie Bias bei den Flammen,
Und geh', wohin die Schickung ruft.
Hier fliegt dein Staub von meinen Füßen,
Ich mag von dir nichts mehr genießen,
Sogar nicht diesen Mund voll Luft.

›An sein Vaterland, ist es betitelt‹, sagte Trakl nach einer Pause – ›es ist die letzte Strophe‹ – und er schüttelte den Kopf. Und wiederholte auswendig und, als wollte er ihre Bitterkeit ganz auskosten, die drei letzten Verse. Dann griff er neuerdings das Bändchen auf. ›Das schönste und bedeutendste aber, hören Sie nur, ist das letzte: Bußgedanken. Sie müssen wissen, daß Günther jung gestorben ist, mit 27 Jahren.‹ Und er begann:

Mein Gott! Wo ist denn schon der Lenz von meinen Jahren
So still, so unvermerkt, so zeitig hingefahren?‹

und sprach nun die fünfundzwanzig Strophen des Gedichts in einer stillen und ergreifenden Weise, aus deren unpathetischer Eintönigkeit er merklich und mit einem Anflug von beschwingterer Schwermut die schöne Strophe hervorhob:

Komm nun und wie du willst, die Erbschuld abzufordern,
Der Leib, das schwere Kleid, mag reißen und vermodern,
Weil dies Verwesen ihn mit neuer Klarheit schmückt.
Ich will ihm zum voraus mit freudenreichem Sehnen
Auf Gräbern nach und nach dem Schlummer angewöhnen,
In welchem ihn hinfort kein eitler Traum mehr drückt –

um aufseufzend, in schwach abklingendem Tone fortzufahren:

O sanfte Lagerstatt, so seliges Gefilde!
Du trägst, du zeigest mir das Paradies im Bilde,
Ich steh', ich weiß nicht wie, recht innerlich gerührt...

Und als er dann geendet:

Soll ja mein jäher Fall den Körper niederstürzen,
So laß mir Zeit und Schmerz auf deine Brust verkürzen
Und nimm den freien Geist mit Arm und Mitleid auf!
Wenn irgend noch von mir ein Ärgernis geblieben,
Dem sei der Spruch ans Herz, wie mir an Sarg geschrieben:
Oft ist ein guter Tod der beste Lebenslauf –

ja, als er so geendet hatte, schien er erschöpft und ruhebedürftig. Er schloß die Augen. Ich saß auf seinem Bett, und es verging so eine stille Weile. Der Kranke seinem Bett gegenüber war in seiner ganzen aufgeschwemmten Lästigkeit erwacht und glotzte liegend, mit gläsernen Augen zu uns herüber. Draußen ging der Tag zur Neige, die Schattenkreuze des Fenstergitters, die noch vorhin ausgestreckt und langhinschwindend auf dem Boden lagen, schienen von der Dämmerung wie aufgehoben, es herrschte Zwielicht, und es war mir, Gott ich weiß nicht wie. Mein Fuß stieß unversehens an eine kleine Batterie geleerter und gefüllter Bierflaschen, die unter dem Bette standen und leise aneinander aufklirrten. Ich spürte, wie verwaist die Welt auf einmal war, aber keinen Augenblick, ich muß es gestehen, kam mir der Gedanke, dies könne der Abschied sein. Etwas schien machtvoll unversieglich im Dasein des Freundes, nicht aus der Welt zu denken, und als er sich regte und fragte, wie spät es schon sei und ob er geschlafen habe, suchte ich beherzt der Unterhaltung eine Wendung ins Unbekümmerte zu geben. Freilich mit wenig Glück, wie sich alsbald herausstellte. Doch ergab sich hiebei eine Gelegenheit, daß ich Trakl wie zufällig fragen konnte, ob er noch immer Gifte besitze. ›No freilich, als Apotheker, ich bitt' Sie‹, gab er fast aufgeräumt und gutmütig lächelnd zur Antwort: ›wär ich denn sonst noch am Leben? Nur erfahren, versteht sich, darf's hier niemand – sonst: da käm' ich schön an!‹ – Bald darauf steckte der Arzt den Kopf zur Türe herein: ›Geht's gut?‹ Es war die Abendvisite. Ich folgte ihm auf den Gang und beschwor ihn nochmals, für die baldige Entlassung Trakls und die Erwirkung eines Erholungsurlaubs besorgt zu sein, was er, da er es eilig hatte, leichthin, doch immerhin ganz herzlich versprach. Ich kehrte mit dieser günstigen Botschaft zu Trakl zurück. Der aber, seufzend und in sich gekehrt, wollte von Ärzten und ihren Sprüchen nicht mehr viel wissen. Und als dann sein Diener das Essen holen ging – es war inzwischen dunkel geworden –, hielt ich den Augenblick für gekommen, mich von dem Freund zu verabschieden. Ich trat an sein Bett, nahm mich zusammen und versprach, auch noch in Wien, auf der Rückreise, alles aufzubieten, damit seine Entlassung aus dem Spital auch von dort aus betrieben und beschleunigt werde; dann würden wir uns in Innsbruck ja bald wiedertreffen. ›Glauben Sie?‹ fragte er fremd und leise. ›Ich – hoffe es‹, erwiderte ich, momentan bestürzt. Trakl drückte mir kurz die Hand, dankte für den Besuch und bat, die Freunde zu grüßen. Dann legte er sich zurück, wie einer, der vor dem Einschlafen noch eine Weile in das Dunkel sinnen will, und zog die Decke an sich hoch. Kaum konnte ich sein Gesicht noch ausnehmen, so finster war es schon im Raum, als ich mich an der Tür umwandte. Ich nickte ihm noch einmal zu, unwillkürlich nochmals ein paar Schritte näher tretend, und: ›Leben Sie wohl! lieber Freund!

Auf baldiges Wiedersehen!‹ sagte ich wie im Traum.
Trakl lag regungslos, entgegnete kein Wort.
Sah mich nur an.
Sah mir noch nach...
Nie werde ich diesen Blick vergessen.«
Und hier der Brief des Mathias Roth; geschrieben, wie Ludwig von Ficker es charakterisiert hat, mit »der Rechtschreibung des Herzens«:

»den 16/11 1914.
Geehrter Herr Ludwig von Ficker!
Entschuldige mich daß ich euch gestern bloß eine Feldpostkarte schrieb.
Ich hatte nähmlich in diesen Moment nicht andres, Um daß ich Ihnen sofort von meinen Abgang nach Hall Verständigen konnte. Bin gestern Abends von Innsbruck weggefahren den 15/11 also nach Hall. Hier bin ich ihm Reserve Spital Nr. 2 Gymnasium in Hall. Werde vielleicht auch hier nicht lange sein ich bekome nähmlich 2–3 Wochen Urlaub dan werde ich Nachhause fahren.
Sie werden schon entschuldigen daß ich Ihnen nicht früher schrieb es kam nähmlich plözlich erst den lezten Moment aus. Hätte Ihnen gern selber noch Besucht durfte aber nicht hinaus und ich war so noch sehr matt. Ich bin halt zu früh weg gekomen daß ich mit Ihnen nochmals Sprechen hätte könen.
Mir nähmlich erbarmt halt mein Herr immer und daß werde ich ihn meinen Leben nimmer Vergessen.
Und auf eines dürfen wir nie Vergessen unter was für einer Nation wir drunter waren. Daß bin ich froh daß Sie es Lieber Herr von meinen Herrn der beste Kolege Selber gesehen haben ich wünsche mir diese Leute nicht mehr unter die Augen zu treten. Und ich werde

auch Sie lieber Herr nicht mehr Vergessen. Daß freut mich immer und immer daß sie mich auch ihn Innsbruck besucht haben.
Hätte ich doch früher Ihren werthen Namen gewußt ich hätte Ihnen sofort Thelegrafirt schon wie er nimer Wach wurde.
Daß wird mir ein Gedenk Stein sein bei mir von diesen Leuten mein Leben lang.
Ich denke immer und immer an meinen Werthen lieben guten Herrn daß er so elendig und auf Solche Weise zugrunde gehen mußte!
Also den 3. Abends war er noch so gut und Brüderlich sagte er noch um halb 7 Uhr bringen Sie mir Morgen um 7½ einen Schwarzen und ich Soll Schlafen gehn. Und den 4. wars anders mein lieber Herr brauchte keinen Schwarzen mehr denn bei der Nacht hat ihn der liebe Gott zusich gerufen. Euer mit Thrauernder vom meinen Liebenden Herrn als Bursche Mathias Roth. Mit besten Grüßen an Sie und seine Angehörigen.«

Der Bergarbeiter Mathias Roth war der Einzige, der hinter Trakls Sarg schritt.
Die amtliche Todesursache lautet auf Herzlähmung; in den Krankenpapieren des Lazaretts weiß der Arzt es genauer: »Suicid durch Cocainintoxication!« – Die Krankengeschichte beginnt wie folgt: »Trakl weißt« (so!) »seit der Abreise von Innsbruck am 26/VIII abwechselnd katatone wie Erregungszustände auf. Am Tage der Schlacht bei Grodek (14/X) wollte er unbedingt in die Front und mußte durch 6 Mann entwaffnet werden. – Bei jedem Etappenkommando suchte er um Versetzung in die Front als Infanterist an. – Nebenbei sei bemerkt, daß er in Zivil seinen Beruf nicht ausübt, sondern ›dichtet‹.«

Das Wort »dichtet« steht tatsächlich in Anführungszeichen; die Form ist gewahrt.
Hat der Leser jenes »in« der Krankengeschichte gewürdigt: »*in* der Front«, und sich dabei der *Romanze zur Nacht* erinnert: *im Teich – im Wein – im Kellerloch –?* Kein Dichter hätte darauf kommen können. – Karl Röck in seinem Tagebuch: »10. 11. Fi teilt mir auf Karte mit, daß Trakl tot sei (am 4./5.)[23]. Dies Luise gesagt, sie: ›er war ja doch ein Narr‹.« – Von dieser Luise braucht man nichts weiter zu wissen; sie ist die öffentliche Meinung. – »Nebenbei sei bemerkt, daß er in Zivil seinen Beruf nicht ausübt, sondern ›dichtet‹.« – *Alle Straßen münden in schwarze Verwesung.*

VI

»Und man kennt die einzige, die verbotene Liebe zu seiner Schwester Grete, weil sie in den Gedichten steht.«
Wir gestehen, daß uns dieser Satz Stephan Hermlins[24] Kopfzerbrechen bereitet hat: Er drängt zur Entfaltung. Sein Verfasser weiß selbstverständlich genau, daß ein Leben das Eine ist und ein Werk das Andere und die Verbindung beider zu widersprüchlich komplex, als daß sie direkte Schlüsse erlaubte. Jede Autobiographie schon ist »Dichtung und Wahrheit« und als solche keine Biographie, wiewohl sie in einem besonderen Sinn authentischer ist als ein Forschungsergebnis. Auch jedes Werk eines Dichters ist ein Stück seines Lebens, seine Erfahrung ist Substrat seiner Dichtung, aber deshalb noch keine Identität. Nichts ist ärgerlicher, und gerade bei Trakl, als das unerträglich versimpelnde Gleichheitszeichen zwischen Poesie und Biographie, und seine Setzer geben sich zudem noch so eingeweiht. – Vor allem Trakls Prosagedichte sind solcherart jämmerlich ausgeweidet worden: »...als er sich vor die stürmenden Rappen warf...«, »als er im schneeigen Wald die Katze erwürgte...«, »als er –«; genug; es ist so anmaßend lächerlich. – *Traum und Umnachtung*, diese meistbeanspruchte Fundgrube, ist eine Dichtung und keine Datei, und die Lebensrealität des Dichters, die darin einging, ist materieller wie sinnlicher wie geistiger Natur: Erleben und Sehnsucht, Phantasie und Alltag, geträumte Umnachtung, umnachteter Traum; das Erfahren Rimbauds ebenso wie das Nachgrübeln

über das Geschick Kaspar Hausers, und wenn die erste Fassung den Titel trägt: *Der Untergang des Kaspar Münch* (wobei auch als Variante der Name *Kermor* auftaucht, einer Gestalt aus Trakls gleichzeitig entstehendem, fragmentarisch gebliebenem Drama), so verschleiert dieser Titel wiederum den Umstand, daß hier Georg Trakl den Untergang Eines dichtet, der ein poetisches Bild Georg Trakls ist, also über ein Leben verfügt, das in dem Georg Trakls nicht aufgeht, wohl aber das Leben Georg Trakls in seinem. Wenn ein Dichter ein Dichter ist, geht die Summe seines Lebens in jede seiner Dichtungen ein, aber nichts von dem gedichteten Leben muß dem gelebten Leben entsprechen wie ein Protokoll einem Sachverhalt. – Kleiner als Macbeth, und größer; hier trifft's die Hexe genau. – Dasein in der Sphäre des Wesentlichen: In diesem Sinne ist die Autobiographie eines Dichters authentischer als jede Biographie, sei sie auch ungleich mehr Dichtung als Wahrheit: Die Poesie ist das, »was bleibet«, und der Dichter hat sie gestiftet. – Wir möchten den Satz Hermlins, einen der schönsten, die wir zu Trakl kennen, daher in dem Sinn verstehen, daß die verbotene Liebe zwischen Bruder und Schwester, die im Gedicht Trakls gebieterisch da ist, jenseits der Fakten einer Biographie die eigentliche Realität darstellt, die Realität, die den Leser so angeht, daß er sich ihr auch zu stellen hätte, wenn die Biographie ein Inzestverhältnis verneinte.

Was darf Biographie?

Es gibt eine auf den ersten Blick recht sympathisch anmutende These, die ein Eindringen in die Intimsphäre eines Dichters oder Künstlers als unzulässige Schnüffelei verwirft; sie habe recht, wenn dies Eindringen seinem Objekt nicht gewachsen, also tatsächlich Schnüffelei ist. Dieses Objekt ist nämlich nicht bloß ein Intimes, es ist ein Intimes in der Sphäre von Nachwelt, und deren Öffentlichkeit setzt eine andere Qualität: Intimes ist nicht mehr das Nur-Private eines Nur-Einzelnen, es ist das Auch-Öffentliche eines Besonderen, das zwar auch immer Individuelles bleibt, jedoch durch die objektive Existenz des hervorgebrachten Werkes in einem gesteigerten Sinn exemplarisch, in konzentrierterer Weise Allgemeines als ein beliebiges Menschenleben geworden ist. – Das Werk gehört der Welt, und wer trennt es vom Schöpfer? – Die neue Qualität setzt einen anderen Schutz als den des Privatrechts: Jeder Zug eines Schöpferlebens, dessen Werk die Lebzeit überdauert, ist nun ein Lebensweg dieses Werkes, und der Biograph muß sich ihm stellen, wird aber zugleich an ihm gemessen: nicht an dem Einzelzug als intimem Privaten, sondern am Einzelzug eines Werks in der Nachwelt, dessen Schöpferleben der Biograph ihr vermittelt, dazu schreibt er ja seine Biographie. Er stellt sich immer ins Maß jenes Werkes, und verhält er sich nicht gemäß dessen Maß, stellt er sich – hier als Schnüffler – selbst an den Pranger, nur schaut der für die öffentliche Meinung meist wie ein Triumphbogen aus, und am Pranger steht das behandelte Leben. Denn wenn jeder Eintritt in die Nachwelt einen Widerspruch der Lebzeit löst – den zwischen privatem Dasein und öffentlichem Wirken –, verschärft er zugleich einen mitgebrachten: zwischen dem Dasein von Werk und – nun – Leben für Alle, und der Unmöglichkeit Aller, dem Genüge zu tun.

Solange ein öffentlich Wirkender lebt, hat nur er das Ausmaß seiner Intimsphäre zu bestimmen, und er bestimme auch das Ausmaß an Zeugnis, das er davon zu überliefern gedenkt, und den Umfang des Werks, das

er als gültig betrachtet (*er*, nicht seine Familie). Er mag da vernichten oder mystifizieren, Spuren verwischen und Fallstricke legen; zieht ihn jedoch eine Nachwelt zu sich, verwandelt sie ihn in solchem Maße, daß noch das intimste Detail seines Lebens gleich dem mißlungensten Stück seines Œuvres unter dem Aspekt von Öffentlichkeit steht. Man soll nicht Alles überall edieren, aber Alles soll Jedem zugänglich sein: Wer vom Gedicht ergriffen wird, will – Analogon zum Verstehen – vom Dichter nichts oder alles wissen; was dazwischen liegt, ist immer das Halbe, und das ist dem Dichter sowenig gemäß wie dem Leser, der das Gedicht ja stets neu als Gedicht begründet. – Daß dies Wollen unerfüllbar bleiben muß, ist sein Widerspruch. – Die Besonderheit dieses ästhetischen Problems ist zur Spitze eines universellen geworden: Die Menschheit, will sie sich konstituieren, muß lernen, den Menschen zu begreifen, den Menschen ganz und den ganzen Menschen, und »ganz« heißt nun einmal nicht »halb«. An wem aber sollte dies Begreifen, dies Auftauen des – wie Hans Henny Jahnn es formuliert hat – »Lügeneisblocks Mensch« triftiger geschehen als am Leben derer, die durch die Existenz ihres Werks in der Nachwelt selbst zu einer öffentlichen Sache, zur Res publica, geworden und darum wie keine andern geeignet sind, Menschentum exemplarisch zu bezeugen.
Aber sind sie nicht eben durch ihr Werk der Wirklichkeit unseres Alltags entrückt? – So hat man sie lange Zeit gesehen, so sahen sie sich oft auch selber, turmhoch über oder klaftertief unter dem Alltag, durch ihr Schöpfertum Halbgötter oder Geziefer, und immer durch ihr Schöpfertum von einem »normalen« Alltag geschieden – wie sollten sie da exemplarisch sein? Allein wir sind davon überzeugt, daß Schöpfertum Ei-

gengut jedes Menschen und daß das Maß des Kreativen, das Künstler gewiß von Andern unterscheidet, nicht so sehr eine besondere Dimension ist, die aus dem Alltagsleben herausragt, als eine Essenz, die das Dasein durchtränkt und alle seine Züge steigert: nicht zum Über- noch zum Untermenschen, sondern so, daß man darin Menschentum Aller schärfer und gnadenloser sieht. Die Demonstration der Unlebbarkeit eines Lebens: Daß ein Schöpfertum höchsten Rangs sie vollzogen, macht sie exemplarisch für den Alltag derer, die nur leidend scheitern und untergehn, ohne daß ihnen ein Gott dies zu sagen gäbe –: Möge man sie an Trakl begreifen, an seinem Gedicht und durch sein Leben!

Aber Trakl ist doch gar nicht gescheitert, Trakl hat doch etwas vollbracht? Ja: das Werk eines nicht lebbaren Lebens, das als Objektives blieb, Zeichen für die zahllosen Nur-Subjektiven, von denen keine Spur mehr zeugt. – Daß Trakls Leben unlebbar war, macht seine Dichtung nicht geringer, es bestimmt sie genauer; und daß er ein Werk schuf, von dem er ahnte, daß es in die Nachwelt gehe, hat sein Leben dadurch nicht lebbar gemacht, doch in der Einheit von Werk und Leben offenbart sich auf erschütternde Weise ein Zug allen Menschentums. – Aber sind jene unlebbaren Leben nicht die einer heillosen Minderheit, wie wären sie da exemplarisch für alle? Nun, dies war die Auffassung Fadejews, daher seine Ächtungslisten, doch auch seine Minderheit will dasein, unlebbare Leben sind auch Menschenleben, und wenn sich in ihnen das Unlebbarsein zu derart beherrschender Kraft erhebt, daß die Mitwelt von Neurotikern spricht, bleibt Unlebbarkeit dennoch ein Zug, der den Menschen vom Tier unterscheidet. Vielleicht nur ein potentieller Zug, doch wir glauben, daß jedes Leben ihn aufweist, auch wenn ihn sein Träger gar nicht bemerkt oder sich über ihn hinwegtäuscht. Wird er verdrängt, bricht er oft auf wie ein Erdspalt –: Fadejew war schwer alkoholkrank: Er trank, weil er nicht mehr so leben konnte, wie er sein Leben angelegt hatte, und schließlich griff er zum Revolver und hob ihn gegen das eigene Haupt: *Auf meine Stirne tritt kaltes Metall / Spinnen suchen mein Herz. / Es ist ein Licht, das in meinem Mund erlöscht.* Der Schuß schrieb ihn in seine eigene Liste. – Majakowski schrieb nach dem Selbstmord Jessenins ein großes Gedicht wider den Selbstmord, um sich zwei Jahre danach zu erschießen – wer wirft auf die drei den ersten Stein? Fadejew ist ein großer Schriftsteller und bleibt es; gut, daß wir sein Werk besitzen, doch sollte man nicht auch sein Leben kennen, erhellte sein Selbstmord nicht auch den Trakls, und könnte uns nicht auch Trakl helfen, etwas an Fadejew zu verstehen? *Am Abend weht von unseren Sternen ein eisiger Wind.* – Welches Wort hat Becher so gern zitiert? »Wer einem Stern folgt, kehrt nicht um.« – Ein Wahlspruch Leonardo da Vincis, er bezieht sich auf die Bibel, Evangelium des Matthäus, zweites Kapitel: »Als nun Jesus geboren war, zu Bethlehem im Lande Juda in den Tagen des Königs Herodes, da kamen Weise aus dem Morgenlande nach Jerusalem und sagten: ›Wo ist der neugeborene König der Juden? Denn wir haben seinen Stern im Aufgehn gesehen und sind gekommen, ihm zu huldigen.‹ Als der König Herodes das hörte, erschrak er, und ganz Jerusalem mit ihm. Und er ließ alle Hohenpriester und Schriftgelehrten des Volkes zusammenkommen und forschte sie aus, wo der Messias geboren werden solle. Sie sagten ihm: ›In Bethlehem im Lande Juda...‹ Da rief Herodes die Weisen heimlich zu sich und horchte sie aus, wann ihnen der Stern erschienen sei. Dann schickte er sie nach Bethlehem und sagte: ›Ziehet hin und forschet genau nach dem Kinde, und sobald ihr es gefunden habt, laßt es mich wissen, damit auch ich komme und ihm huldige.‹ Nachdem sie den König angehört hatten, brachen sie auf. Und siehe, der Stern, den sie im Aufgehen gesehen hatten, zog vor ihnen her, bis er ankam und stehenblieb über dem Ort, wo das Kind war.«

Dann der Mord zu Bethlehem, der Todesreigen der braunen Kinder. – T.S. Eliot und Rainer Maria Rilke haben dem Zug der drei Weisen ein Gedicht gewidmet; nicht die Moderne allein ist ein einziges großes Gedicht: Aller Zeiten Dichtung und Kunst zusammen stiften ein bleibendes Zeugnis des Menschentums in seinen Möglich- wie Wirklichkeiten. – Und Zeugnisse darf man nicht verstümmeln. – In dieser heillosen Epoche einer Informationsflut, die uns mit Nichtigstem überschwemmt und Wesentliches uns vorenthält, bedarf es mehr denn je der Nachricht vom Menschen, und die wird eben zum Nichtigen dann, wenn eine Auswahl sie manipuliert. Das Wesentliche als das Wahre des Seins ist immer das Ganze, das kann sich auch im Teil offenbaren, doch ein Teil ist ein Organ des Ganzen; der Torso konzentriert die Gestalt, eine Klitterung egalisiert sie, und dies gerade dann, wenn sie ein scheinbar Ganzes hinstellt. – Den Lügeneisblock mit Lügen auftaun! – Man photographiert ja auch des Menschen Gesicht und stellt seine nackten Züge zur Schau, warum fürchtet man sich vor der nackten Seele? – Ach, man fürchtet, sich selbst zu erkennen, man verhängt den Spiegel vor dem eigenen Blick. – »Die Menschen schämen sich nicht, etwas Schmutziges zu denken, aber wohl, wenn sie sich vorstellen, daß man ihnen diese schmutzigen Gedanken zutraue« – dieses Nietzsche-Wort gilt an. Doch dies »Schmutzige« ist *auch* das Menschliche; unmenschlich ist nur jenes Saubermannswesen, aus dem Bevormunder des Volkes Urin und Sperma gewaschen haben. Das Menschliche, das ist der Mensch ganz: in seinen Siegen und Triumphen wie in seinen Nöten und Niederlagen, in seinen Anfechtungen und Besessenheiten, in Glanz und Kot, in Zwängen und Freiheit, in dem, worin er ein Zeichen der Würde, wie in dem, darin uns vor ihm schaudert! Darum ist auch die Anmaßung, daß nur Befugte die volle Wahrheit erfahren dürfen und die große Menge Unbefugter mit der Bettelsuppe einer Auswahl an Werk und Leben abzuspeisen sei, so unerträglich –: Jene selbsternannten Befugten stellen sich gerade dadurch das Zeugnis ihrer Unbefugtheit aus! Sie behaupten, den Mißbrauch durch Unverständige zu fürchten, doch dieser Mißbrauch ist unvermeidlich, so unvermeidlich. Wie daß eine Dichtung Mißverständnissen offensteht, Stümpereien, Wahnen, grotesken Fehlinterpretationen, Verstümmelungen, Verfälschungen, Unterordnungen unter dies und das Banner – zum Beispiel unter das der »Befugten«. Was dem Werk geschieht, geschieht auch dem Leben, und so mag sich vor ihm denn Häme brüsten und Dünkel spreizen, so mag, wer danach das Bedürfnis verspürt, sich an vermeintlichen Pikanterien weiden – er bezieht sie ja nur aus der Sudelküche, wo man ihm Bettelsuppe aufträgt, anstatt ihn an die Tafel zu bitten. Man kann Velazquez und Giorgione nicht davor schützen, daß jemand mit einem Bild ihrer Venus ins Bett geht, und man soll sich auch nicht über diesen Jemand mokieren, auch sein Treiben ist ein Menschenzug –: Über Pygmalion rümpft niemand die Nase. – Man ist gegen Mißbrauch und treibt ihn selbst. – Man sagt, man schütze das Geheimnis des Dichters; doch was Geheimnis ist, bleibt ja immer gewahrt, ja, es wird in dem Maß geheimnisreicher, je mehr Rätsel sich von ihm durch ihre Auflösung sondern. – Man sagt, man müsse die Masse erziehen; das könnte wohl nur durch Wahrheit geschehen, und die Wahrheit ist ihrem Wesen nach ganz.

So gehört denn zu Trakls Bild auch die unsägliche Karte, die er nach einem Bordellbesuch in Salzburg im November 1911 an Erhard Buschbeck zu schreiben für gut befunden hat: *Wenn ein Jüdl fickt, kriegt er Filzläuse! Ein Christenmensch hört alle Engel singen. G. T.* – Mitunterzeichnet haben der Schul- und Studienfreund Karl Minnich, von dem man hier sonst nichts zu wissen braucht, und der zehn Jahre ältere Karl Hauer, ein Essayist von hohen Graden, dessen Aufsätze Karl Kraus in der »Fackel« druckte. – Zoten für den Herrenstammtisch? Wer da will, mag's so halten; uns scheint angemessen: *Der Wahrheit nachsinnen – / Viel Schmerz!* – Der albern antisemitische Zug ist ein Zug der Zeit, Röcks Tagebücher strotzen davon, bei Trakl tritt er nur einmal, nur hier zutage, eine trübe Folie, von der sich jene brutal unbekümmerte Unschuld der Körperlust abhebt, die wir in seinem Gedicht immer wieder finden: *Seine liebe Frau zu grüßen / Naht ein Mohr dir braun und rauh. – Gewaltig bäumt sich ein schwarzes Pferd; die hyazinthenen Locken der Magd / Haschen nach der Inbrunst seiner purpurnen Nüstern. – Herrlich: betrunken zu taumeln in dämmernden Wald. – Ein Christenmensch hört alle Engel singen.* – Diese Unschuld in Liebe, Wein, Rauschgift und Bösem ist der Gegenpol zernichtender Schuld ob Liebe, Wein, Rauschgift und Bösem, oft unmittelbar nebeneinandergestellt:

Herrlich: betrunken zu taumeln in dämmernden Wald.
Durch schwarzes Geäst tönen schmerzliche Glocken.
– In roter Flamme verbrannte ein Baum; aufflattern mit dunklen Gesichtern die Fledermäuse. – Es ist Schnee gefallen. Nach Mitternacht verläßt du betrunken von purpurnem Wein den dunklen Bezirk der Menschen, die rote Flamme ihres Herdes. O die Finsternis!
Schwarzer Frost. Die Erde ist hart, nach Bitterem schmeckt die Luft. Deine Sterne schließen sich zu bösen Zeichen. – Es dräut die Nacht am Lager unsrer Küsse.
Es flüstert wo: Wer nimmt von euch die Schuld?

Lust in Unschuld und Schuld in Lust stehen bei Trakl nicht im Verhältnis von »davor« und »danach«, sie sind unlöslich ineinander verschränkt und voneinander durchdrungen, eins der Hintergrund zum andern, oder schwarzer Spiegel zu weißem, was in der Physik unmöglich, in der Dichtung magische Wirklichkeit ist.
So hat es ein seltsamer Zufall gewollt, daß die Parodie eines unbekannten Verfassers auf Trakls *De profundis* erhalten blieb, auch ein Pendant, und des Mitteilens auch wert, es läßt sich manches an ihr absehn. Sie ist, die Parodie, auf ein Blatt geschrieben, dessen Rückseite Trakl dann zur Niederschrift eines Stücks seines *Helian* genutzt hat; sie lautet:

Es ist ein Hurenhaus in das ein besoffener Dichter fällt
Es ist ein grauer Eckstein, von Hunden verbrunzt
Es ist ein Furtz dessen Duft unsere Nasen umweht
Welch ein Ereigniß.

Am Thore des Hauses
Sammelt die alte Magd, spärliche Trinkgelder
Die klotzigen Augen durchdringen gierig das Dunkel der Flur
Die stinkige Möse, harrt des kräftigen Schwanzes
Im Vorbeigehen
Fand der Wachmann den besoffenen Leichnam
Speiend im Rinnsal
Und durch das Gäßchen
Klangen gröhlende Stimmen.[25]

Trakls Gedicht, von einem garantiert Undekadenten verstanden. – Unlebbares Leben. – Jener auf die Rückseite geschriebene Teil des *Helian* lautet in der letzten Fassung:

Erschütternd ist der Untergang des Geschlechts.
In dieser Stunde füllen sich die Augen des Schauenden
Mit dem Gold seiner Sterne.

Am Abend versinkt ein Glockenspiel, das nicht mehr tönt,
Verfallen die schwarzen Mauern am Platz,
Ruft der tote Soldat zum Gebet.

Ein bleicher Engel
Tritt der Sohn ins leere Haus seiner Väter.

Die Schwestern sind ferne zu weißen Greisen gegangen.
Nachts fand sie der Schläfer unter den Säulen im Hausflur,
Zurückgekehrt von traurigen Pilgerschaften.

O wie starrt von Kot und Würmern ihr Haar,
Da er darein mit silbernen Füßen steht,
Und jene verstorben aus kahlen Zimmern treten.

O ihr Psalmen in feurigen Mitternachtsregen,
Da die Knechte mit Nesseln die sanften Augen schlugen,
Die kindlichen Früchte des Holunders
Sich staunend neigen über ein leeres Grab.

Leise rollen vergilbte Monde
Über die Fieberlinnen des Jünglings,
Eh dem Schweigen des Winters folgt.

Die Zeile *Ruft der tote Soldat zum Gebet* lautet in vorhergegangenen Ansätzen: *Ruft die Wache zum Gebet – Ruft die eherne Wache zum Gebet.* – Die drittletzte Zeile lautete einmal: *Einsam rollt zu Häupten ein Sternbild* – Die Zeile, die von den *Schwestern* handelt, wird von den meisten Trakl-Forschern als Andeutung auf die Verheiratung Gretes an den sehr viel älteren Arthur Langen verstanden. – Was weiß die Literaturgeschichtsschreibung von Georg Trakls Liebe zu Grete Trakl?

Der Briefwechsel zwischen Georg und Grete ist von der Familie vernichtet. Der Nachlaß Gretes ist auf mysteriöse Weise verschwunden; er soll vom Boden eines Berliner Mietshauses gestohlen worden sein. Die nächsten Angehörigen der Geschwister haben strengste Diskretion gewahrt; von Zeugnissen aus anderm Mund ist nur eine Äußerung Ludwig von Fickers überliefert: »Das Seherische... kommt bei Trakl aus diesem Fegefeuer, diesem brennenden Dornbusch seines Wahrnehmungsvermögens im Bewußtsein seiner Schuld, begangen am Ebenbild seiner Verzweiflung in Fleisch und Blut. Darüber war Trakl persönlich die Verstummtheit selbst, doch hat sich mir seine Schwester, die nach seinem Tode nur mehr ein Schatten seiner und ihrer selbst war, in einem verzweifelten Selbstverwerfungsbedürfnis – sie hat ja dann später Hand an sich gelegt – darüber einmal anvertraut.«[26] – So hat denn die Wissenschaft auf mancherlei Weise, poetologisch wie psychoanalytisch, vom Gedicht aufs Leben geschlossen. Wir wollen uns jeden Urteils enthalten; wir berichten unsrc Erfahrung mit Trakls Dichtung: Sie ist die mächtigere Wirklichkeit.

In der mythischen Landschaft der Dichtung Trakls ist die Schwester die beherrschende Gottheit: *die Schwester – die Mönchin – die Jünglingin – die Fremdlingin* –, und in einem Gedicht der Frühzeit wie in einem der vernichtenden Dramen wird auch der Name genannt: *Gret'* und *Grete.* – Die Wissenschaft hat darauf hingewiesen, daß das Bild der Schwester von jenem *Es dräut die Nacht am Lager unsrer Küsse. / Es flüstert wo: Wer nimmt von euch die Schuld?* und *Im Park erblicken zitternd sich Geschwister* bis zum *Es schwankt der Schwester Schatten durch den schweigenden Hain, / Zu grüßen die Geister der Helden, die blutenden Häupter* immer mehr ins Strahlende und Erhabene sich wandelt, und sie hat diesen Umstand mit der räumlichen Entrückung Gretes von Georg in Verbindung gebracht. Wir wollen darauf nur insofern eingehn, als wir eine Frage des Lesers aussprechen, die einmal, verwaschen, auch die unsre gewesen: Warum rührt einen, wenn sie nicht sein eignes Problem ist, die fleischliche Liebe zwischen Bruder und Schwester in Trakls Gedicht so wesenhaft an?

Eine Erklärung ist rasch zur Hand: Der Dichter

kommt uns manchmal näher. – Gut; aber worin kommt er uns näher?
Oder: Worin nähern wir uns ihm?
Die Erklärung, die wir anbieten, ist simpel: Wir glauben, daß der bewegte, wiewohl sich nicht betroffen fühlende Leser vom Sachverhalt doch betroffen ist.
Im Verhältnis Bruder und Schwester ist das Nächste und das Fernste zum Widerspruch zusammengespannt: das am leichtesten erreichbare Unerreichbare. – Brüderchen und Schwesterchen. – »Da sprach das Brüderchen: ›Schwesterchen, mich dürstet, wenn ich ein Brünnlein wüßte, ich ging und tränk einmal; ich mein, ich hört eins rauschen.‹ Brüderchen stand auf, nahm Schwesterchen an der Hand, und sie wollten das Brünnlein suchen. Die böse Stiefmutter aber war eine Hexe und hatte wohl gesehen, wie die beiden Kinder fortgegangen waren, war ihnen nachgeschlichen, heimlich, wie die Hexen schleichen, und hatte alle Brunnen im Walde verwünscht. Als sie nun ein Brünnlein fanden, das so glitzernd über die Steine sprang, wollte das Brüderchen daraus trinken; aber das Schwesterchen hörte, wie es im Rauschen sprach: ›Wer aus mir trinkt, wird ein Tiger; wer aus mir trinkt, wird ein Tiger.‹ Da rief das Schwesterchen: ›Ich bitte dich, Brüderchen, trink nicht, sonst wirst du ein wildes Tier und zerreißt mich.‹ Das Brüderchen trank nicht, ob es gleich so großen Durst hatte, und sprach: ›Ich will warten bis zur nächsten Quelle.‹ Als sie zum zweiten Brünnlein kamen, hörte das Schwesterchen, wie auch dieses sprach: ›Wer aus mir trinkt, wird ein Wolf; wer aus mir trinkt, wird ein Wolf.‹ Da rief das Schwesterchen: ›Brüderchen, ich bitte dich, trink nicht, sonst wirst du ein Wolf und frissest mich.‹ Das Brüderchen trank nicht und sprach: ›Ich will warten, bis wir zur nächsten

Quelle kommen, aber dann muß ich trinken, du magst sagen, was du willst; mein Durst ist gar zu groß.‹ Und als sie zum dritten Brünnlein kamen, hörte das Schwesterlein, wie es im Rauschen sprach: ›Wer aus mir trinkt, wird ein Reh; wer aus mir trinkt, wird ein Reh.‹ Das Schwesterchen sprach: ›Ach, Brüderchen, ich bitte dich, trink nicht, sonst wirst du ein Reh und läufst mir fort.‹ Aber das Brüderchen hatte sich gleich beim Brünnlein niedergekniet, hinabgebeugt und von dem Wasser getrunken, und wie die ersten Tropfen auf seine Lippen gekommen waren, lag es da als ein Rehkälbchen.«

Das Rehkälbchen, also zweifach verharmlost, als Nicht-Raubtier und noch-nicht-mannbar, es wird dem Schwesterchen nichts antun; der Widerspruch ist ausgemerzt – doch spürt man ihn noch im Tiger und Wolf? *Unter finsteren Tannen / Mischten zwei Wölfe ihr Blut / In steinerner Umarmung.* – Das Gedicht, dem diese Verse entstammen, heißt *Passion.* Walther Killy verweist zum Adjektiv »steinern« auf den Mythos der Propoetiden, den Ovid im zehnten Buch der »Metamorphosen« erwähnt: zyprische Jungfrauen, die Aphrodites Gotthaftigkeit leugnen, worauf sie von der Liebesgöttin zum Verlangen getrieben werden, sich wahllos jedem hinzugeben, um schließlich, aus der Verblendung erweckt, zu Stein zu erstarren. – Und hat man die Sorge des Schwesterchens vernommen, das Rehkälbchen könne ihr entlaufen? – Du glaubst, das Geschlecht bezwingen zu können; dann bezwingt es dich, und dann erstarrst du in Schuld. – Trakl, in einem seiner letzten Gedichte, verweist auf den Ursprung: *Der Titanen dunkle Sagen.* – Einige Zeilen vorher hieß es: *Schwester, deine blauen Brauen / Winken leise in der Nacht.*

Es sind Sagen des Inzests, diese dunklen Sagen, des Inzests durch drei Generationen: Die Titanen, Herrscher im All, sind Söhne und Töchter von Erde und Himmel, der selbst ein Sohn der Erde ist. Die zweimal sieben Titanen, Brüder und Schwestern, leben gepaart als ein Fleisch miteinander, und von den Kindern, die aus der erlauchtesten dieser Ehen, der von Kronos und Rhea, hervorgegangen, werden wiederum zwei, und wiederum die Höchsten, als Bruder und Schwester einander Mann und Frau sein, und ihre Namen sind Zeus und Hera. – Für die nächste Generation, Apollon und Artemis, das Zwillingspaar, wäre solches Verhältnis schon ein unvorstellbarer Frevel oder – mit Platons Strenge gesprochen – »den Göttern ein Greuel, die höchste Schmach«.
Der Inzest wurde tabuisiert.
Wir könnten zu mancher Zeile dieses Gedichtes die dunklen Sagen zur Erhellung heranziehn; sie sind nicht nur Sagen des Inzests, es sind Sagen aller nur denkbaren Greuel: Entmannung des Vaters, Ausstoßung der Mutter, Verschlingen der Kinder, Krieg der Gezeugten gegen ihre Zeuger, Gift und Sichel, Schändung und Thronsturz, und Entfesselung aller Ungeheuer, die im tiefsten Dunkel verwahrt sind. – *Rot ertönt im Schacht das Erz* – was tönt darunter? *Mutter muß ums Kindlein zagen* – so zagte Rhea um ihre Kinder, die ihr Ehemann Kronos verschlang, und Grete sah dem Abortus entgegen. – *Wollust, Tränen, steinern Schmerz* –: Es ist eine Folge durch die Äonen, und es ist eine Formel jedes Augenblicks.
Es ist eine dunkle Sage, die Trakl erzählt, in die Zeit zurück, zum Ursprung in Unschuld: *Unter finsteren Tannen / Mischten zwei Wölfe ihr Blut / In steinerner Umarmung; ein Goldnes / Verlor sich die Wolke über*

dem Steg, / Geduld und Schweigen der Kindheit. – Ach Brüderchen und Schwesterchen: Im Erwachen des Fleisches Jedes Jedem das Nächste und Jedem Jedes doch das Fernste: das von allem am meisten Verbotene. – Du brauchst die Hand nur auszustrecken: die verbotene Frucht. – »›Schwesterchen, mich dürstet, wenn ich ein Brünnlein wüßte, ich ging und tränk einmal; ich mein, ich hört eins rauschen.‹ – ›Ich bitte dich, Brüderchen, trink nicht, sonst wirst du ein wildes Tier und zerreißest mich.‹« – Du weißt es nicht mehr. – Im Märchen wird Brüderchen zum Rehkälbchen, das tut seinem Schwesterchen nichts an, und Schwesterchen bleibt im Menschenreich, wenn es auch in dem Höllenfeuer erstickt, das die böse Stiefmutter ihm unter der Badestube heizt. Allein die Grimms berichten auch von einer anderen Fassung, die ist in Liedform überliefert, und mit deren Handlung geht dies Märchen zumeist bei andern Völkern um, bei den Ungarn etwa oder bei den Türken: Da wird Brüderchen als Reh von den Bluthunden der Stiefmutter gehetzt und ruft in seiner bittersten Not zum Fenster des Schwesterchens hinauf:

»Ach, Schwesterchen, errette mich,
des Herren Hunde jagen mich,
sie jagen mich so schnell,
sie wollen mir aufs Fell,
sie wollen mich den Pfeilen geben
und mir also das Leben nehmen.«

Aber Schwesterchen ist auch in ein Tier verwandelt, in eine Ente, und die klagt zurück:

»Ach, Brüderchen, gedulde,
ich liege im tiefsten Grunde!
Die Erde ist mein Unterbett,
das Wasser ist mein Oberbett.
Ach, Brüderchen, gedulde,
ich liege im tiefsten Grunde!«

Beide sind Tier, die Unschuld verloren, aber sie sind noch immer im Märchen, und so werden sie gerettet. Im Märchen sind sie immer Brüderchen und Schwesterchen; im Leben sind sie Bruder und Schwester, und dann ist es kein Märchen mehr. Der Bruder ruft aus dem Abgrund zur Schwester: *De profundis* clamavi ad te!, und die Schwester rief aus dem Abgrund zum Bruder, doch wir hören nur mehr des Bruders Stimme, die Stimme der Schwester war Musik, und was sie aufschrieb, das wurde verloren. – Im Märchen lebt alle Wirklichkeit fort, wenngleich zerstückt und eingefroren, und in Trakls Gedicht leben die Märchen auf:

Du träumst: die Schwester kämmt ihr blondes Haar – es ist gewiß einmal das goldene gewesen. – *Das Dach durchbricht ein goldener Strahl und fließt*
Auf die Geschwister traumhaft und verwirrt – der Flimmerregen in Danaes Schoß. – *Schwester, da ich dich fand an einsamer Lichtung*
Des Waldes und Mittag war und groß das Schweigen des Tiers. –

Aus verwesender Bläue trat die bleiche Gestalt der Schwester und also sprach ihr blutender Mund: Stich schwarzer Dorn. [...]
und leise rann aus silberner Wunde der Schwester das Blut und fiel ein feuriger Regen auf mich.

Es sind keine Märchen mehr.

Im Widerspruch von Bruder und Schwester – daß sie Mann und Frau sind und nicht Mann und Frau sind – ist alles unbegehrbar Begehrte enthalten, auch alles unbewußt Begehrte, und alles offenliegend Verschloßne, sollte es uns da nicht berühren? Es ist der Widerspruch des Tabuisierten: das so Mögliche und doch so Unmögliche, das so menschengemäß Gesellschaftsungemäße und gesellschaftsgemäß Menschenungemäße, dem alle Mittellage fehlt: Ein Tabu wirkt zutiefst existentiell oder gar nicht. – Es gibt Sozietäten, die den Inzest nicht scheuen, ja die ihn, wie etwa die Inkas, kultivieren, ebenso wie es Gesellschaften gibt, in denen der Kannibalismus kommun ist, der den meisten als abscheulich gilt.[27] Menschenwidrig an sich ist beides nicht; im Tabu wird nicht ein Unmenschliches geächtet, sondern ein Menschliches unmenschlich gemacht. Daß der Bruder mit der Schwester schläft, daß die Sippe beim feierlichen Mahl den Leichnam eines Gestorbenen verzehrt, ist entweder alltäglich oder monströs. So geschieht denn die Sprengung des Tabu-Widerspruchs entweder auf der tiefsten oder der höchsten moralischen Ebene (selbstverständlich immer vorausgesetzt, daß das Tabu als Tabu anerkannt ist) –: Der Vater, der, betrunkenes Vieh, gewohnheitsgemäß über die Tochter herfällt, ohne sich »groß was dabei zu denken« und ohne mehr als dumpfes Unrecht zu fühlen; oder die hochbewußte, rebellisch-trotzige und zugleich vollkommen unschuldhafte, nach Erlösung sich sehnende Verletzung eines als Unnatur empfundenen Gebotes, und daraus und darin das Gefühl tiefster Schuld. Dies hochbewußte Dennoch-Handeln ist der Blasphemie verwandt, der bewußten Entweihung des Heiliggehaltenen, die ja eben nur dann Blasphemie ist, wenn sie zugleich an das Heilige glaubt. Der Ungläubige handelt nicht blasphemisch, sein Tun wird nur von den Gläubigen derart verurteilt; ihn drückt keine Schuld, doch er hat auch nicht, was der Blasphemist eigentlich begehrt: die Lust an dem, das ihn schuldig macht, die Lust am Rebellentum wider die Ordnung, die er zugleich anerkennt.

Trakls Gedichte sind darin zutiefst blasphemisch und leiden zutiefst an der Blasphemie: Er zerbricht an der Blutschuld und scheut sich nicht, einen Zyklus innigster und ebendeshalb ruchlosester Gedichte als *Rosenkranzlieder* an die Schwester zu richten: *Gott hat deine Lider verbogen. / Sterne suchen nachts, Karfreitagskind, / Deinen Stirnenbogen.* – Für den Gläubigen muß das ungeheuerlich sein, und Trakl ist ein gläubiger Christ. Der Stern, der seine Bahn verläßt, um an den Ort seiner Huldigung zu eilen, ist der Stern von Bethlehem; das Kind des Karfreitags, der Todesstunde Christi, ist die Anti-Christin, und die Nacht ist von jener Mitternacht, zu der hin die blinden Zeiger klimmen. – *O die Nähe des Todes. Laß uns beten. / In dieser Nacht lösen auf lauen Kissen / Vergilbt von Weihrauch sich der Liebenden schmächtige Glieder.* – Eine Schwarze Messe; Blasphemie. – Zugleich tiefste und reinste Unschuld, von jener Art, die *Nymphe* und *Mönchin* in einem Gedicht in verschiedenen Fassungen gleichrangig verwendet: *Mönchin schließ mich in dein Dunkel, / Kreuz im kühlen Sterngefunkel. / Purpurn brachen Mund und Lüge / Einer Glocke letzte Züge. / Nacht dein lüstern Wolkendunkel / Rote Frucht, verfluchte Lüge / Einer Glocke letzte Züge – / Blutend Kreuz im Sterngefunkel.* – Dies die dritte Fassung des Gedichts *An die Nacht*, das schließlich *Nachtergebung* heißen wird. – Die *Mönchin* ist nicht eine Nonne, die wäre die geistliche Schwester des Mönchs, die Schwester in Christo; die *Mönchin* ist das Andre zu Mönch *und* Nonne, und der Bruder der Mönchin wäre der Nonn, doch kein Bruder in Christo, sondern im Satan. – Geschlechtgewordene Blasphemie! – Baudelaire hat den Widerspruch der Identität von Ich und Gegen-Ich zum Äußersten, in den Tod hin, beschworen: »Ich bin die Wunde und der Pfeil, / der arme Sünder und das Gericht, / der Leib und das Rad, darauf man ihn flicht, / der Nacken des Opfers und das Beil.«[28] – Formel des unlebbaren Lebens, das jeder von uns zu leben hat.

Otto Weininger, Zeitgenosse Trakls und jung durch eigene Hand gefällt, hat in seinem damals heiß diskutierten, heute sehr zu Unrecht vergessenen Werk »Geschlecht und Charakter« das Widerspruchswesen jedes Menschen als das einer Verschmelzung von Frau und Mann oder Mann und Frau erörtert und auf eine Formel gebracht, die besagt, daß ein Mann instinktiv nach *der* Frau strebt, deren Anteil an Frau im Partner zur vollen Frau vollendet würde. – Von Weininger stammt auch der Satz: »Endgültig bedeutet einen Menschen verstehen soviel als: ihn *und* sein Gegenteil in sich haben.« – Man könnte dies auch aufs Gedicht erweitern. Ein jeder Mensch als Hermaphrodit, als Gemeinschaftswesen von Mannteil und Frauteil, in jeder Faser, in jeder Zelle, in jedem Gedanken, in jeder Handlung –: Aus den Tagebüchern Karl Röcks wissen wir, wie faszinierend diese Gedanken wirkten und wie heftig, auch von Trakl, sie diskutiert wurden.

Dies Hermaphroditische ist ein Charakterzug von Trakls Dichtung; dem Leser ist Trakls Vorliebe für das Neutrum aufgefallen, für substantivierte Adjektive, darin männlich und weiblich auch in der Sprache zum Sächlichen verschmolzen sind; statt »der Blust« oder

»die Blüte«: *ein Blühendes.* – So wie, nach Weininger, Mannteil und Frauteil in beiden Partnern erst im Mann-Frau-Sein zum ganzen Mann und zur ganzen Frau sich vereinen, ebendarin, daß beide *ein* Fleisch sind, so sucht Trakls Dichtung diese ersehnte Vollendung sprachlich in Neologismen zu fassen: *Mönchin – Jünglingin – Fremdlingin.* In der vierten Fassung von *An die Nacht* wird die *Mönchin* zur *Nymphe*, einer der verschwenderisch sich hingebenden Gefährtinnen Pans und der Faune, dadurch wird das Erotische einlinig stärker, jedoch allseitig flacher: *Nymphe zieh mich in dein Dunkel; / Aster friert und schwankt am Zaun, / Schwermut blüht im Schoß der Fraun, / Blutend Kreuz im Sterngefunkel. // Purpurn brachen Mund und Lüge / In verfallner Kammer kühl; / Scheint noch Lachen, golden Spiel; / Einer Glocke letzte Züge. // Blaue Wolke! Schwärzlich fallen / Faule Früchte dumpf vom Baum / Und zum Grabe wird der Raum / Und zum Traum trüb' Erdenwallen.* – Das blutende Kreuz ist das Karfreitagskreuz: »Da es Rüsttag war und damit die Leichname nicht während des Sabbats am Kreuz blieben – denn jener Sabbat war ein großer Festtag –, baten die Juden den Pilatus, man möge ihnen die Beine zerschlagen und sie fortschaffen. Die Soldaten kamen also und zerschlugen dem einen und ebenso dem andern, der mit ihm gekreuzigt worden war, die Beine. Als sie aber zu Jesus kamen, fanden sie, daß er schon gestorben war; sie zerschlugen seine Beine nicht, sondern einer von den Soldaten stieß ihm seine Lanze in die Seite, und sofort kam Blut und Wasser heraus.« (Johannes 19, 31–34) – Die im »Brenner« veröffentlichte fünfte Fassung *Nachtergebung* beschwört dann wieder die Mönchin, wie überhaupt die Nymphen und Faune der frühen Gedichte im späteren Werk nicht mehr anwe-

send sind, auch Endymion, Aphrodite und Helios werden nicht mehr erscheinen, dafür Zyklopen und Titanen, und Orpheus, zuerst neben Christus, nein: *Kristus*, dann ohne diesen Namen und dennoch mit ihm, in ungeheuerlicher Blasphemie wie innigster Hingabe die Geburtsstunde eines Erlösend-Verdammenden beschwörend: *Wenn Orpheus silbern die Laute rührt, / Beklagend ein Totes im Abendgarten. / Wer bist du Ruhendes unter hohen Bäumen? / Es rauscht die Klage das herbstliche Rohr, / Der blaue Teich, / Hinsterbend unter grünenden Bäumen / Und folgend dem Schatten der Schwester; / Dunkle Liebe / Eines wilden Geschlechts, / Dem auf goldenen Rädern der Tag davonrauscht. / Stille Nacht.*
Es ist Trakls *Passion*, die so anhebt.
Wir meinen, wir sind jenem Satz gerecht geworden: »...man kennt die einzige, die verbotene Liebe zu seiner Schwester Grete, weil sie in den Gedichten steht.« – Zum ersten Mal in Trakls Werk erscheint die *Mönchin* in der ersten Fassung jener Gedichtreihe, die sich der *Nacht* ergibt; sie trägt den Titel *Im Schnee* und lautet: *Der Wahrheit nachsinnen – / Viel Schmerz! / Endlich Begeisterung / Bis zum Tod. / Winternacht / Du reine Mönchin*!
Es ist die reine Unschuld der Schuld zum Tod.

In jener Nacht, die mir Trakls Leben erschloß, sah ich immer wieder meinen Vater; ich sah ihn, als wäre es sein Konterfei, im Photo des Einjährig-Freiwilligen Georg Trakl, darauf er einen Schnurrbart trägt, und ich sah ihn auch, und immer wieder, in jenem entsetzenerregenden Abbild, das, aufs Jahr 1909 oder 1910 datiert, als »Bild im ovalen Rahmen« bekannt ist: Im ovalen Ausschnitt eines grauen Rechtecks, die linke (vom Betrachter aus: rechte) Gesichtshälfte fast unerkennbar verschattet, vom Mittelscheitel bis unter die Schlüsselbeine nackt, schamlos brutal, im Ätherrausch stierend, in unerträglicher Selbstentblößung die Miene eines Mörders seiner selbst. – So sah ich, zwanzig Jahre verjüngt, meinen Vater, wenn er, vom Alkohol überwältigt, lallend aus seinem Gewölbe stieg, nur daß ihm jener Zug an Wahrhaftigkeit fehlte, der dieses Photo so grauenvoll macht –: So stellt das Barock den Menschen dar: halb Sinnlichkeit strotzenden Fleischs, halb Verwesung.

In dieser Nacht, vor diesem Bild, fühlte ich, so läppisch es klingt, jäh – ja was? – eine Art Pflicht der Nachwelt, ideell wiedergutzumachen, was seine Gesellschaft an Trakl gesündigt; ich sah ihn in allem als Opfer an. – Es war die Zeit, da nach langen, schwer begreifbaren Aussperrungen das Werk Franz Kafkas hier endlich zugänglich wurde*; war es nun nicht auch an der Zeit, Trakls Werk zur Kenntnis zu bringen? Ich trat dafür ein und erzählte manchmal von dem Abschiedsgespräch mit meinem Vater, und so ergab es sich, daß mir der Verlag Philipp Reclam jun. zu Leipzig die Auswahl für ein Bändchen in seiner Universalbibliothek übertrug. Zu meiner Herausgeberpflicht hätte auch das Schreiben eines Nachworts gehört, doch da ich mir Essayistisches damals mit Recht noch nicht zutrauen konnte (das Bändchen ist dann erst sehr viel später, ich glaube vier oder fünf Jahre nach der Ablieferung des Manuskripts erschienen), gewann der Verlag Stephan Hermlin. Ich danke noch heute meinem Instinkt, der mich abhielt, meiner Pflicht zu genügen

* 1965 Sammelband (Erzählungen, Der Prozeß, Das Schloß); 1967 »Amerika«. (Anm. d. L.)

–: Vom Stilistischen einmal ganz abgesehen, hätte ich mit Bestimmtheit getan, was mir heute als ärgste Verfehlung erscheint: Ich hätte Trakls Leben der Nachsicht empfohlen und sein Werk auf eine Linie zur sozialistischen Literatur hin zu bringen versucht, nicht im Sinn jenes einen großen Gedichtes, zu dem die Dichtung aller Zeiten und Sprachen – und so auch die sozialistischer Haltung oder Konfession – sich sammelt, und auch nicht im Sinne einer der Ankündigungen, die wie jähe Vogelflüge oder Himmelsfeuer auf das Nahen einer großen Erschütterung deuten, sondern ganz im Sinn, den das Wort »Linie« hat, den der eindimensionalen Verbindung: eigentlich auch sozialistischer Realismus, nur eben – und entschuldbar – noch nicht so bewußt, und darum auch entschuldbar unvollkommen. – Die Auswahl hätte dann zu belegen gehabt, was man dem Gesamtwerk unterstellte.
Ich erinnere mich noch sehr genau, daß mir die Absage nicht leichtfiel, da ich schon Biographisches konzipierte, so das Kapitel der Liebe zwischen Georg und Grete –: Ich sah sie als einen moralischen Defekt, der aber mehr als den Geschwistern ihrer Gesellschaft anzulasten war. Ebenso Trakls Rauschgiftsucht; ebenso sein berufliches Scheitern; ebenso seine Melancholie. Um es auf einen Nenner zu bringen: Was ich damals überhaupt nicht begriff war, daß Trakls Leben den Preis darstellte, den er zahlen mußte, sein Werk so zu schaffen, wie er es geschaffen: als Zeugnis eines unlebbaren Lebens. Damals war mir die Erkenntnis noch fern, die mir erst über E.T.A. Hoffmann aufging: Künstler ist, wer nicht anders kann – und dem dann nicht zu helfen ist. – Da ich Trakls Leben von seinem Werk zu trennen versuchte, tat ich dar, daß ich beiden ferner denn je stand; es war ganz merkwürdig, aber es war so: In dem

Augenblick, da ich für Trakl mich einsetzte, tat ich es in jenem Sinn, der den Betroffenen aufstöhnen läßt: Herr, schütze mich vor meinen Freunden! – Ich suchte überall Entschuldigungen, war aufs Glätten aus, auf Verharmlosen, auf Richtigstellen im Sinn eines eindeutig Richtigen; es war arg. Im Wesentlichen lief es auf den Nachweis hinaus, daß die Dekadenz ja gar keine sei. Ich beschäftigte mich damals viel mit *Grodek*, und ich entsinne mich wieder genau, daß ich jenes *Alle Straßen münden in schwarze Verwesung* in der Landschaft aufzulösen gedachte. – Nun sind jene Straßen gewiß auch Landschaft, sie sind sogar ursprünglich Landschaft, diese Wege, die sich im Schlamm verlieren, im Schlamm der Unendlichkeit schwarzer Erde, im Schlamm des vom Krieg verheerten Ostens, aber es sind ja auch Wege der Seele, und es sind Wege auch der Gesellschaft, und jenes »auch« begriff ich nicht.
Der Wunsch, Trakls Gedicht zu verstehen, erschien als Wahn, es eindeutig festlegen zu können: Ich weiß, daß ich Tage um Tage grübelte, jenes *Unter Dornenbogen* zu fixieren: Botanische oder architektonische Bögen? Ich begriff nur ein ausschließendes »oder«, sein »sowohl als auch«[29] entzog sich mir. Dabei bot gerade Trakl Hilfe an: Sein »oder«, wie es etwa im *Psalm* überrascht, ist ja ein andrer Aspekt des »auch«; Entfaltung; freilich auch Sonderung. In jener Zeit flohen mich Trakls Gestalten vor ihrer Versteinerung in feste Begriffe; seinen Engel sah ich nicht mehr, und an *Helian* oder *Elis* wagte ich nicht zu denken, auf wen hätte ich sie festlegen sollen – und ich war doch zutiefst davon überzeugt, daß es die eindeutige Festlegung gab. Doch in dem Maß, da mir Trakls Mythen entschwanden, bannten mich die Bilder der Realität, die ich in seiner Biographie immer wieder betrachtete: sein Ge-

burtshaus, sein Garten, seine Straßen und Kirchen, seine Apotheke, sein Bordell, seine Kneipen, seine Berge und sein Himmel, seine Handschrift, seine Manuskripte, und immer wieder dies Gesicht, das aus dem ovalen Rahmen stierte. – War *er* der Wahnsinnige seines *Psalm*? – Ich wehrte mich, und da fiel mir schon ein, daß es im Herrscherhaus der Habsburger eine Reihe von Wahnsinnigen gegeben, auch eine Selbstmordtragödie just zur Zeit Trakls, Liebe und Tod in romantischer Landschaft, vielleicht lieferte die den Bezug? Ich studierte österreichische Vorweltkriegsgeschichte, vertiefte mich in die Biographie von Erzherzögen, suchte Aufschlüsse in den Polemiken von Karl Kraus, doch je mehr ich um Trakl herum las, um so blasser wurde sein Gedicht.

Erst als ich jeden Gedanken an ein Nachwort aufgab und mich ganz der Auswahl widmete, und auch dies nicht so sehr der Herausgabe willen, als um Trakl für mich zurückzugewinnen, trat es, und nun überwältigend, wieder hervor, in seiner Flammengestalt, als Feuerregen; es war so etwas wie ein poetisches Pfingsten. Erst da, in der völligen Hingabe, da ich nicht mehr las, um so zu verstehen, wie ich ein Verständnis bislang verstanden: als Vermittlung zu etwas schon Festgelegtem, das ein Gedicht nur bestätigen solle – erst als ich ohne Voraussetzung las außer der, Trakl für mich zu haben, verstand ich ihn, da ich ihn wieder erfuhr. So hatte ich ihn schon einmal gelesen, da die Nacht ihre zerbrochene Stirne über mich und meinen Vater gebeugt; nun las ich wieder mit jenem Schauer des Begreifens der eigenen Sache, des Erfahrens: Tua res agitur. – Es war ein Verstehen im Sinn des Pfingsten: »Wie kommt es, daß wir sie hören, jeder in der eigenen Sprache, in der wir geboren sind?« – Ein jäher

Riß; etwas Neues begann. – Plötzlich verstand ich Trakls Sprache; plötzlich verstand ich Trakls Bilder, und plötzlich verstand ich den nicht mehr, der ich soeben noch gewesen: *Dämmerung und Verfall*; was war da verfallen; was dämmerte hinab, und was herauf?
Ich glaube, daß die Auswahl, die ich dann in einer Nacht traf, auch heute noch bestehen kann; ich weiß, daß ich noch etwas zögerte, *Die junge Magd* oder *Romanze zur Nacht* aufzunehmen, sie schienen mir allzu kraß dekadent, und dies Wort hatte noch etwas Bannendes. In dieser Nacht, in einem Leipziger Hotel, dahin ich Trakls Werk mitgenommen (an den eigentlichen Anlaß der Reise erinnere ich mich längst nicht mehr), sah ich noch einmal das Bild meines Lehrers, und ich hörte sein »tertium non datur«, aber es wandte sich gegen ihn. – Ich stimmte ihm zu –: ganz; oder gar nicht; und auch ein Teil als Auswahl war da nichts Drittes: entweder ein Teil, der das Ganze vertrat, oder ein Teil, der das Ganze verriet, also Fälschung, und damit nicht einmal mehr ein Teil. – Ich nahm die beiden Gedichte auf, und hatte ich anfangs damit noch gezögert, tat ich es nun um so gieriger.
Mit diesem Entschluß war ein Kampf geendet, den Doktrin und Dichtung über zwanzig Jahre in mir geführt; diesen Abschluß begriff ich damals noch nicht, wiewohl er das Tor zum Verstehen darstellte, und ich weiß erst heute, was ich damals nur ahnte, was sich aber in jener Gier ausdrückte: Trakls Gedicht, es hatte gesiegt.

VII

Ich schreibe keine Biographie; ich erzähle von meinen Erfahrungen mit Trakls Gedicht, doch da sie ein Teil meiner Biographie sind und dieser Teil hier als Ganzes erscheint, muß ich mich der Frage des Lesers stellen, ob meine Entwicklung durch Trakl verschuldet sei: Ein Vers, und ein Leben verläßt seine Bahn, um auf eine andre, gegenläufige, zu springen? – Ach. – Entwicklungen sind unwiederholbar, und wenn sie geschehen sind, wie sie geschehen sind, scheint ein »was wäre wenn?« nur müßig; allein die Frage ist nun einmal gestellt. – »Einfach unglaublich, wie dieser Trakl Sie verführt hat«, stöhnte ein Leser des Manuskripts, und er entwarf daraus auch Folgerungen.
Und ist nicht auch eingestanden worden, daß die Poesie wie das Verhängnis wirkt?
Ich nehme die Frage des Lesers auf und versuche auf zwei Wegen zu einer Antwort zu kommen. Zunächst: Was wäre in meinem Leben anders, und was wäre Anderes geschehen, wenn ich Trakl nicht begegnet, wenn mir in dem Karlsbader Antiquariat nicht jener großformatige Band mit den blaßblauen Titeln über den Blöcken der Verse in die Hände geraten wäre?
Ich hätte das Vaterhaus betreten wie je, und wie je hätte ich das Vaterhaus mit dem Marschbefehl nach Dresden verlassen, ohne die Erschütterung freilich, daß der See meines Herzens mit Kalk gefüllt war und von den Sternen unserer Siege nun ein Eiswind niederwehte, doch das Begreifen des verlorenen Krieges hätte ich fünf Tage später ja dann auch vollziehen müssen, und

sein poetisches Fanal hätte es wohl in den Versen Rilkes gefunden, im »Stylit« vielleicht, den ich noch immer auswendig kenne und in dem ich jetzt eine merkwürdige Verwandtschaft mit Trakls *Untergang* entdecke: »...und erratend, daß er sich verlor, / klomm er aus dem Volksgeruch mit klammen / Händen einen Säulenschaft empor, // der noch immer stieg und nichts mehr hob« – auch dies ein Klimmen gen Mitternacht, und die Würmer, die den Lidern des Engels enttropften, fielen aus den Wunden des Einsamen, der da zwischen Himmel und Erde das Weltgeschehen überheulte. Sein Klagen wäre dann das meine geworden, sein Heulen mein Heulen, sein Jammern mein Jammern: »Jetzt aber bricht mir mein Jubelbaum, bricht mir im Sturme mein langsamer Jubelbaum. Schönster, in meiner unsichtbaren Landschaft, der du mich kenntlicher machtest Engeln, unsichtbaren.« – Wieder der Engel. – »Doch sein Gesicht, wie mit gedeckten Zeigern, / hat Mitternacht« – dies ist von einem Magier gesagt. – Spielte er mit weißen Schlangen? Die Verwandtschaft erschreckt mich. Doch es sind ja Gedichte *einer* Ära, und beide Dichter sind Österreicher.

Rilke denn statt Trakl; vielleicht auch George; Weinheber wohl nicht mehr; und er wäre neben mir auf dem Schiff gelegen, das uns nach Noworossijsk gebracht, und der Arbeiter im zerspellten Rost hätte die Faust wie je über den Daumen geklatscht, unter Stalins Lächeln, überm schillernden Wasser; und der Schutt der Stadt; und der Marsch in die Berge; und dann wäre ich auf der Pritsche gehockt und hätte Gedichte auf eine Schindel gekritzelt, elende Klagen elenden Katzenjammers nach dem Rausch der Weltherrschaft, und doch wäre darin auch schon Bewegung ersten Selbsterkennens gewesen, und das stille Wirken des verbrannten

Weinbergs und der gemordeten Waisen hätten Rilkes Bettler und Gefangene und Aussätzige geleistet: Alle Dichtung wirkt als *ein* großes Gedicht. – Daß ich dann auf die antifaschistische Schule gekommen, hatte von Trakl nie abgehangen, und der Konflikt mit der Doktrin wäre am Werk eines andern mit dem Bannfluch belegten Dichters – wahrscheinlich dann dem Rilkes, vielleicht dem Benns, vielleicht aber doch noch dem Trakls – entbrannt; es ist einfach unvorstellbar, daß Trakls Gedicht nie in mein Leben getreten wäre, und spätestens mein Bemühen um die tschechische Dichtung, etwa meine Bekanntschaft mit František Hrubín, der einem seiner Gedichte den Untertitel »Beim Lesen Georg Trakls« gegeben, hätte mich auf den *Psalm* gebracht. – Freilich ohne das Gespräch im Vaterhaus, und freilich hätte ich nicht in dem Maß die zersprengende Forderung erfahren, als Quintessenz des Unheils verwerfen zu sollen, was mir als Rettendes erschienen, doch ich wage heute zu sagen, daß mein unbewußtes Ahnen, in die nationale Katastrophe zu stürzen, einen anderen Anlaß gefunden hätte, wie ein Blitz als Vers ins Bewußtsein zu treten. Diesen Sturz kündeten ja meine eigenen Gedichte, die ich, wie unter manischem Zwang, jede Nacht des Kriegs herunterschrieb: Verbrannte Länder, verbrannte Meere, niederschmetternde Sterne, eisige Stürme, der Untergang der Vandalen in der Wüste, die sinkende Mannschaft des Odysseus, der Nibelungen Not hinter der zerbrochenen Brücke – hätten sie, diese unkontrolliert stümperhaften Gebilde, sich nicht endlich ihr gültiges Maß gesucht? Das mag manchem als mystisch erscheinen, doch ich glaube an die Poesie, da sie wie das Verhängnis wirkt – vorausgesetzt, man befindet sich in ihrem Bannkreis. Wer außen steht, erfährt ihre Macht nie.

Wer innen steht, erfährt sie ganz, und sie bestimmt dann das ganze Leben.
Der Konflikt zwischen Dichtung und Doktrin war unvermeidlich; beide waren in mir verwurzelt, und beide nahm ich existentiell. Es war mir ernst mit der Doktrin, hinter der ich noch durch die verzerrtesten Züge das Gesicht der Befreier von Auschwitz sah, und es war mir ernst mit der Dichtung, in der ich jenes Andere ahnte, das den Menschen auch nach Auschwitz nicht aufgab, weil es immer das Andere zu Auschwitz ist. – Ein Ernstnehmen wog das andere auf. – Von »Verführung« ist da keine Rede; dieses Wort setzt nicht nur die Dichtung, es setzt auch die Doktrin herab – will sagen: das, was hinter ihr steht. Mein Konflikt brach von innen aus, nicht von außen, also war er nicht vermeidbar. Sein Ende ist noch nicht abzusehen.
Ich habe vor, diese Erfahrung, die, wie ich zu begreifen beginne, mein Leben von Kindheit an bestimmt, so genau und so umfassend wie es mir möglich zu schildern, in ihrem vielsträhnigen Verwobensein mit dem Alltag wie mit dem Weltgeschehen, deren Eines des Anderen Spiegelbild ist. Ich möchte darum auf die Vorwegnahme von Einzelzügen verzichten; die Frage des Lesers drängt aber zum Beispiel, und so sei eines hier angedeutet.
Die Ereignisse des Sommers 1968, die in meiner Entwicklung einen jener Sprünge bedeuten, in dem die personale Einheit sich als Diskontinuität durchsetzt – was hätten sie, und ihre Konsequenzen, mit dem Werk Georg Trakls zu tun? Nichts in dem Sinn, daß sie, jene Ereignisse, unabhängig vom Werk eines jeden Dichters, genauso geschehen wären, wie sie geschehen sind; alles jedoch in dem Sinn, daß der Konflikt, der da aufbrach, in weltgeschichtlichen Dimensionen Fleisch

vom Fleisch jenes Widerspruchs war, den ich in meiner Person erfahren, der mich bis zur Grenze des Zerbrechens gespannt hat und der ohne Trakl nicht denkbar ist. Bis zur Grenze des Zerbrechens: Ich gestehe, daß sich in jenen Tagen jählings vor mir auch ein schwarzer Weg auftat; ich wählte schließlich den des hellen Bewußtseins und fand die Kraft, mit dem weißen Magier zu brechen, dem süßen Rauschgift zerbrannter Saaten, in dessen Bann ich mich Jahr um Jahr immer mehr des Bewußtseins begeben hatte. Auch dieser Entschluß war unabhängig von Trakl, und durch jede Faser mit ihm verbunden –: Er war doch ganz in meinem Leben, und also auch ganz in solcher Entscheidung, die das Leben von Grund auf veränderte, sogar in der äußeren Gestalt. – Ach, es ist so mißlich, immer aufs neue beweisen zu sollen, daß ein Leben das Leben ist, das es ist. – Aber ich will denn auch dies berichten: In einem Traum, den ich in der Entziehungsanstalt träumte, in der psychiatrischen Klinik zu Rostock, zechte ich mit meinem Vater, und Georg Trakl sah uns zu, mit schiefgeneigter Gestalt, eine Pudelmütze auf dem Schädel, und in seiner Hand eine Kinderklapper. Ich stritt wütend mit meinem Vater; er hörte zu und sagte kein Wort, er betätigte auch die Klapper nicht; er stand lächelnd wie der Tod, ein linkisches Lächeln, und mit einem Mal war er verschwunden, und da war auch der Streit zwischen uns beiden beendet, und wir zerrannen in einem bröckligen Schutt. – Ich verstehe diesen Traum; ich könnte ihn sogar erklären. – Ich erinnere noch andere Träume mit Trakl, doch ich teile keinen mehr mit.

Dies der erste Weg, zu einer Antwort zu kommen: Auch wenn ich den Zufall des Antiquariatserwerbs aus meinem Leben wegzudenken versuche, wäre es von einem bestimmten Punkt an im wesentlichen so verlaufen, wie es eben verlaufen ist. Der zweite Weg bestünde in der Besinnung, ob es in meinem Leben jenen Drehpunkt gegeben, der eine gänzlich andre Entwicklung sogar noch nach dem Erfahren Trakls im Mai 1945 ermöglicht, und hier nicke ich beim Schreiben mit dem Kopf. Da ich begriff, daß der Krieg verloren war, wollte ich in die Fremdenlegion gehen, oder besser: in eine Fremdenlegion –: Ich hoffte, daß die Engländer auch über solch eine Einrichtung verfügten; die französische schien mir mit zu vielen Schikanen verbunden, eine englische aber annehmbar. Ich war dreiundzwanzig, hatte ein Notabitur und hatte keinen Beruf gelernt außer dem des Soldaten; ich konnte ein Maschinengewehr bedienen, einen Granatwerfer, einige Nachrichtengeräte, ich konnte Telephonkabel verlegen, Leitungsmaste errichten, mit Steigeisen umgehn; zwar humpelte ich noch an einem Stock, doch ich marschierte auch am Stock einen ganzen Tag lang durch Böhmens Wälder, warum nicht durch einen malayischen Dschungel? – Ich versuchte, wie Zehntausende meinesgleichen, mich dem Zugriff der Roten Armee zu entziehen: die Amerikaner standen an der Elbe, und dahinter lag für uns die Freiheit; für mich hieß sie »Fremdenlegion«. Auf meiner letzten Feldpostkarte (sie hat ihre Adressaten nie erreicht) deutete ich meinen Eltern diesen Entschluß an; es gelang mir nicht, ihn zu realisieren. – Es geschah, wie es geschah. – Mein Vater griff nach der Phiole; meine Mutter und meine Schwester wurden in einen Güterwagen verladen und rollten in das verbrannte Reich; ich kam in sowjetische Kriegsgefangenschaft und schwamm auf dem Schiff gen Noworossijsk. – Wie mein Leben verlaufen wäre, wenn ich meinen Fluchtplan verwirklicht hätte, kann ich unschwer abschätzen: verschollen vor Algier oder Diên Biên Phu. Von meinem Plan wäre ich nicht abzubringen gewesen, Trakl wäre mit mir gegangen, über den Weinberg mit Löchern voll Spinnen, und die Gedichte, die ich gewißlich Nacht für Nacht auf irgendein Stück Papier gekritzelt, hätten sich von denen in Hitlers Heer nur dadurch unterschieden, daß in ihnen ein Engel gewohnt, dem Würmer von den Lidern tropften und dessen Flügel von Kot befleckt waren. Allein es hätte auch möglich sein können, daß mir ein Flugblatt mit Gedichten Eluards oder Ho Chi Minhs in die Hände geraten, oder eine Broschüre Sartres, oder ein Aufsatz von Camus, oder es hätte die Kunde von Auschwitz genügt. Doch anstatt mich ins Waswärewenn zu verlieren, will ich hier einer Dichtung gedenken, die, wann immer man von Existenz spricht, als ein Gültiges im Kalkül stehen muß, an dem man nicht vorbeidenken kann. Sie ist mir über Trakl teuer geworden, beim Nachsinnen über seine Wahrheit – Goethes »Urworte. Orphisch«.

VIII

Alle Straßen münden in schwarze Verwesung – wir sind zu der Frage verführt: Wohin sonst? Wer sich zum Begriff des Werdens bekennt, zum Gedanken von stetem Entstehen und Vergehen, Geburt und Grab, Aufblühn und Verfallen, zum »Wertsein des Zugrundegehens«, der muß es auch ertragen lernen, daß er sich auf einer Straße befindet, die einmal in der Verwesung ankommt; es fragt sich nur, was dahinter beginnt. – Was kommt nach der Mitternacht, zu der die blinden Zeiger klimmen? Das »reine Nichts, vollkommnes Einerlei«? – Karl Kraus hat in seiner »Letzten Nacht«, dem Epilog aus den »Letzten Tagen der Menschheit«, die Auslöschung dieses Planeten beschworen, als Chronik in Regieanweisungen: »Flammenlohe« – »Weltendonner« – »Untergang« – »Ruhe« – »Großes Schweigen;« zwischendurch die Chöre der Hurra-Optimisten. – Man hat dem Propheten vorgehalten, es sei mißlich, einen Weltuntergang zu dichten und selbst zu überleben; der Vorwurf könnte auch Trakl treffen, doch er trifft an Kraus wie an Trakl vorbei. Die Letzte Nacht, die Mitternacht, sie steht noch bevor, nur ihre Gestalt ist schon beschworen, besser: Aspekte ihres Gestaltseins, deren Wesen der Evangelist ausgesprochen: »Ich muß die Werke dessen wirken, der mich gesandt hat, solange es Tag ist. Es kommt die Nacht, da keiner mehr wirken kann.« (Johannes 9, 3–4)

Grodek
Am Abend tönen die herbstlichen Wälder
Von tödlichen Waffen, die goldnen Ebenen

Und blauen Seen, darüber die Sonne
Düstrer hinrollt; umfängt die Nacht
Sterbende Krieger, die wilde Klage
Ihrer zerbrochenen Münder.
Doch stille sammelt im Weidengrund
Rotes Gewölk, darin ein zürnender Gott wohnt
Das vergoßne Blut sich, mondne Kühle;
Alle Straßen münden in schwarze Verwesung.
Unter goldnem Gezweig der Nacht und Sternen
Es schwankt der Schwester Schatten durch den schweigenden Hain,
Zu grüßen die Geister der Helden, die blutenden Häupter;
Und leise tönen im Rohr die dunkeln Flöten des Herbstes.
O stolzere Trauer! ihr ehernen Altäre
Die heiße Flamme des Geistes nährt heute ein gewaltiger Schmerz,
Die ungebornen Enkel.

Alle Straßen münden in schwarze Verwesung –: Das furchtbarste Wort dieses Worts lautet »alle« (wie das furchtbarste Wort bei Johannes: »keiner«); und es fragt sich, wie man es nehmen will, als Dia- oder Synchronität.

Im diachronischen Sinn sagte – unzulässig auf seinen philosophischen Gehalt reduziert – der Vers nichts Andres als das Gesetz des Werdens: Jede Straße wird einmal in die Verwesung führen. – Synchron genommen ist er vernichtend: Heute, welche Straße auch immer du gehn willst, sie münden, sichtbar, im selben Moorgrund, und da schreist du auf, weil so viele Lande noch nicht durchschritten, so viele Werke noch ungewirkt sind. – Dies »alle« sagt eine Welt ohne Alternative: die Endzeit; alle Geschichte ist sinnlos geworden, doch ist sie's geworden, oder war sie es seit je? In ihrem So-Sein gewiß, aber mußte sie so werden, war ihr Werden seit je ohne Alternative, war *dies* Ende in ihrem Anfang schon so da, daß kein anderes folgen konnte? Nicht irgendein Ende: dies allzufrühe? – Der Leser sträubt sich gegen solche Fragen: Trieb Trakl denn Geschichtsphilosophie, sagte er nicht seinen Augenblick, seine lebenslange Stunde zum Tode, die in jedem Menschenleben der Augenblick ohne Alternative ist? Gewiß, *Grodek* sagt diesen Augenblick, allein wir fühlen uns betroffen. – Die Fragen gehn nicht von Trakls Gedicht aus, wiewohl wir sie von ihm aus stellen. Der Vers steht als Mitte des Gedichtes: Was geht ihm voraus? Und was folgt ihm nach?

Ihm voran geht die Schlacht; ihr voran geht die Landschaft.

Eine schöne Landschaft: herbstliche Wälder, goldene Ebene, blaue Seen, rollende Sonne, aber eine bedrohte Schönheit: noch die tödlichen Waffen tönen in ihr, und die rollende Sonne war hier immer düster, der Komparativ »düstrer« zeugt davon. Die Schlacht hat sie nur noch düsterer gemacht, sie ist, die Schlacht, Ergebnis, nicht Einbruch – sie war in der Landschaft angelegt. – Landschaft heißt Menschenwelt, nicht bloß Natur; oder Natur, durch den Menschen gebrochen. – Es ist eine Landschaft zum Tod hin, es ist die Landschaft des Abendlandes, die Trakls Spätwerk immer wieder beschwört: *Mond, als träte ein Totes / Aus blauer Höhle, / Und es fallen der Blüten / Viele über den Felsenpfad* – so hebt seine Dichtung *Abendland* an, und so geht sie zu Ende:

Ihr großen Städte
Steinern aufgebaut
In der Ebene!
So sprachlos folgt
Der Heimatlose
Mit dunkler Stirne dem Wind,
Kahlen Bäumen am Hügel.
Ihr weithin dämmernden Ströme!
Gewaltig ängstet
Schaurige Abendröte
Im Sturmgewölk.
Ihr sterbenden Völker!
Bleiche Woge
Zerschellend am Strande der Nacht,
Fallende Sterne.

– Es ist die Landschaft Hölderlins, die in diesen späten Gedichten hervorbricht, und hinter ihr liegt Griechenland.

Das Schweigen, das so gerne in Trakls Vers wohnt – hier in *Grodek* ist es fortgezogen, und was blieb, ist ein ungeheures Stummsein; auch die todwunden Krieger schreien nicht, aus den zerbrochenen Mündern bricht keine Klage, sie *sind* die Klage: mundloser Mund. – Laokoon; und Grodek liegt vor Troja, Trakls Gedicht macht uns auch darum betroffen, weil es das Jetzt mit den alten Worten, den Worten dichtester Beladung, sagt. *Krieger* und *Waffen*, nicht »Kanonier« und »Granaten«, und *steinerne Stadt* sagt Theben wie Wien. Das Stumme der Landschaft ist nicht mehr das Schweigen; dessen Wohnung hat ein Andres bezogen: *Doch stille sammelt im Weidengrund / Rotes Gewölk, darin ein zürnender Gott wohnt / Das vergoßne Blut sich, mondne Kühle; / Alle Straßen münden in schwarze Verwe-*

sung. – Wird der Gott sie überdauern? – Alle Hoffnung scheint in dem Wort *wohnt* zu ruhen, doch wie lange wohnt der Zorn unter den Völkern, und wenn ein Gott zürnt, trifft er nicht wieder die Menschen? Oder ist sein Zürnen schon die Verwesung? Trakls Gedicht gibt keine Antwort; *Zorn* ist darin ein neues Wort, erst im Krieg ist es ihm vertrauter geworden: *Den wilden Orgeln des Wintersturms / Gleicht des Volkes finstrer Zorn* – in der ersten Niederschrift steht statt *des Volkes:* »der Alten«. – Vorher nur einmal: *Rasend peitscht Gottes Zorn die Stirne des Besessenen;* und das Gedicht heißt *An die Verstummten.*

Es ist merkwürdig, und ist es auch nicht: In dieser Dichtung, die so voll auf den Vokal O gestimmt ist, in der die Reimworte *Dorn* und *Korn* immer wieder erscheinen, und *Brot*, und *rot*, und *Odem*, und *wohnen*, und *Tod; Gold; Schoß; Rohr; Mord; Mond; Mohn; Moos; Rost; Stroh; Strom; Frost; Wolf; Dorf; Kost; Korb; Gott; Drossel; Glocke; Sonne;* und *Dornenbogen,* und *rosig,* und *Woge,* und der reine Vokal O, der für jedes Gefühl steht, Wort mit der Mehrzahl »Worte«, und die Beugungen: *tropft; schmolz; bog; log; gestorben; zerbrochen* – in dieser Dichtung fehlt vor dem August 1914 das Wort *Zorn* bis auf dieses Mal, wo es Gott vorbehalten bleibt, und auch das Zürnen tritt nur einmal zutage: *Weißer Hohepriester der Wahrheit, / Kristallne Stimme, in der Gottes eisiger Odem wohnt, / Zürnender Magier, / Dem unter flammendem Mantel der blaue Panzer des Kriegers klirrt.* – Dieser Vierzeiler bannt die Gestalt von Karl Kraus. – Was Trakl nicht wissen konnte, und wußte: In dem roten Gewölk, zu dem das vergossene Blut sich gesammelt, wohnt als einer der Zürnenden Karl Kraus, mit dem Donner des Wortes und dem Blitz der Verachtung, und den Mündern der Verstummten hat er jene Sprache verliehen, die ihnen der Zornlose nicht zu geben vermochte: »Fluch, Kaiser, dir! Ich spüre deine Hand, / an ihr ist Gift und Nacht und Vaterland! / Sie riecht nach Pest und allem Untergang. / Dein Blick ist Galgen und dein Bart der Strang!« – Auch der Galgen der Bäume, vor jener Scheune; und auch die neunzig Verwundeten, vor denen Trakl seine furchtbarste Ohnmacht erfahren, auch sie hat Karl Kraus beredt gemacht: »Geschwinde – geschwinde – / seht, wie ich – mich – winde – / verbinde, Herr Doktor – / verbinde, verbinde! // Seit so vielen Stunden – / mit so vielen Wunden – / sie bluten, sie bluten – / sie sind nicht verbunden. // Nur noch wenig Minuten – / laßt mich doch nicht verbluten – / verbindet geschwinde, / ihr müsset euch sputen. // So seht doch – wie mir schon – / der Atem – entschwindet – / geschwinde – Herr Doktor – / verbindet – verbindet!« – Bei Karl Kraus sind es zwei Kriegsberichterstatter, vor denen der Sterbende sich windet, die könnten ihn in ein Lazarett schaffen, doch sie tun's nicht, sie haben ihm etwas Positives zu sagen: »... Ihr Heldentod wird / eine schöne Notiz«; und auch eine Vision stellt sich bei ihnen ein: »Das wär' ein Effekt, / dem Abonnenten zu zeigen, / den Priester direkt / über den Helden sich neigen!«

Die schwarze Verwesung; das rote Gewölk.

Fiducit!

Abendland; schöne Landschaft, auch nach der Schlacht noch: Goldnes Gezweig der Nacht und der Sterne, Gegenbild der goldenen Ebene hoch droben, und die Flöten des Herbstes tönen: Wer naht? – Erscheinendes schon einmal in ähnlicher Landschaft, da die Hirten die Sonne im kahlen Wald begruben: *Wieder nachtet die Stirne in mondenem Gestein; / Ein strahlender*

Jüngling / Erscheint die Schwester in Herbst und schwarzer Verwesung. – Damals war sie das Andre zur schwarzen Verwesung, und die Schwärze nur Folie vor ihrem Glänzen, doch was zu Grodek heranschwankt, ist der Schatten der Schwester, und auch er geht stumm, wie die Schatten gehen, die unter der Sonne des Körpers Flachbild, unterm Mond die Seelen der Toten sind. – Das Schattenreich; griechische Landschaft, es ist das Reich, das Odysseus bereist hat, nachdem ihn Kirke freigegeben, das Reich der Toten, die alle nicht tot im Sinn eines Ausgelöschtseins sind: Sie haben *nur* ihre Körper verloren, das Instrument ihres Tätigseins, sind *nur* in die Wirkungslosigkeit geworfen, Schatten körperlos, tatenlos, »flatterndes Traumbild«, unfähig, je wieder eine Spur zu prägen, und doch hungernd und heulend nach Tätigwerden, Anderswelt zu jener der unlebbaren Leben, von denen der Vers Trakls zeugt –: Hat der Leser die Worte Homers im Ohr, mit denen der tote Achilles den Trost anficht, daß er, der einst droben der herrlichste Held war, ja nun auch unten, im Schattenreich, gewaltig als ein König herrsche:

Über mein Sterben tröste mich nicht, erlauchter Odysseus,
Wollte ich doch lieber als Knecht bei Lebenden fronen,
Selbst bei einem Armen, der ohne Äcker und Güter,
Als hier das Gewimmel verblichener Toten beherrschen –

dies Schattenreich der heulenden Seelen, es ist die Nacht, in der keiner mehr wirken kann, und die schwarze Verwesung, in die alle Wege münden, wir sahn sie nie so sehr als materielle Zerstörung denn als die Vernichtung von Schöpferischem, von Möglichkeit menschlichen Entfaltens, von Wahl und Alternativen an. – Die Stagnation; gestocktes Dasein; eine Verwesung, die nichts hervortreibt und nun unablässig sich selbst reproduziert. – Trakls Gedicht kennt auch eine grüne Verwesung, die ist zwar nur in der Natur, doch sie ist ins Leben eingebettet, und aus ihr wird wieder Leben wachsen: *Seele sang den Tod, die grüne Verwesung des Fleisches / Und es war das Rauschen des Walds, / Die inbrünstige Klage des Wildes.* – Dies in Trakls Requiem *An einen Frühverstorbenen;* ach, immer und immer wieder: zu früh! Nun sieht er dies Zu-Früh vor der Menschheit; in der schwarzen Verwesung geht die grüne Hoffnung zugrunde, und auch die Schwester ist nur noch ein Schatten: *Zu grüßen die Geister der Helden, die blutenden Häupter; / Und leise tönen im Rohr die dunklen Flöten des Herbstes.* – Der Abschiedsgruß des gestorbenen Pan.

Wir müssen gestehn, daß der Schluß dieses Gedichts, der als so schwierig und rätselhaft gilt, uns nie so recht Schwierigkeiten gemacht hat; wir hatten ihn von Anfang an, freilich nie mit dem Anspruch, ihn ganz zu haben. *O stolzere Trauer! ihr ehernen Altäre / Die heiße Flamme des Geistes nährt heute ein gewaltiger Schmerz, / Die ungebornen Enkel. / – Stolzer* – welche Trauer wird hier gesteigert? Die Klage der zerbrochenen Münder? Oder jene Floskel der Zeitungsanzeigen trauernder Hinterbliebener auf eines Mannes oder Bruders oder Sohnes Heldentod? Wir wissen es nicht; wir wissen nur, daß sie stolzer ist als eine andere Trauer[30], nicht: »die stolzeste«, das wäre Hybris, aber stolzer etwa als jeder Trost.

Wir haben immer von diesen zwei Worten eine unglaubliche Kraft ausstrahlen gefühlt, nahe verwandt der Herrlichkeit der Verachtung und den Betroffenen stärkend, seiner Wirklichkeit ins Gesicht zu sehen, und wäre das ein Medusenhaupt. – Sie ist, diese stolzere Trauer, nicht eine Klage übers Vergangene, das ist für die Schatten sinnlos geworden, wiewohl sie nun befähigt sind, die volle Wahrheit darüber zu wissen; und sie ist auch nicht die Trauer ob eines elenden Heute, darin wenigstens zu wirken die Schatten sich sehnen – sie ist die Trauer um die Zukunft, die den Enkeln bereitet ist, nämlich die, ungeboren zu sein. – Das Wort *Enkel* ist gewiß nicht auf die Nachfahren als übernächste Generation, die Kindeskinder, festzulegen, es faßt die Nachfahren insgesamt, Sammelbegriff jedes Geschlechts und aller Alter; die Worte »Kinder«, »Söhne«, »Töchter« spezialisierten zu sehr. *Enkel* hat etwas von dem Neutrum, das Trakl bevorzugt, es sind all die, die nach uns kommen können oder könnten, und das Wort *ungeboren* hat zweifachen Sinn: »noch nicht geboren« oder »ohne Möglichkeit, geboren werden zu können« – die ihre Erzeuger werden sollten, verwesen drunten im Weidengrund. Und es hat, jenes Wort *ungeboren*, bei Trakl noch einen dritten Sinn: die zwar ins Leben geboren wurden, aber nicht zu dem werden durften, zu dem sie sich als Person bestimmten: *Silbern sank des Ungebornen Haupt hin* – dieser Ungeborene hieß Kaspar Hauser, er war dreißig Jahre alt, und sein Ziel war: *Ich will ein Reiter werden* – Er wurde es nicht; die Mörder kamen; »zu früh« sagt das gleiche wie »ungeboren«: nicht werden dürfen, was man sein könnte, seine Fähigkeit nicht entfalten dürfen.

Diesen Opfern, Ungeborenen, Lebenden, Toten, ihnen gilt die stolzere Trauer, stolzer als die jener Zeitungsanzeigen, und nun wollen wir gestehen, daß wir vor das Denkmal der letzten drei Verse nie ohne Erschütterung treten können: In der Weite des Ostens der Zug der Altäre, ehern, nicht Stein, und auf dem Eisen, von Schmerz gespeist wie die Pylonflamme vom Öl, das Feuer des Geistes: Bewegt es auch die Materie? Dann glüht der Altar, ein erhabener Rost, und ihm gegenüber das andere Glühen, das von Menschenfleisch gespeist ist: Grodek liegt vor Troja, Grodek liegt vor Auschwitz; und im Licht dieser drei Feuer des Abendlandes bleibe Jeder mit Trakls Gedicht allein.

Beim Studium von Trakls Umwelt waren die Erinnerungen an meine Kindheitsreise wieder erwacht; sie gingen wie Schatten durchs Gedächtnis, manchmal in einem Detail sich sammelnd: ein steinerner Faunkopf vor Taxusbüschen; ein Brunnen, aus dem ein brüllendes Roß stieg; schneeweißer Holztisch in einem Wirtshaus – war es Erinnerung, oder Trakls Gedicht? Doch hinter all den Bildern, die stiegen und zogen, trat eines immer wieder herauf, verdämmert, verwaschen, unbestimmt drückend –: Der Gefangene im Steinverlies, die Gitter, der Wasserkrug, das Stroh auf dem Boden, die Gestalt des Gefangenen selbst, ich sah sie wie in quälenden Träumen: sich entziehender, wenn man sie drängender anschaut – wer war dieser Gefangene? Ich hatte ihn gesehen, das konnte ich beschwören; ich hatte ihn im Stein gesehen, ich war vor seinem Kerker gestanden, ich hatte an seinem Gitter gerüttelt, mich schauderte, wenn ich daran dachte: War *er der Wahnsinnige*; war ich's?
Mein Verlangen wurde übermächtig, diese magischen Stätten wiederzusehen, doch zugleich kamen andre Erschütterungen, größere, nähere, von jener Art, die in Trakls letzten Gedichten zittern. Ich las, da meine

Auswahl zustande gebracht war, dann – ich glaube fünf Jahre lang – nichts mehr von Trakl, um so mehr von Marx und Hegel, und um der Forderung des Tages genügen zu können, übte ich mich im Essay. Dann trug mir der Leipziger Reclam Verlag erneut die Edition von Trakls Werk an, und diesmal sagte ich nicht nur zu, sondern erbot mich, meine Erfahrung zu schreiben, und ich stellte dafür die eine Bedingung: eine Reise in Trakls Stadt.

Im Mai 1977 fuhr ich nach Salzburg, der laut Kursbuch raschesten Verbindung folgend, würde ich in tiefer Nacht ankommen, und ich wollte mich bei der Ankunft nicht umschaun, sofort ins Hotel fahren, mich schlafen legen, um mich dann am Morgen vom Anblick der Stadt durchstürzen zu lassen wie von einem Erinnerungstrank.

In der Mitternachtsstunde kam ich an; der Bahnhof in der Neustadt diesseits, das Hotel in der Altstadt jenseits des Flusses, das hatte ich dem Stadtplan entnommen, doch als mich das Taxi dann durch die Stadt fuhr, brauchte ich die Augen nicht zu schließen, die Stadt lag im Dunkel, spärliche Lichter, dunkel die Gassen, dunkel die Kirchen, dunkel die Plätze, dunkel die Brücke; der Himmel finster und ungestirnt; und dann war das Zimmer eine Zelle, vier Schritt im Quadrat, Bett, Stuhl, Spind, Nachttisch, meinen Valutaverhältnissen angemessen; und als ich am frühen Morgen erwachte, war der erste Blick auf Salzburg der in einen Lichtschacht, das Zimmer lag nach hinten hinaus, die Seitwand des Schachts schnitt die Fenstereinfassung, die Querwand lag keinen Armbreit vor mir. Ich hätte sie berühren können, eine graue, grießige Mauer, oben ein Spalt graueren Himmels, und am Schachtgrund grauer Stein. – Glocken. – Ich fragte den Portier nach dem

Geburtshaus Trakls; er hatte den Namen noch nie gehört. – Der Kaffee war gut, das Gebäck hinreißend; dann die Gasse vorm Hotel, auch sie ein Lichtschacht, schmal, ein Fiaker füllte sie völlig, und zu beiden Seiten Siebenstockhäuser; Glocken; die Geschäfte noch verschlossen, Lieferwagen, Handkarren, Spülicht, plötzlich ein Platz; plötzlich Gedränge; plötzlich stand ich am Kanal des Flusses, die graue Salzach toste durchs Steinbett, aus den Mündungen der Abwasserrohre trübes Gerinnsel, doch in der Luft lag Schneegeruch, die wilde Salzach roch nach Gletschern, und da zerriß ein Windstoß die Wolken, schraubte sie den Fluß hinunter, und die Berge, die Stadt jäh übersteigend, traten hervor, und du sinkst ins Knie.
Seit dem Kaukasus, seit mehr als dreißig Jahren, hatte ich kein Hochgebirge gesehen, Berge aus Fels, unbewaldet, Schneegipfel; sie schienen aus dem Zink der Dächer zu wachsen, der Himmel spannte sich kristallen; unterm Stein der Berge der Stein der Burg, und ihr zu Füßen der Stein der Stadt. – Dröhnen Tausender Glocken; der Tag zog auf. – Ich dachte nicht an den Ausflug der Kindheit, ich sah nur die Gedichte Trakls, ich sah ihr Blau, ich sah ihren Himmel, ich sah ihre Stadt und sah Trakls Farben: Blau, Braun, Violett, Rot, Grün, Weiß, Hyazinthen, Gold, Rosig, Schimmer, die Farben Salzburgs, die Farben seines Steins, barocke Farben; ich sah die Verse dieser Stadt, die Verse aus Trakls Dichtung waren: Rösser tauchten aus den Brunnen, der Sonnenlenker stürzte vom Himmel, des Kirchturms Schatten und Goldnes an Blumenfenstern, der Mönchsberg und der Mirabellgarten, ein Faun schaute mit toten Augen, großer Fürsten schöne Schilder, und immer wieder und dies alles der Stein, der die Landschaft war und die Landschaft umschloß.

Dann Trakls Geburtshaus; Trakls Wohnhaus: der Kreuzgang, und die Säulen im Hausflur; der Garten der Schwester, wildwuchernd noch immer, ein Nußbaum, Holunder, verwitternde Brunnen; Trakls Apotheke; Trakls Gifte; Trakls Sonne; ich ging wie im Traum. Das Café Glockenspiel; das Café Tomaselli; das Bordell gleich ums Eck in der Judengasse von einer Bombe im Krieg zerstört, doch man konnte zum neuen hinüberschauen, das im Stein des Kapuzinerbergs liegt. – *Blütenkrallen drohn aus Bäumen:* Im Trakl-Archiv sah ich vergilbte Photographien, tatsächlich, da standen Kastanienbäume; und das Spital; und Anif; und die Vorstadt; die vergitterten Fenster und dahinter der Wahnsinn; dunkle Gasse, braunes Gärtchen, und der Kanal spie plötzlich feistes Blut.
Ich weiß, es ist nun an der Zeit, das Wort Goethes zu erinnern, daß, wer den Dichter verstehen wolle, ins Land des Dichters gehen müsse, doch dieses Wort ist ja heute zu oft Hochmut und Hohn. – Ich bin nicht befugt, für den Leser zu reisen, der meiner Route nicht folgen darf; ich kann ihm nicht meine Augen leihen, Trakls Gedicht will in Trakls Landschaft treten, nicht in ein anderes – und so viel ärmeres – Wort. – Ich möchte dem berühmten Beispiel nicht folgen, das jener Schwedenfahrer gab, der verkündete, er reise für uns alle, um uns dann mitzuteilen, es lohne sich eigentlich nicht. – Ich will darum nichts weiter von Salzburg erzählen (und nichts von Innsbruck und nichts von Wien); nur dies: Daß die Nonnen auch heute noch hasten, und daß der Föhn einen Wahnsinn weckt, den man unter der eignen Stirn nie wohnen gewähnt hat, und daß die Farbe des Wahnsinns schwarz ist, und daß er den Fluß hinunterzieht, nach Norden, wo die Schlachthäuser liegen.

Und dies noch: Als ich Trakls Apotheke verließ (ich hatte nach dem früheren Rezeptuarius fragen wollen, doch ich brachte kein Wort heraus), stieg ich die Stufen der mannsschmalen Gäßchen zum Kapuzinerberg hinan, und da, zu halber Höhe, geschah es: die Höhle im Stein, davor das Gitter, und tief im Stein der Gefangene, in härenem Kleid, in Ketten geschlagen, ein Krug Wasser, Stroh, und Brennesselbüsche, und ein Rahmen aus Efeu, und steinerne Dornen, und lebendige Dornen, Natur und Menschenwerk in der Waage, und die Gitter rot von Rost. Es waren die Leidensstationen Christi, die dem mühevollen Aufstieg zur Seite standen, der *finstere Kalvarienberg,* den *Sebastian im Traum* hinanstieg, *an der harten Hand des Vaters,* und *in dämmernden Felsennischen / Die blaue Gestalt des Menschen durch seine Legende ging, / Aus der Wunde unter dem Herzen purpurn das Blut rann. / O wie leise stand in dunkler Seele das Kreuz auf.* – Es war nicht das Wiedersehen allein, das mich mit der Gewalt eines Föhns bewegte, es war die Erkenntnis des eigenen Geheimnisses, das in jedermanns Kindheit begraben ruht. – *In seinem Grab spielt der weiße Magier mit seinen Schlangen.* – Geheimnis bleibt Geheimnis, auch jedem das eigne, und in seinem dunkel aufglühenden Licht heißt Anderswerden: Unvereinbares so sich vereinend, daß es als Person unteilbar ist. – Plötzlich begriff ich in Trakls Kindheitsgedichten, dieser manischen, manisch steten Beschwörung seines so nahen Vergangenen, die verzweifelte Suche nach dem Ich, nach dem Moment, da jener Andere daraus wurde, der ihn und uns aus dem ovalen Rahmen als Mörder seiner selbst anstiert. –

Reinheit! Reinheit! Wo sind die furchtbaren Pfade des Todes,
Des grauen steinernen Schweigens, die Felsen der Nacht
Und die friedlosen Schatten? Strahlender Sonnenabgrund.
Schwester, da ich dich fand an einsamer Lichtung
Des Waldes und Mittag war und groß das Schweigen des Tiers;
Weiße unter wilder Eiche, und es blühte silbern der Dorn.
Gewaltiges Sterben und die singende Flamme im Herzen.

Vor der Kindheit wird die Schuld zur Unschuld und die Schuld schlägt auf die Unschuld zurück; ich kann mich keiner Dichtung erinnern, in der dieser Widerspruch solches Bild fand: *Strahlender Sonnenabgrund.* – Hier begriff ich's, und ich begriff jäh auch diese Zeile: *Gebirge: Schwärze, Schweigen und Schnee.*

Ich hatte das Werden eines Menschen bislang als ein Nacheinander, wenn auch in einer Entfaltung, gesehen; nun, vor dieser Höhle im Stein und in meinem Erinnern, vor dem Gefangenen in Kälte und Ketten, begriff ich, daß dies Werden auch ein Zugleich ist: Du verlierst nichts von dem, was du einmal warst, und bist gewesen, was du erst wirst. – Meine Kindheit war fünfzig Jahre fern und war mir, das so unbegreiflich Andre, nun jählings näher als mein Heute, aus dem ich in die Vergangenheit trat: meine katholische Kindheit, meine fromme Kindheit, meine Kindheit mit Schutzengel und Jungfrau Maria, meine österreichische Kindheit, meine böhmische Kindheit, meine deutsche Kindheit, meine abendländische Kindheit, meine

Kindheit im Gebirge, meine Kindheit in den Wäldern, meine Kindheit im Garten, meine Kindheit im Schnee, meine Kindheit im Kristall des Himmels, meine Kindheit vor lebendigem Feuer, meine Kindheit in Unschuld neben der Schwester, meine Kindheit in der Hölle, über die Vater und Mutter herrschten, unablässig einander zerfleischend, unablässig einander Schmerzen auspressend, unablässig uns Kinder als Schild vor sich tragend; meine Kindheit im Dorf, meine Kindheit im Wirtshaus, meine Kindheit im Kloster, meine Kindheit unter den Jesuiten, meine Kindheit unter den Faschisten, meine Kindheit mit Sindbad, meine Kindheit vor Troja, meine Kindheit vor dem Pentagramm, meine Kindheit vor den Krematoriumsöfen – und ich hörte die Frage eines großen Lehrers, des heiligen Augustinus: Deine Kindheit ist vergangen, doch wo ging sie hin? – In dein Geheimnis; dort ist sie bewahrt, und je mehr du davon erinnerst, um so dunkler wird sie dir. – Meine Kindheit auch vor dieser Höhle; ich war zehn Jahre alt, da ich hier gestanden, und mir fiel ein, daß ich viel später ein Gedicht geschrieben, beginnend mit einem Kerker im Stein, das war nach der Rede Chruschtschows zu Stalin gewesen; ich hörte ein Lachen, ein Wellenklatschen: War ich in den Alpen oder im Kaukasus?

Allein ich will mich nicht verlieren: Ich stieg den Kalvarienberg hinauf; eine Bank, aus Stein, tief unten die Stadt. Ich schlug das Buch auf, das ich hier immer bei mir trug, doch die Verse verschwammen; ich fühlte, daß mich jemand ansah; ich blickte auf, und da saß der Engel auf der zerbröckelnden Mauer, die den Kapuzinerberg umschließt. Die hochgezogenen Knie mit den Händen umspannt, wiegte er sich über dem Sonnenabgrund, weißer Schweiß tropfte von seinen Lidern, er wischte ihn mit dem Flügel ab. – Er lächelte; er war in der Heimat, *er* hatte seine Heimat gefunden, zurückgekehrt aus dem kalten Norden, und ich wußte, daß ich ihn nun verlor. – Was sollten wir miteinander reden? – Unten lag die schöne Stadt, der Glanz ihrer Paläste, der Glanz ihrer Geschichte, der Glanz ihrer Kirchen, der Glanz ihrer Geschlechter, eine Stadt, von der Gereiste sagen, daß sie eine der drei schönsten Europas sei. – Zwischen Burg und Fluß der Stein der Altstadt; mit dem Fluß steinern in die Ebene sich weitend die Neustadt, Stadt, die zur Nacht früh die Lichter auslöscht, nach mühevollem Alltag harter Arbeit, was wißt ihr von Österreich! Ach du Engel meines Vaterlandes; ach, es war ja nicht mehr mein Vaterland, das lag unter den Ruinen der Kindheit, Ratten über versottenen Ziegeln, und der Föhn brauste schwarz durch die Stadt. – Ich hatte noch nie den Föhn erlebt: Alle Farben begannen zu fiebern, das unbegreifliche Grün eines Hanges, das greller und immer greller heraufstach, maigiftgrün überm Grün der Kuppeln, verwesendes erblühendes Kupfer, aus dem grauen Stein brachen die tausend Farben, die im Granit und im Marmor schlafen, der Schnee blendete unter dem glühenden Himmel, versengendes Blau; ich sah es noch nie. – Der Fluß wallte, sein Dunst beschlug die Adern; purpurne Schleier vor den Augen, da sah ich den Engel schon nicht mehr. – Hämmern im Schädel, stechendes Dröhnen; der Abgrund dampfte als wüster Schall. – Ich wankte die Stufen des Bergs hinunter, Mönche stiegen mir entgegen, schwarze, braune, weiße Kutten, Franziskaner, Augustiner, Kapuziner, Jesuiten, sie schienen sich aus dem Fels zu schrauben; im Stein die Kirchen; im Stein das Bordell. – Eine riesige Katze im kalkweißen Fenster; das unbegreifliche Wehen der Autos, oder waren es Flaggen, die Stadt flaggte schwarz, Rasen der Glocken, und in der Nacht hatte ich einen Traum: Rosse stiegen aus einem Brunnen und wälzten mich durch den Stein der Stadt und stürzten mich in die rotschäumende Salzach, die ihr Steinbett über mir schloß.

Beim Frühstück las ich vom Föhn in der Zeitung, es sei ein schwerer Föhn gewesen, Verkehrstote seien zu beklagen, und ich dachte an eine Vermißtenanzeige: Ein Engel, bejahrt, kotbeschmutzte Flügel, entzündete Lider; ich würde ihn doch nicht wiedersehn. – Ich fuhr nach Hellbrunn, zu den Wasserspielen, das war der Ausflug mit Vater und Mutter: Steinsessel, die spritzten, wenn man sich darauf setzte, Goldfischteiche, Pfauen und Schwäne; ein Haus als Stadt voll fleißigen Volkes, hämmernd, sägend, kochend, küfernd, sauber und emsig und unverdrossen, ich entsann mich fast jeder Marionette, aber die Flüsse dann, die in die Unterwelt münden, hatte ich nie mehr erinnert: blaue Wasser in die schwarze Nacht. – Und dann Apollon und Marsyas, handgroß in einem der Dioramen, die den Weg zur Orpheusgrotte säumen: Ein Knopfdruck, und der Gott hebt das Messer und schindet in fürchterlichen Rucken dem armen Silen die Haut vom Leib. – Meine Erzählung davon war schon geschrieben; mir graute; ich erbat eine Photographie. – Ich bekam bald ein Zimmer nach vorn hinaus; hinterm Fenster gegenüber ein schwarzes Comptoir. – In Anif schrien Möwen. – Riesige Uhren. – Von denen, die Trakl persönlich kannten, lebt heute keiner mehr.

Sind wir dem Verständnis von Trakls Dichtung nähergekommen? Wir wollen es hoffen und fürchten zugleich, daß sie in dem Maß, da wir ihr nahten, sich uns auch entzogen hat. Die erste Begegnung ist zumeist die innigste, aber sie ist unwiederholbar; sie zwingt uns, das Gedicht verstehen zu wollen, um es ganz als das unsre zu haben, doch je mehr wir von einer Dichtung verstehen, um so strahlender, ein dunkles Feuer, tritt ihr unerhellbares Geheimnis hervor.

Walther Killy, dem wir einige exemplarische Aufsätze zu Trakl verdanken, hat den Widerspruch im Verstehn solcher Dichtung auf eine klare Formel gebracht: »Diese Poesie will nicht eigentlich inhaltlich verstanden sein. Aber ihre Musikalität und Struktur kann nicht anders als inhaltlich bewußt gemacht werden.« Und: »In Frankreich hat man an Baudelaire, Rimbaud und Mallarmé lange gelernt, andere als die ›klassischen‹ Verstehensweisen zu versuchen; und wenn die deutsche Dichtung mehr Erscheinungen vom Rang Trakls besäße, wären auch wir in höherem Maße dazu genötigt.«

Wir haben dem Leser unsre Erfahrung mit Trakls Gedicht mitzuteilen versucht; dies Mitteilen war wiederum neue Erfahrung, manches ist uns beim Schreiben erst deutlich geworden, manches, was uns klar schien, wurde dunkler und dunkler, und neue Fragen stehen auf, manche erst als Ahnung, manche schon als Angst. – Beherrschend bleibt das Gefühl des Mangels: Wir hätten noch so viel mitzuteilen, was wir für unentbehrlich halten; uns scheint, was wir da abgeleitet, nicht mehr als eine Vorarbeit. – Nichts zu *Helian*, nichts zu *Sebastian*, nichts zu dem *Knaben Elis*, der aus einer Kupfergrube E.T.A. Hoffmanns heraufkommt; so wenig über Dichtung und Traum, über beider Wahrheit, über beider Lüge – nein, »Lüge« nicht, es fehlt das präzise Wort. Vielleicht: Widerspruch einer Wunscherfüllung, die ein Gedicht, wie ein Traum, ist und doch auch nicht ist. Wir hatten gehofft, dies ausführen zu können; wir hatten vor, der *blassen Kinder Todesreigen* in Trakls zeitgenössischer Dichtung zu spiegeln; wir gedachten, mehr zu Otto Weininger zu sagen, auch zu dessen Farben-Philosophie, und zur Farben-Philosophie Rimbauds, und zur Farben-Philosophie Goethes, und nicht nur von dieser Verbindung Goethes mit Trakl; wir wollten von dem Einfluß Hölderlins handeln; wir wollten von dem Rätsel sprechen, das der Nachwelt ein Selbstbildnis Trakls aufgibt, eine Leinwand, von seiner Hand bemalt, Gegenstück zum Bild im ovalen Rahmen, Selbstporträt eines Ungebornen, Selbstporträt Eines in der Hölle, Selbstporträt Eines, der sich vernichtet, Kaspar Hauser verschmolzen mit seinem Mörder, doch wir sind am Ende unserer Kraft, und der Leser wird es ebenso sein.

Wir haben einen treuen Begleiter verloren; wir wissen nicht, ob der Engel zurückfinden wird; wir wissen nicht, wer seine Stelle einnimmt. – Vielleicht Elis. – Trakls Gedicht wird uns nicht mehr verlassen; wir werden weiter der Wahrheit nachsinnen.

Mehr Schmerz?

Wir werden es erfahren.

Aber es kann wohl nicht anders sein.

Anhang

Arthur Rimbaud
Kindheit

I

Ein Wesen, mit schwarzen Augen und gelbem Haar, ohne Eltern und Vaterhaus, edler als mexikanische und flämische Märchen; sein Heim sind Azur und keckes Grün, es liegt an den Küsten der Sage, inmitten der Fluten, die keine Schiffe befahren, und trägt oft Namen von schauerlichem Klang, griechische, slawische, keltische Namen.

Am Waldrand läuten die Traumblumen, läuten, leuchten und funkeln – dort sitzt das Mädchen mit dem Orangenmund, die Knie gekreuzt, in der klaren Sintflut, die von den Wiesen grollt, nackt, von Regenbogen, Blumen und dem Meer umschattet, umflutet, umkleidet.

Frauen, die auf den Terrassen am Meere sich ergehen; Kinder und Riesinnen, stolze Negerinnen in graugrünen Schlinggewächsen; Kleinodien, die auf der schweren Sonne des Bosketts und in den Tausenden Gärten liegen; junge Mütter und große Schwestern mit Blicken voll Pilgerschaften; Sultane, Prinzessinnen von herrischer Haltung und Kleidung; kleine fremde Mädchen, die ein süßes Leid bedrückt.

O wie traurig, diese Stunden!

II

Da liegt die kleine Tote hinter Rosenstöcken! – Die junge verstorbene Mutter steigt die Treppe hinab. Die Kalesche ihres Vetters knirscht auf dem Sand. Der kleine Bruder – es ist in Indien – steht vor dem Sonnenuntergang im Nelkenbeet, und die Alten liegen in den Levkojenmauern begraben, ganz gerade ausgestreckt. Ein Wirbel von goldenen Blättern kreist um das Haus des Generals. Sie sind im Mittag. Man muß der roten Straße folgen, dann kommt man zu dem leeren Heim. Das Schloß ist zu verkaufen; die Jalousien sind heruntergelassen. Der Pfarrer wird wahrscheinlich den

Schlüssel der Kapelle genommen haben. Die Wächterhäuschen um den Park sind leer. Das Gitter ringsherum ist so hoch, daß man nichts als die rauschenden Wipfel sieht. Sonst ist nichts zu sehen drinnen.
Die Wiesen steigen zu den Weilern auf, die ohne Hähne, ohne Ambosse sind. Die Schleuse ist hinaufgezogen. Und die Kalvarienkreuze und die Mühlen dieses verlassenen Ortes, die Inseln und Heuschober liegen einsam da.
Märchenblumen summten, die sich auf den Abhängen wiegten. Tiere, schön wie im Märchen, liefen umher. Wetterwolken zogen sich auf dem hohen Meere zusammen – dem Meere von warmen, ewigen Tränen.

III

Im Wald ist ein Vogel, sein Gesang hemmt deinen Schritt und rötet deine Wangen.
Es ist eine Uhr, die nicht schlägt.
Es ist ein Schneeloch mit einem Nest von weißen Tieren.
Es ist eine Kathedrale, die versinkt, und ein See, der überschwillt.
Es ist ein kleiner verlassener Wagen im Buschholz. Oder er kommt den Fußsteig herab, laufend, mit Bändern umwunden.
Es ist eine Truppe kleiner, kostümierter Schauspieler, die man auf der Straße am Waldrand sieht.
Und endlich, wenn einen hungert und dürstet, ist einer, der einen davonjagt.

IV

Ich bin der Heilige, in Gebet versunken auf der Terrasse, während die Tiere des Stillen Ozeans bis im Meer Palästinas weiden.
Ich bin der Weise im dunklen Lehnstuhl. Zweige und Regen klopfen an die Fensterkreuze der Bibliothek.
Ich bin der Wanderer auf der Landstraße, durch Zwergwälder; das Rauschen der Schleusen übertönt meinen Schritt. Und lange schaue ich in die melancholische Lauge des Sonnenunterganges.
Ich bin wohl das verlassene Kind auf dem Hafendamm, der ins hohe Meer hinausgeht, der kleine Diener, der die Allee hinabgeht, deren Stirn den Himmel berührt.
Wie hart sind die Fußsteige. Die Hügel bedecken sich mit Ginster. Die Luft ist unbeweglich. Wie weit die Vögel und die Quellen sind! Das kann nur das Ende der Welt sein, das näher kommt.

V

Ich lobe mir dies Grab, von Kalk gebleicht, mit den Linien des Zements gezeichnet, – tief, tief unter der Erde.

Ich stütze mich auf den Tisch, das helle Lampenlicht fällt auf alle die Zeitschriften, die ich so dumm bin, wieder zu lesen, diese Bücher ohne Interesse.

Auf eine enorme Entfernung über meinem unterirdischen Salon pflanzten sich die Häuser auf, sammeln sich die Nebel. Der Kot ist rot und schwarz. Riesenstadt und endlose Nacht!

Weniger hoch sind die Dachtraufen. An den Seiten nichts als die Breite des Globus. Vielleicht azurne Abgründe, Feuerbrunnen! Vielleicht ist das der Plan, wo sich Monde mit Kometen, Meere und Märchen begegnen.

In den Stunden der Bitternis stelle ich mir Kugeln von Saphir, von Metall vor. Ich bin Herr des Schweigens. Warum verblaßt die Erscheinung eines Kellerloches im Winkel der Wölbung?

(Deutsch K. L. Ammer)

Vítězslav Nezval

Was die Mittagssonne mit Prag treibt

Aus keinem Traum wacht ich auf und bin keinem Eilzug entstiegen
Ich hab mir die Mühe erspart als Überseedampfer zu irren
Schon lange hab ich kein Märchenbuch aufgeschlagen
Such in der Liebe kein Weltall und nicht einmal diese Welt
Ich will mit den Vögeln nicht singen noch submarine Reiche besingen
Ich mach mir nichts vor über weltbeherrschende Völker und exotische Orte
Ich halte das Volk dessen Sprache ich spreche nicht für schlechter und auch nicht für besser als Ausländer sind
Ans Schicksal der Weltkatastrophen gebunden hab ich die leidliche Freiheit zu leben zu sterben

Es ist Vormittag ich sitze unter einem bunten Sonnenschirm dort unten liegt Prag
Ich sehs durch die Bäume wie ein Wahnsinniger seine Visionen
Nach langen Regengüssen steigt violetter Dunst von ihm auf
Es ist ein großes Schiff dessen Mast der Hradschin ist

Es ist mein Traumbild verwunschener Städte
Es ist das große Schiff des Goldnen Korsaren
Es ist ein Traum verzückter Bauhüttenmeister
Es ist ein Thron es ist die Magiemetropole
Es ist der Hof des Saturn der sein Tor vor der Sonne aufreißt
Es ist das vulkanische Fort das ein fiebernder Narr aus dem Stein schlug
Es ist die Lehrerin einsamer Inspirationen
Es ist ein wiedererwachter Vulkan ein Armband in Spiegeln tanzend
Mittags
Prag wacht im Halbtraum wie ein phantastischer Drache
Wie ein heiliges Nashorn dessen Käfig der Himmel ist
Wie eine Tropfsteinorgel mit singenden Pfeifen
Wie ein Symbol der Auferstehung und der Schätze in ausgetrockneten Seen
Wie eine Armee in schwerer Rüstung wenn sie den Kaiser grüßt
Wie eine Armee in schwerer Rüstung wenn sie die Sonne grüßt
Wie eine Armee in schwerer Rüstung in Jaspis verzaubert

Du verwunschene Stadt wir haben dich lang genug wie die Blinden betrachtet
Wir sind in die Ferne gereist dich zu suchen Prag heute seh ich es ein
Du bist dunkel wie Feuer in Felsschluchten wie meine Phantasie
Deine Schönheit ist Grotten und unterirdischen Achaten entquollen
Du bist alt wie die Prärie über die ein Lied schwebt
Wenn deine Turmuhren schlagen bist du dunkel wie Inbrunst
Erhaben wie ein Grab wie das Stirnband äthiopischer Kaiser
Du bist von der anderen Welt wie die Spiegel der Imaginationen
Du bist schön wie das Geheimnis der Liebe und der unwahrscheinlichen Wolken
Du bist schön wie das Geheimnis des Worts und das Gedächtnis der Urgebirge
Schön wie ein erratischer Fels auf den die Regen Zeichnungen schrieben
Schön wie das Geheimnis des Schlafs wie das Geheimnis der Phosphore und der Sterne
Schön wie das Geheimnis des Donners der Wunderlampe wie das Geheimnis der Poesie

Arthur Rimbaud
Sonne und Fleisch

I
Die Sonne, Quell allen Lebens und brünstiger Triebe,
gießt auf die erschauernde Erde ihre glühende Liebe,
und wenn man im Tale liegt, da fühlt
man ihr bräutlich Erwarten, und wie sie von Blut überquillt;
wie, von einer Seele bewegt,
voll Liebe, wie Gott, voll Fleischesbrunst wie das Weib
ihr ungeheuerer Leib,
schwanger von Säften und Strahlenpracht,
das ganze Chaos von Lebenskeimen in sich trägt,
und alles wächst und steigt und erwacht.
O Venus, Göttin!
wo ist die Zeit der antiken Jugend mit ihren
tierischen Frauen und lüsternen Satyren;
ihren Göttern, die aus Liebe die Rinde der Bäume zerbissen
und in den Wasserrosen die blonde Nymphe küssen?
Wo ist die Zeit, wo der Urquell der Welt,
das Blut der Bäume und das Wasser von all den Flüssen
in den Adern Pans eine Welt geboren,
wo unter seinen Bocksfüßen grün die Sonne gegoren;
wo er weich an die Syrinx die Lippen hält
und den großen Hymnus der Liebe verkündet,
aufrechtstehend unter dem Himmel, und allüberall
sein Weckruf jubelnden Widerhall
in der Natur, der lebendigen, findet?
Wo die singenden Vögel, im stillen Baume sich wiegend,
und der Mensch, am Herzen der Erde liegend,
und alle Tiere und der blaue Ozean
sich in Gott geliebt? Wo ist die Zeit,
als Cybele in Riesenherrlichkeit
ein gewaltig erzener Wagen
durch die funkelnden Städte getragen;
wo ihre Brüste in die Unermeßlichkeit
den hellen Bach unendlichen Lebens gegossen,
und der Mensch ihre Brüste beseligt genossen,
ein kleines Kind, auf ihren Knien gespielt?
Weil er stark war, war er keusch und rein!

Und heute sagt er: Ich kenne alles Sein,
und geht mit geschlossenen Ohren und Augen.
Was sollen ihm heute noch Götter taugen?
Er sei sich selber König und Gott,
die Liebe jedoch sein höchstes Gebot!
Wär er dir treu noch, unsterbliche Aphrodite,
die du in deines Leibes meerduftender Blüte
in unendlicher Pracht
aus blauen Wogen zum Leben erwacht,
und den rosenroten
Nabel den Wellen zum Kusse geboten,
und mit deiner dunklen Augen Siegesgewalt
die Liebe im Herzen und die Nachtigall im Wald
zum Singen gebracht.

II
Ich glaube an dich, du Mutter der Mütter,
Schaumgeborene! – Der Weg ist bitter,
seit uns ein andrer Gott an sein Kreuz geschlagen.
Fleisch, Marmor, Blüte, Venus, an dich glaub ich allein!
Der Mensch ist traurig und stumpf und sein Himmel von trübem Schein.
Weil er nicht mehr keusch ist, muß er Kleider tragen,
und hat seinen Leib, der Gottheit stolzes Ebenbild,
verkrüppelt in niedrigen Bräuchen,
wie im Feuer ein Götzenbild.
Ja, selbst nach dem Tode lebt er weiter in bleichen
Skeletten und höhnt seine einstige Herrlichkeit!
Und dein Zauberbild voll Jungfräulichkeit,
wo du in den Staub deinen Gottesfunken
gehaucht, daß der Mensch seine arme Seele
erleuchte und, von unendlicher Liebe trunken,
zur Tageshelle
langsam steige aus Erdennacht –
das Weib, es kann nicht mehr Liebe schenken!
Und alles lacht,
wenn sie deiner, Heilige, Süße, gedenken!

III
O kämen die Zeiten wieder, die einstens waren;
denn der Mensch ist zu Ende, er hat alles erlebt und erfahren.

In fernen hellen Tagen
wenn er all seine Götzen erschlagen,
wird er frei von all seinen Göttern erstehn
und nach seiner Heimat, dem Himmel, spähn.
Das Ideal, das ewig, unbezwingbar vor ihm schwebt,
als das Göttliche, das in ihm lebt,
in seinem pulsenden Staub entstand,
wird werden, gedeihn, auf die Stirn gebrannt.
Und wenn du ihn sehn wirst, wie er zum Himmel blickt,
von keinem Joch und keiner Furcht bedrückt,
da wirst du ihn segnen und selig machen,
aus dem Schoß der gewaltigen Meere erwachen,
leuchtend, strahlend in die Weltenweiten
in unendlichem Lächeln unendliche Liebe verbreiten,
daß die Welt in unermeßnem Kuß
gleich einer Laute erzittern muß.

IV

Sie dürstet nach Liebe: du wirst ihr Labsal geben,
du Blüte des Fleisches, du leuchtendes Leben,
du der Liebe Wiedergeburt, du Morgenrot,
zu deinen Füßen Heros und Gott,
wirst du, Kallipygos, Eros im Gefolge,
bedeckt vom Schnee der Rosen,
die Frauen und Blüten streifen,
die unter deinem Schritt sich erschlossen.

Ariadne, die du am Bache Tränen vergießt,
wie du den Schleier des Theseus hinabschwimmen siehst,
der hell im Sonnenlichte glänzt,
süßes Kind, das eine Nacht gebrochen,
tröste dich! Auf dunklem Wagen, der mit goldnen Trauben bekränzt,
kommt Lysios durch die phrygischen Felder gezogen,
mit lüsternen Tigern und roten Panthern,
und rötet der Flüsse gischtende Wogen.
Auf seinem Nacken gleich einem Kinde trägt
Zeus als Stier Europens nackten Leib,
die ihre Arme um ihn schlägt,
um seinen Hals, der vor Begierde bebt.

Sie legt an seine Stirn ihre weißen, blühenden Wangen
und schließt die Augen und stirbt in einem langen
göttlichen Kuß; die murmelnde Flut mit ihrem Schaum
umkränzt ihre Haare mit goldenem Saum.
Durch geschwätzigen Lotus, zwischen Lorbeerbäumen
gleitet der große Schwan in Träumen,
der von Leda mit weißen Flügeln Liebe erfleht.
Und während Cypris in seltsamer Schöne vorübergeht,
mit dem Glanz der Lenden, so herrlich gestaltet,
und stolz die Pracht ihrer breiten Brüste entfaltet,
ihren schneeigen Schoß
umsäumt von dunklem Moos,
umgürtet mit der Löwenhaut Herakles seine starken Lenden,
um finster den Schritt in die Fernen zu wenden.

Im verschwommenen Sommernachtsschein
steht in nackter Blässe die Dryade verträumt,
von der dunklen Flut ihrer langen Haare umsäumt,
und sieht in den schweigenden Himmel hinein...
In der Lichtung, wo im Moos das Licht der Sterne liegt,
läßt Selene ihren Schleier wallen,
und furchtsam zu Endymions Füßen geschmiegt,
küßt sie ihn still mit ihren bleichen Strahlen...
Die Quelle weint in der Ferne, ganz verzückt –
Die Nymphe ists, die, den Arm auf die Vase gelegt,
vom schönen Jüngling träumt, den ihre Welle gedrückt...
ein Hauch der Liebe hat die Nacht bewegt...
Und im Schauer der Bäume, im heiligen Haine
stehn stolz die dunklen Marmorsteine
der Götter, an deren Fuß das Reh sein Nest bestellt,
und lauschen den Menschen und der unendlichen Welt.

Anmerkungen

1 Damals kannte ich jene Zeilen Majakowskis noch nicht, die mir dann als ästhetische Summe erschienen und denen ich meine Bewunderung gewiß niemals versage:

Das Wort »Kapitalismus« ist wahrlich kein schönes.
Um wieviel schöner klingt: »Nachtigall«!
Doch immer wieder gebrauch ich jenes,
daß mein Vers als Flugblatt in Lüften wall'.
Will als Dichter noch dieses und jenes anfassen,
doch jetzt hat die Zeit kein Geschäker geschafft,
ich widme dir, attackierende Klasse,
all meine klingende Dichterkraft.
»Proletariat« – das klingt ungeschlacht und enge
nur dem, dem der Kommunismus den Garaus macht.
Für uns klingt dies Wort machtvoll wie Gesänge,
es macht, daß die Toten aufstehn vor der Schlacht.

2 Wörtliche Übersetzung von Friedhelm Kemp, in der Gesamtausgabe Baudelaires bei Heimeran, München (1975). – Wir sind sonst gegen die Praxis, eine – für die Dichtung der Moderne unbedingt gebotene – wörtliche Übersetzung eines Gedichtes unter Vernachlässigung seiner Form allein als die gültige Nachbildung anzusehen, weil sie das Gedicht auf Philosophie reduziert; in diesem Fall, da es um eben das Philosophische und nur um dies geht, halten wir das Zitat für gerechtfertigt. – Die immer noch beste Übertragung dieses Gedichts ins Deutsche, die Stefan Georges, lautet so:

Trübsinn
Ich bin ein fürst in landen trüb und kalt
Reich aber machtlos. jung und doch schon alt.
Der seiner lehrer bücklinge verachtet.
Bei seinem hund und andren tieren schmachtet.
Nicht spiel nicht jagd das leben ihm verschönt

Und nicht sein volk das unterm fenster stöhnt.
Des lieblingsnarren possenhafte lieder
Erwecken seine heiterkeit nicht wieder.
Sein reichgesticktes bett wird ihm zum sarg.
Der damenkreis an lockungen nicht karg
Erhofft umsonst mit schamloser toilette
Ein lächeln von dem wandelnden skelette.
Und nicht gelangs dem arzt der gold doch schafft
Aus ihm zu bannen den verderbten saft.
Kein bad im blut wie es die Römer lehren
Wie altersschwach despoten es begehren
Erneute kraft dem stumpfen leib gewinnt
Wo blutes statt der schlamm der Lethe rinnt.

Zitiert nach: Charles Baudelaire: Blumen des Bösen. Umdichtungen von Stefan George. Berlin 1908.

3 Vgl. Georg Trakl: Gedichte. Ausgewählt und interpretiert von Albrecht Weber. München 1957.

4 In Rilkes berühmtem Gedicht »Schlußstück« ist gerade diese Position aufgegeben – besser: ist das Aufgegebene gerade dieser Position ausgedrückt:

Der Tod ist groß.
Wir sind die Seinen
lachenden Munds.
Wenn wir uns mitten im Leben meinen,
wagt er zu weinen
mitten in uns.

In diesem höchst exakten »mitten im Leben *meinen*« ist eben das falsche Bewußtsein da, nicht mehr ertragen zu können, »was ist«.

5 Verwiesen sei hier auf Reinhold Grimms instruierende Aufsätze: Ein Wegbereiter (in: Strukturen. Göttingen 1963) und: Georg Trakls Verhältnis zu Rimbaud (in: Germ.-Rom. Monatsschrift, N. F. Bd. 9, 1959)

6 Wir zitieren K. L. Ammers Nachdichtung. – Die heute leichter zugängliche Adaption Sigmar Löfflers (Arthur Rimbaud: Sämtliche Werke. Leipzig 1976) ist dem Originaltext zwar gelegentlich näher, so etwa die so wichtige 12. Zeile: »Je regrette le

temps« – »Ich traure um die Zeit«, bleibt aber dennoch Rimbaud ungleich ferner als K. L. Ammer.
Als Beispiel mögen die Übertragungen der 12. bis 15. Zeile dienen, wobei bei K. L. Ammer zuerst ein offensichtlich tradierter Satzfehler berichtigt werden muß: Statt »Frauen« müßte es »Faune« heißen. Hier zunächst die wörtliche Übersetzung:

Ich traure um die Zeit der antiken Jugend / der lasziven Satyre, der tierhaften Faune / Götter zerbissen aus Liebe die Rinde der Äste / und küßten in den Wasserrosen die blonde Nymphe.

K. L. Ammer:
Wo ist die Zeit der antiken Jugend mit ihren / tierischen Frauen und lüsternen Satyren; / ihren Göttern, die aus Liebe die Rinde der Bäume zerbissen / und in den Wasserrosen die blonde Nymphe küssen?

S. Löffler:
Ich traure um die Zeit, da jung die Erdensöhne, / da der Satyr, der Faun mit seinem Tiergebiß / vor Liebe schier den Bast ab von den Zweigen riß / Und Nymphenblond umfing in Wasserrosenzelten.

Völlige Treue ist nicht zu leisten, und mitunter sind Füllsel unvermeidlich, aber Löfflers »schier« beleidigt Rimbaud; es degradiert Elementargewalt zu einer Pose.

7 Darauf, daß Heine und Rimbaud diese Entzauberung besonders bitter unter dem Aspekt der Sexualität erfahren und die Ursachen für die Verelendung der Erotik im Christentum suchen, wollen wir schon deshalb nicht weiter eingehn, da Trakls Haltung hier völlig (und einmalig) anders ist; man denke an sein Christuszitat: »Sie sollen *Ein* Fleisch sein«, wie auch an seine *Rosenkranzlieder*.

8 Walther Killy: Über Georg Trakl. Göttingen 1960.

9 Grimm verweist auf eine Entsprechung in Rimbauds »Erstkommunion«: »Und alle hundert Jahre läßt man einmal: mit saurer Milch und Mörtel diese Scheuern, / wenn allzu sehr durch manch verdächtig Mal / das Muttergottesbild verschmutzt, erneuern« – dies Verweisen ist dankenswert, allein bei Trakl heißt es nicht »Sauermilch« (Rimbaud: »lait caillé«),

sondern »Milch«; ein schönes Beispiel für völliges Verwandeln im Nehmen.

10 Auf dem Salzburger Trakl-Symposium 1976 äußerte Professor Bernhard Böschenstein, Genf, die Hoffnung, daß *Der Wahnsinnige* in Trakls *Psalm* auf Hölderlin verweisen könne, und er stützte diese Hoffnung mit einer Variante der ersten Fassung: *Hinter ihm steht sein Bruder, der, ein trauriger Gesell, im grünen Schwaben gestorben ist.* – Allein *Schwaben* ist nicht nur das Geburtsland Hölderlins; Trakls Vorfahren väterlicherseits kamen aus einem anderen Schwaben, den deutschbesiedelten Landen Ungarns, Trakl hatte dort unbekannte Verwandte, und daß dies Schwaben ihm gegenwärtig gewesen, zeigt eine Variante zu seinem Gedicht *Der Spaziergang*, dessen erste Zeile der fünften Strophe:

Ein Bruder stirbt dir in verwunschenem Land
dort so lautet:
Ein Bruder stirbt dir fern im Ungarland
Schwabenland;
Ungarland

Es ist halt ein Kreuz mit der Dichtung: Sie geht in einer Interpretation nie auf.

11 Otto Basil: Georg Trakl in Selbstzeugnissen und Dokumenten. Reinbek bei Hamburg 1965.

12 Grete, hochbegabte Pianistin, studierte seit 1910 in Berlin bei Ernst von Dohnányi; von ihrem Mann, Arthur Langen, sind über das Datum der Hochzeit (17. Juli 1912) hinaus keine Lebensdaten ermittelt.

13 Zitiert nach: Tagebücher Karl Röcks. Faksimiledruck in 500 Exemplaren, Salzburg (Otto Müller). – Die Abkürzungen bedeuten: MAX = Das Innsbrucker Café Maximilian; E = der Karikaturist Max von Esterle; Fi = Ludwig von Ficker; Kr = Karl Kraus. – Georg Trakl ist mit T bezeichnet, ich schreibe in den folgenden Zitaten seinen Namen immer aus. – Karl Röck hat 1919 die gesammelten Dichtungen Georg Trakls in einer absonderlichen Zyklisierung herausgegeben, deren bürokratische Begründung abermals bestätigt, daß er Trakl bei aller Nähe fern stand: Er versucht ganz ernsthaft, die Widerspruchseinheiten nach Begriffseindeutigkeiten auseinanderzudrieseln und denen

dann prosodische Elemente zuzuordnen, kurzum, ein Schema »Trakl« aufzustellen; sein Unterfangen galt lange als mustergültig.

14 Vielleicht ist zu »Borneo« und »Java« dem Leser eine Strophe des Tschechen Vítězslav Nezval – aus dessen »Poetik« – willkommen:

Wir sind aus Gossen ein Gelichter
vereint Athleten Huren Dichter
und ab nach Siam hälts zu Haus
man hinterm Ofen nicht mehr aus

Und man könnte auch auf Konstantin Biebl verweisen, der erst in Java sein Böhmen fand; und natürlich vor allem auf Gauguin.

15 Wittgenstein, der zwei Jahre Jüngere, über Trakls Dichtung: »Ich verstehe sie nicht; aber ihr *Ton* beglückt mich. Es ist der Ton der wahrhaft genialen Menschen.«

16 Dr. med. Franz Schwab, Studienfreund Trakls; Arzt.

17 Paula von Ficker, die Ehefrau Rudolf von Fickers; Mitteilung in einem Brief vom 15. November 1913 an ihren Schwager, von dem Trakl per Karte vom 12. November 40 Kronen zu leihen versucht hatte.

18 Mitgeteilt in: Erinnerung an Georg Trakl. Zeugnisse und Briefe. Salzburg 1959.

19 »Siebenmonatskinder sind die einzigen, deren Blick die Eltern verantwortlich macht, so daß diese wie ertappte Diebe dasitzen neben den Bestohlenen. Sie haben den Blick, der zurückfordert, was ihnen genommen wurde, und wenn ihr Denken aussetzt, so ist es, als suchte es den Rest, und sie starren zurück in die Versäumnis. Andere gibt es, die denkend solchen Blick annehmen, aber den Blick, der dem Chaos erstatten möchte, was sie zu viel bekommen haben. Es sind die Vollkommenen, die fertig wurden, als es zu spät war. Sie sind mit dem Schrei der Scham auf eine Welt gekommen, die ihnen nur das eine, erste, letzte Gefühl beläßt: Zurück in deinen Leib, o Mutter, wo es gut war! Georg Trakl zum Dank für den Psalm – Karl Kraus.«
Trakl antwortete Kraus mit folgendem Telegramm: »Ich danke Ihnen einen Augenblick schmerzlichster Helle. In tiefster Verehrung Ihr ergebener G. Trakl.«

20 Carl Dallago, Philosoph und ständiger Mitarbeiter des »Brenner«.

21 Wie Legenden entstehen, mag dieses Beispiel zeigen: Richard Kukula erzählt in seinen »Erinnerungen eines Bibliothekars« (Weimar 1925), daß ein Sanitätssoldat »durch das Schlüsselloch gesehen, wie sich der auf seinem Schmerzensbett liegende Herr Leutnant« (Trakl) »die Verbände von seinen Wunden riß und wie er gegen seinen Leib mit den Fäusten wütete...« – Trakl ist nie verwundet gewesen.

22 In: Erinnerung an Georg Trakl. Zeugnisse und Briefe. Salzburg 1959.

23 Ludwig von Ficker weist darauf hin, daß Mathias Roth sich im Datum geirrt haben muß: Trakl ist in der Nacht vom 4. zum 5. November 1914 gestorben.

24 In seinem Nachwort zu: Georg Trakl. Gedichte. Leipzig 1975.

25 Zitiert nach: Georg Trakl: Das dichterische Werk. München 1972. S. 286.

26 Ludwig von Ficker: Denkzettel und Danksagungen. Aufsätze. Reden. München 1967.

27 Interessant, daß Versionen des Brüderchen-Schwesterchen-Märchens den schlummernden Inzest mit dem Kannibalismus verbinden, so etwa das ungarische Märchen in der grandiosen Erzähladaption der Frau Palkó-József (vgl.: Ungarische Volksmärchen, herausgegeben von Prof. Dr. Gyula Ortutay. Berlin 1957).

28 Wir zitieren aus der philologisch zwar ungenauen, aber dennoch besten Übertragung dieses Gedichts ins Deutsche, der von Anton Wildgans. Wörtlich übersetzt lautet jene Strophe aus »L'Héautontimorouménos«:

»Ich bin die Wunde und das Messer! / Ich bin die Ohrfeige und die Wange! / Ich bin die Glieder und das Folterrad, / und das Opfer und der Henker!«

29 Manchem Leser ist vielleicht der Hinweis willkommen, daß »oder« drei Bedeutungen hat. »S oder P« kann einmal bedeuten: »S und P, oder S, oder P, aber eines der beiden muß dasein« (Alternative); zum zweiten: »Entweder S, oder P, nie beide zusammen, doch mindestens eines« (Antivalenz); zum dritten: »Höchstens S, oder höchstens P, oder aber auch keines von

beiden« (Exklusion). – Das erste ein »oder« der offenen Arme; das zweite ein »oder« im Sinn Aschenputtels, es geht leicht ins dritte »oder« über, eines von *Dämmerung und Verfall.* – Im »oder« als Wort mit der Mehrzahl »Worte« schwingen alle diese Bedeutungen mit: Die poetische Logik sagt auch dort ihr »wahr«, wo die logistische ihr »falsch« sagen muß.

Auch dies eine Besonderheit Trakls, verwandt seiner Vorliebe für das Neutrum von Präsenspartizipien: die Verwendung des Komparativs als Grundstufe, ein merkwürdiges Erhöhen; es verdiente eine eingehende Würdigung.

Die Werke von Franz Fühmann

Gedichte
Die Fahrt nach Stalingrad. Eine Dichtung. 1953
Die Nelke Nikos. 1953
Aber die Schöpfung soll dauern. 1957
Die Richtung der Märchen. 1962

Novellen / Erzählungen / Reportage
Stürzende Schatten. Novellen. 1959
Die heute vierzig sind. Eine Filmerzählung. 1961
Spuk. Aus den Erzählungen des Polizeileutnants K. 1961
Kabelkran und Blauer Peter. Reportage. 1961
Das Judenauto. 14 Tage aus 2 Jahrzehnten. Novellen. 1962
König Ödipus. Gesammelte Erzählungen. 1966
Der Jongleur im Kino oder Die Insel der Träume. Erzählungen. 1977
Bagatelle, rundum positiv. Erzählungen. 1978
Der Geliebte der Morgenröte. Erzählungen. 1978
Säienzfiktschen. Erzählungen. 1981

Essays
Erfahrungen und Widersprüche. Versuch über Literatur. 1975
Fräulein Veronika Paulmann aus der Pirnaer Vorstadt oder Etwas über das Schauerliche bei E.T.A. Hoffmann. 1979

Die dampfenden Hälse der Pferde. Ein Spielbuch in Sachen Sprache. Ein Sachbuch der Sprachspiele. Ein Sprachbuch voll Spielsachen. 1978

Prosa / Tagebuch / Bericht
Zweiundzwanzig Tage oder Die Hälfte des Lebens. 1973
Der Sturz des Engels. Erfahrungen mit Dichtung. 1982

Den Katzenartigen wollten wir verbrennen.
Ein Lesebuch. 1983